„ES WERDE LICHT!"
Volksfrömmigkeit contra Fortschritt

Eifeler Katholizismus-Tradition auf dem Prüfstand

Johannes Nosbüsch

„Es werde Licht"

Volksfrömmigkeit contra Fortschritt
Eifeler Katholizismus - Tradition auf dem Prüfstand

Johannes Nosbüsch

Edition

Eifel
Literatur Festival

Geschichtsverein „Prümer Land" e.V.
Druckerei Anders GmbH

Impressum

ISBN-Nr.	3-931478-05-X
Herausgeber:	Geschichtsverein „Prümer Land" e.V.
Titelbild:	Gerdi Haas, Prüm
Auflage:	1000
Druck:	Druckerei Anders GmbH, Niederprüm
Copyright:	Geschichtsverein „Prümer Land" e.V.

Literatur Festival

Edition des Eifel-Literatur Festivals 2001

Vorwort

Sie erinnern sich sicherlich noch an die Streichung des Buß- und Bettages zur Finanzierung der Pflegeversicherung vor einigen Jahren. Wieder einmal wurde den Arbeitnehmern ein arbeitsfreier Tag genommen. Vor etwa 40 Jahren gab es im Kalenderjahr wesentlich mehr arbeitsfreie Tage als dies heute der Fall ist: In Erinnerung sind das Fest der Heiligen Drei Könige, Mariä Lichtmess, Peter und Paul, Mariä Himmelfahrt, Allerseelen, Kirchen-Patrozinium. An diesen Tagen ruhte die Arbeit, und die Schüler hatten schulfrei.

Bereits Kaiserin Maria Theresia trat im 18. Jahrhundert mit der Bitte an den Papst heran, eine Verringerung der Zahl der kirchlichen Feiertage zu genehmigen.

Georg Bärsch, Landrat des Kreises Prüm von 1819 – 1834, danach Regierungsrat in Trier, teilte 1853 in einem Bericht an eine Behörde folgendes mit: Als preußischer Beamter und Landrat des Kreises Prüm habe er sich darum bemüht, die Landeskultur zu heben, um so zu einer Produktionssteigerung beizutragen, um Hunger und Armut in der Eifel zu beheben. Zu Beginn der 20-er Jahre des 19. Jahrhunderts gab er für die Bewohner des Kreises Prüm die „Prümer gemeinnützigen Blätter" heraus, in denen er nebst allgemeinen Mitteilungen auch Ratschläge für Ackerbau, Obstanbau, Viehzucht und dergleichen veröffentlichte.

In dem oben genannten Bericht stellt Bärsch weiter fest, die überhäufte Zahl der katholischen Feiertage sei z. B. im Kreise Prüm Hauptursache der Armut. Es gebe im Kreise insgesamt 204 (für alle Orte zusammen) nichtgebotene katholische Feiertage nebst den staatlichen. An den Vormittagen werde nicht gearbeitet, es fände keine Schule statt. Wenn auch dieser Bericht unter Vorbehalt gelesen werden muss (Preußischer Beamter im katholischen Gebiet; wenige Jahre nach dem Prümer Zeughaussturm), so enthält er die Kernthese des neuen Nosbüsch-Eifelbuches: Volksfrömmigkeit contra Fortschritt.

Es ist fürwahr ein ungewöhnliches Eifelbuch, das die These von Doering-Manteuffels Werk, die Rückständigkeit der Eifel sei nicht nur auf raues Klima und karge Böden, sondern auch auf die Volksfrömmigkeit seiner Bewohner zurückzuführen, aufgreift und fortführt.

Die Darstellung ist ein zeitgeschichtliches Dokument, das die Abhängigkeit einer ganzen Region von den vorherrschenden Glaubenssätzen einer Religion beschreibt. Nosbüsch hinterfragt darin die katholische Glaubenslehre und die davon abhängige philosophische Denkart. Diese philosophische Denkart widerspricht den Denkansätzen der Aufklärung, nämlich Herauslösung des Menschen aus seiner selbstverschuldeten Unmündigkeit. Der Mensch dieser Zeit wird, besonders in ländlichen Gebieten, fremdbestimmt, was wiederum negative wirtschaftliche Auswirkungen hat.

Es ist das dritte große Werk von Johannes Nosbüsch, emeritierter Professor für Philosophie an der Universität Landau. Nach seinem Buch über den zweiten Weltkrieg im Kreise Bitburg-Prüm („Bis zum bitteren Ende") und der Autobiografie („Als ich bei meinen Kühen wacht'") nun das dritte Werk („Es werde Licht!"), das die eigene schicksalhafte Begegnung mit der Fremdbestimmung des Menschen durch die Lehren der katholischen Kirche und die daraus resultierende Volksfrömmigkeit beinhaltet.

Hoffen wir, dass es für immer Licht werde für eine freie Selbstbestimmung des Menschen, unabhängig von allen Dogmen und Ideologien unserer Zeit.

Für den Geschichtsverein „Prümer Land" e.V.

Werner Blindert	Kaspar Thürwächter	Dr. Josef Zierden
Vorsitzender	stellv. Vorsitzender	Eifel-Literatur Festival

Gerdi Haas
Malerin

Formen, Farben und Beziehungen sind für Gerdi Haas eine Sprache, mit der sie Gefühle ausdrücken kann, die die Auseinandersetzung mit der Natur in ihr erwecken. Das Bild ist Ausdruck von Empfindung, die durch das Zusammenspiel von Form und Farbe Realität gewinnt. Jegliche Kunst sollte ein Mehr an Geheimnis und Bedeutung sein. Ein Kunstwerk muss eigene Vitalität haben, verhaltene Kraft, ein eigenes intensives Leben, unabhängig vom Objekt, das es darstellt.

Gerdi Haas, eine Künstlerin aus Prüm, Trägerin des Kaiser-Lothar-Preises 1997 (verliehen durch die Europäische Vereinigung bildender Künstler aus Eifel und Ardennen), ist bereits seit 25 Jahren als Malerin tätig. In früheren Jahren war ihr zentraler Schwerpunkt die Aquarellmalerei. Den malerischen Impuls und die freie Prägung der Bilder schöpft sie aus der Eifelheimat.

In jüngster Zeit ist für Gerdi Haas die Abstraktion in den Mittelpunkt ihres Werkes getreten. Künstler der Gegenwart wie Gerhard Richter, Sigmar Polke und Elvira Bach sind für sie von besonderem Interesse. Dies drückt sich darin aus, dass sich das Verhältnis von Malerei und grafischen Strukturen im Bild durch die Auswahl und den Einsatz der Farben zu neuen Kompositionen und Impressionen wandelt. Ihre Bilder tragen nicht mehr so sehr Züge des Märchenhaften als vielmehr die des einerseits Rätselhaften; andererseits des deutlich aus dem Spiel der Farben sich entwickelnden und wachsenden Gliederns. Dieses steigert sich bis zur Wahrnehmung phantastischer Räumlichkeit, durch die Spannung aufgebaut und eine Bündigkeit und Strenge vermittelt wird.

Dominanz der Farben und eine großzügige Pinselführung sind, bei nunmehr erweiterter Farb- und Materialpalette und Mannigfaltigkeit der Techniken, weiterhin Kennzeichen ihrer ungezwungenen, individuellen Malweise.

Gerdi Haas arbeitet zur Zeit überwiegend mit Acrylfarbe in großen Formaten. Sie teilt dem Betrachter mit, was ihr vom „Sehen und Sinnen her" zu sagen aufgetragen ist.

Inhaltsverzeichnis

Einleitung

Thema des vorliegenden Buches ist meine angestammte Heimat: die Eifel, näherhin die Westeifel. Was nachfolgend über sie zu sagen sein wird, hat ohne Zweifel Entsprechungen und Parallelen in anderen Regionen. Aber gleichzeitig ist der Bestand an Eigengehörigem so mächtig, daß diesem Land längst größere Aufmerksamkeit zustand, als ihm zuteil geworden ist. Hier will unser Buch ein Zeichen setzen.

In der Westeifel also wurde ich 1929 im nur vierzehn Häuser zählenden Dorf Niederraden, Pfarrei Utscheid (früher Outscheid), Kreis Bitburg-Prüm, geboren. Hier verlebte ich meine Kindheit und Jugend als viertes von sechs Kindern einer Handwerkerfa-milie – mein Vater war Schneidermeister. Wir wohnten im landwirtschaftlichen Anwesen eines verwitweten Onkels mütterlicherseits. Mit ihm und noch zwei Tanten, ebenfalls mütterlicherseits, sowie einem Pflegekind des Onkels bildete unsere Familie eine Hausgemeinschaft von insgesamt zwölf Personen. Wir Kinder schätzten das handwerkliche Tun des Vaters, das allerdings im wesentlichen außer Hauses, in den Häusern der Kunden, stattfand. Tätig engagiert waren wir, nach Alter zeitversetzt, allesamt im landwirtschaftlichen Betrieb des Onkels.

Dieser Hausstand schöpfte wahrhaftig nicht aus dem vollen, von Wohlhabenheit oder gar Reichtum konnte keine Rede sein. Aber

*Das Heimat-
dörfchen
Niederraden in
den dreißiger
Jahren*

wir hatten unser Auskommen und litten nicht die Not, die damals auf so vielen anderen Familien der Region lastete. Nicht von ungefähr war die Eifel bis weit ins abgelaufene Jahrhundert hinein für die Bewohner anderer Regionen, soweit man dort überhaupt etwas von ihr wußte, das Armenhaus der Nation. Sie galt als abgelegenes, schwer zugängliches, unwirtliches Land, ideal nur für Truppenaufmärsche und als militärisches Manövergebiet.

Diesem Schicksal wollen wir im folgenden nachgehen und möglichst auch auf den Grund gehen. Daß dieses in Buchform geschehen kann und dazu in solcher Aufmachung, ist in hohem Grade das Verdienst des „Geschichtsvereins 'Prümer Land'", der den Text in die Reihe seiner Veröffentlichungen aufgenommen hat. Dem Verein und seiner Leitung gilt mein herzlicher Dank. So gestützt und gefördert, orientiert sich die Darstellung an drei Thesen, von denen die erste wie folgt lautet: Die Eifel geriet seit Beginn der Industrialisierung in der ersten Hälfte des 19. Jahrhunderts ins Hintertreffen. Nahezu ausschließlich auf Landwirtschaft ausgerichtet, hat sie bei der damals einsetzenden allgemeinen Aufwärtsentwicklung nicht mitgehalten. Zum Vergleich dienen bei dieser These die Nachbarregionen an Mosel und Rhein oder - gleichfalls landwirtschaftlich orientiert - die Kölner Bucht und das Land am Niederrhein.

Eine solche Rückständigkeitsthese fordert die Frage heraus, worin Verzug und Aufholbedarf ihren Grund hatten, wie es zu einem solchen Nachhinken kommen konnte. Auf die landwirtschaftliche Ertragslage bezogen, lautete die Antwort meist dahingehend: Ertragssteigerungen, wie sie im 19. Jahrhundert in anderen Regionen gelangen, scheiterten in der Eifel am rauhen Klima, an ungünstigen Bodenverhältnissen, an der geo-

graphischen Randlage an der Westgrenze. Aber so plausibel Erklärungen dieser Art auf den ersten Blick zu sein scheinen, sie decken bei näherem Zusehen noch nicht einmal die Ausfälle im Erwerbsleben zufriedenstellend ab, von Defiziten in anderen Bereichen, z.B. Bildung und Schule, ganz zu schweigen. Nicht ohne Grund hat sich darum neuestens noch eine sehr andere Erklärung zu Wort gemeldet. Es ist das von Sabine Doering-Manteuffel in ihrer Habilitationsschrift entwickelte Theorem, daß nicht materielle, sondern ideelle Faktoren für den bis an die Schwelle unserer Tage heranreichenden Aufholbedarf verantwortlich waren: der „volksfromme Katholizismus" der Eifelbewohner („Die Eifel. Geschichte einer Landschaft" 1995).[1]

Damit wird die These vom Entwicklungsrückstand bestätigt und gleich durch eine zweite ergänzt und erweitert. Im Blick auf die Gestalt, welche Religion und, eng damit verbunden, Moral in der Eifel angenommen hatten, wird festgestellt: Die religiös-moralische Ausrichtung der Eifelbevölkerung hat das Land an der Grenze ins Abseits gebracht.

Als einer, der in den ersten zwanzig Jahren seines Lebens die Endphase dieses Zurückhängens noch unmittelbar und voll miterlebt hat, glaube ich beide Thesen diesem Buch als Hypothesen zugrunde legen zu können. Ich fühle mich dazu um so mehr veranlaßt, als sich erst aus dieser Sicht vieles in meiner Kindheit und Jugend miteinander reimt, was mir sonst wohl für immer rätselhaft geblieben wäre. Unter Einschluß auch der später zu entwickelnden dritten These soll in dieser Einleitung zur Orientierung für den Leser die mit den drei Thesen gegebene Problemlage durchleuchtet und erläutert werden, zugleich zur Interpretation des Buchtitels.

Daß es dabei etwas „trocken" zugeht, liegt in der Natur der Sache und möge den Leser nicht allzu sehr abschrecken, später im Buchtext selbst wird die Darstellung konkreter. Aber um Überblick zu gewinnen, um die Einzelaspekte aus dem Ganzen heraus und auf das Ganze hin zu verstehen, ist ein einleitender Aufriß des Themas von großem Nutzen. Dabei kann die Einleitung auch nach der Buchlektüre - gleichsam als Zusammenfassung - gelesen werden.

Als erstes ist festzustellen, daß die Blickwendung hin zu Religion und Moral als Ursachen für Entwicklungsverzögerung dem religiös-moralischen Bewußtsein eine enorme Prägekraft zuerkennt. In der Tat ist gemeint, daß Religion selbst noch über die Art und Weise mitbestimmt, wie ein Landwirt seinen Acker bestellt - wir werden sehen. Es geht um den Glauben, der Berge versetzt.

Zweitens ist mit diesen Grundsatzentscheidungen sogleich aber auch gesagt, daß Religion, und ebenso Moral, sich nicht von selbst verstehen. Indem ihnen Verursachung regionalen Entwicklungsverzuges angelastet wird, ist die Überzeugung miteinbegriffen: Religion und Moral sind in ihrer jeweiligen Verfaßtheit nicht ausschließlich nur göttlichen oder eines Ursprungs aus einem anonymen Zeitgeist heraus, der sich menschlicher Einflußnahme und Verantwortung entzöge, sie leben in den Köpfen und Herzen der Menschen, das eine Mal ohne Kritik und Tadel, das andere Mal mit Anklagen bis zur Verdammung. Oder etwas salopp formuliert: Religion ist nicht immer gleich Religion, es gibt auch falsche und verfehlte Formen. Mag dann der Mensch noch so ehrfürchtig und hingebungsvoll seinem Glauben zugetan sein, er muß zugleich über ihn wachen, damit dieser Glaube nicht auf abschüssige Bahn gerät.

Das aber heißt: Religion und Moral, der Urheberschaft menschlicher Fehlentwicklungen bezichtigt, unterliegen einer Bewertung, deren Maßstab nicht mehr aus ihnen stammt, sondern über sie hinausliegt. Und über diesen Maßstab muß Klarheit herrschen, wenn Religion und Moral ihren Verbindlichkeitsanspruch wahren sollen. Sabine Doering-Manteuffel läßt es im großen und ganzen mit Kriterien wie Menschlichkeit oder Lebensqualität bewenden, etwa nach dem Muster: Bewohner anderer Regionen verfügen über höheres Einkommen und mehr Bildungsanreize, insofern leben sie menschlicher und genießen höhere Lebensqualität. Aber man sieht sogleich, daß Menschlichkeit und Lebensqualität ihrerseits erneut einen Maßstab brauchen, der nun aber nicht noch einmal der Hinterfragung ausgesetzt sein darf. Andernfalls die Reihe weiterginge und es mehr oder weniger dem Belieben anheimgestellt wäre, wie Menschlichkeit und Lebensqualität verstanden werden.

Hier fällt nun unsere Entscheidung, die das Buch von der ersten bis zur letzten Zeile durchwirkt: Menschlichkeit und Lebensqualität und ebenso individueller wie sozialer Fortschritt und Rückschritt sind letztlich zu bemessen an dem, was sich im Laufe der abendländischen Geistesgeschichte als Wort und Begriff der Person, als Gedanke des Personalen herausgebildet hat. Daß mit diesem Gedanken dann sehr lange kaum ernstgemacht wurde, steht auf einem anderen Blatt. Jedenfalls unterscheidet sich der Mensch als Person seinem Wesen nach von allem nichtmenschlichen Sein in der Welt, eignen ihm drei Grundfähigkeiten, die zu wecken und zu fördern allem anderen Bemühen voranstehen muß: Der Mensch kann sich selbst erkennen, er kann sein Handeln frei bestimmen, er vermag für das, was er tut, einzustehen (Selbsterkenntnis,

Selbstentscheidung, Selbstverantwortung). Wichtig ist hier das Wort „selbst", in dem beschlossen liegt, daß das mit solchen Fähigkeiten ausgestattete Wesen diese Fähigkeiten auch muß entwickeln und einsetzen können (und dürfen!); das Selbstsein bedeutet hier tiefste und letzte Konfrontation mit dem eigenen Sein, letzte Unvertretbarkeit durch einen anderen, wer immer es sei. Zentrale Prüfungs- und Steuerungsinstanz der Person für verantwortungsbewußtes Denken und Handeln ist das, was wir mündiges Gewissen nennen. An ihm werden sich in den nachfolgenden Erörterungen die Geister scheiden.

Rückständigkeit im einzelmenschlichen wie im gesellschaftlichen Leben stellt sich dann in dem Maße ein, wie die personale Entfaltung vermeidbaren Beschränkungen unterliegt bzw. unterworfen wird. Das heißt in unserem Zusammenhang: Religion und Moral, so wie sie in dem hier ins Auge gefaßten Zeitraum in der Eifel im Schwange waren, übten auf die Menschen dort eine hemmende Funktion aus. Selbst rückständig, wie sie waren, übertrugen sie ihr Zurückbleiben auf die anderen Lebensbereiche bis hin zur vorstehend erwähnten Ackerbestellung. Umgekehrt mußte Aufholen hier Freisetzung, Befreiung bedeuten, womit freilich auch ein neuer, „höherer" Bindungsprozeß einhergehen mußte, auf den wir aber erst im Schlußkapitel näher zu sprechen kommen. Vorerst sollen Freisetzung und Freiheit im Vordergrund stehen, mit Immanuel Kant (1724-1804) gesprochen das Vermögen, „sich seines Verstandes ohne Leitung eines anderen zu bedienen".[2]

Damit ist in knappen Strichen die Dimension umrissen, die es in diesem Buch aufzuhellen und auszufüllen gilt. Durch Aufweis einschlägiger Verhältnisse, Zustände und Umstände im Eifeldorf ist das Hinterherhinken zu dokumentieren. Dabei werden sich die Darlegungen zum Teil mit denen von Sabine Doering-Manteuffel berühren. Aber selbst, wo dieselben Rückständigkeitsphänomene im Blick stehen, haben sie im vorliegenden Text doch eine eigene Note insofern, als sie Stationen auf meinem leibhaftig durchschrittenen Lebenswege sind. Vor allem aber tut sich nun noch eine weitere, eine neue Betrachtungsebene auf. Vom personalen Wesen des Menschen her können jetzt auch Religion und Moral ihrerseits kritisch ins Auge gefaßt werden. Nicht nur von ihren defizitären Auswirkungen ist also nachfolgend zu reden, vielmehr werden die ihnen innewohnenden Maßgaben und Gebote auch selbst Gegenstand kritischer Erwägung sein. Dabei wird sich schon bald die Frage stellen, ob unsere Einwände nicht weit über den „volksfrommen Katholizismus" der Eifel hinausreichen, ob sie nicht für die katholische Kirche überhaupt gelten.

Die von uns ausgewählten Demonstrationsbeispiele für den Eifeler Entwicklungsverzug sprechen aus heutiger Sicht insgesamt für sich selbst. Insofern brauchen sie nicht ausdrücklich mit dem zeitgleichen Entwicklungsstand anderer Regionen verglichen zu werden. Und auch sonst strebt die Darstellung nicht Wissenschaftlichkeit im modernen Sinne an. Wo Wissenschaft Quellen sammelt und auswertet, möchte ich als Augen- und Ohrenzeuge von damals selbst Quelle sein. Durch sogenannte Basisinformationen will ich das Gegenstandsfeld der Wissenschaft verbreitern helfen, wohlwissend, daß es solche Beiträge nur noch ganz kurze Zeit geben wird. Die sie beisteuern könnten, sind inzwischen eine fast dahingegangene Generation. Unmittelbares Dabeigewesensein wird nachfolgend so streng genommen, daß mit der Lagebezeichnung

Eifel überwiegend die Westeifel gemeint ist. Bei den damaligen Verkehrsverhältnissen war mir dieses Mini-Stück Erde Heimat und größere Welt in einem, dieses Land entlang der Grenze.

Mit dem Wort Grenze ist nun auch die dritte These signalisiert, die dieses Buch mitträgt und mitprägt: die These, daß der späten Wende in der Eifel eine von Tragik umwitterte Vorstufe vorausging, ein Aufbruch, der jedoch nicht zum Durchbruch gedieh. Gemeint ist die sogenannte Westwallzeit 1938/39 und der sogenannte Sitzkrieg 1939/40, zwei aufeinander folgende Kurzperioden in der Eifeler, insbesondere der Westeifeler Heimatgeschichte, die bislang nicht annähernd gewürdigt sind. Wie schmal der Spalt auch war, die Einschnitte gingen tief. Inmitten sich anbahnenden unabsehbaren Unheils (Zweiter Weltkrieg) schimmerte im Eifeldorf eine zarte Morgenröte auf, die wenigstens einen Vorgeschmack von einer entlasteteren Lebenswelt vermittelte. Unsere relativ ausführlichen Darlegungen zu dieser These dürfen den Anspruch erheben, bisher weitgehend übersehenes historisches Neuland zu betreten. Besagte Morgenröte ist gemeint, wenn unser Buch den Titel trägt: „Es werde Licht!" (Gen 1,3).

Der darauf folgende Sachtitel: „Volksfrömmigkeit contra Fortschritt. Eifeler Katholizismus-Tradition auf dem Prüfstand" blickt dann auf die Negativposten hin: das soeben zitierte Licht, das vorerst nur verdeckt glühte, den Aufbruch, dem tragischerweise noch kein Durchbruch folgte, alles in allem auf eine Region, die spätestens mit Beginn der Industrialisierung aus dem sich abzeichnenden allgemeinen Aufwärtstrend ausschied, blockiert durch die religiöse Denk- und Handlungsart der Bewohner, wie unsere These lautet. Solche Mißverhältnisse markieren allemal Krisen, die Unterscheidungen, vielleicht sogar Scheidungen erforderlich machen (Krise von griech. krinein = unterscheiden). Entsprechend versucht das Buch, klare Linien zu ziehen.

Soweit es bei alledem um die Vergangenheit geht, sind es gewiß meine eigenen subjektiven Eindrücke und Einschätzungen, die ich mitteile. Mit sogenannten objektiven Fakten, an denen man das Erinnerte messen könnte, hat es seine Schwierigkeiten. Denn was andere von der Vergangenheit verlautbaren, sind ebenfalls subjektive Eindrücke und Einschätzungen, die den eigenen gegenüber grundsätzlich nichts voraushaben. So ist in solchen Fällen Subjektivität die einzige Objektivität, die es gibt.

Daraus kann die Versuchung erwachsen, lieber zu schweigen, eine Versuchung, die möglicherweise noch zunimmt, wenn man bedenkt, daß der Aufweis von Rückständigkeit zwangsläufig Schattenseiten aufdeckt. Sollte man den damit verbundenen Ansehensverlust der angestammten Heimat nicht tunlichst vermeiden?

Die subjektive „Objektivität", von der hier die Rede ist, läßt sich in der Tat nicht aufheben, wohl aber mindern und abklären – durch Wissenschaft nämlich, hier in erster Linie durch die Geschichtswissenschaft, die viele Quellen zusammenschaut und dann kritisch vergleicht und abwägt. Und der angesprochene Ansehensverlust, wenn es denn einer sein sollte, wird dadurch aufgehellt, daß die beklagenswerten Defizite jedenfalls mit Ehrenrührigkeit nichts zu tun haben. Was dann in dem einen wie im anderen Fall möglicherweise als Schweigeempfehlung noch übrig bleibt, wird weit überboten durch das, was die Kundgabe an positiven Perspektiven verheißt.

Da sind zunächst die Wissenschaften: Geschichte, Volkskunde, Theologie, Philosophie, Soziologie, die um einige „Basisinformationen" reicher werden.

Da wird - zweitens - den noch Lebenden der älteren Generation, die, wie ich, in der Eifel aufgewachsen sind, ein Lebensbogen vor Augen geführt, der sie binnen eines Menschenalters aus dem Fast-noch-Mittelalter hinüberkatapultiert hat nicht nur in eine neuzeitlich-moderne, sondern schon „post"-moderne Lebenswelt. Wofür die städtische Bevölkerung fast zwei Jahrhunderte Zeit hatte, vollzog sich in dieser Landregion innerhalb weniger Jahrzehnte. Die ganze Schärfe des Umschlages kann nur ermessen, wer sich mit der in diesem Buch dargestellten unmittelbaren Vorgeschichte, einschließlich der erwähnten Zweiphasen-Morgendämmerung zwischen 1938 und 1940, vertraut macht.

Von daher ist dieses Buch - drittens - auch ein Buch für die Nachgeborenen, denen es Aufschluß über ihr Herkommen gibt.

Sie haben die im Blick stehende Zeit nicht mehr selbst miterlebt, aber untergründig sind sie von Eltern und Großeltern her mit ihr beladen. Junge Menschen geraten immer wieder in Zwiespälte hinein, die Angst machen können, aber den bedrohlichen Stachel in aller Regel verlieren, wenn ihre Herkunft identifiziert ist. Dann enthüllt sich der Zwiespalt als Spiegelbild von Menschen, die gewiß im Sog ihrer Zeit standen, mißbraucht wurden und sich mißbrauchen ließen, nicht selten auch selbst Mißbrauch übten, aber nach der Stunde Null 1945, als sich Spielräume zu eröffnen begannen, an Fleiß, ernster und tapferer Lebensführung nicht leicht zu übertreffen waren. Dieses Lob wird ihnen mit diesem Buch zugesprochen.

Viertens ist dieses Buch ein Widerschein sich anbahnenden, zum Teil schon vollzogenen Umbruchs im Bereich von Religion, Moral, Kirche. Orientiert an der Leitidee des Menschen als Person setzen die Ausführungen Zeichen, wie christlicher Glaube und christliche Moral eigentlich schon immer, spätestens seit dem Übergang ins 20. Jahrhundert, hätten gedacht, vermittelt und angenommen werden müssen. Und vor allem, wie beide heute und auf Zukunft hin, nun bis ins kleinste Eifeldorf hinein, noch gedacht werden können.

Unter dieser Frage versuche ich in das Buch einzubringen, was mich seit frühesten Studientagen bewegt hat: eine auf „wahre" (= personale) Menschlichkeit gerichtete Zusammenschau von Theologie, Philosophie und Pädagogik. Einige Aspekte dazu habe ich schon in meinem Buch „Als ich bei meinen Kühen wacht'...Geschichte einer Kindheit und Jugend in den dreißiger und vierziger Jahren" (1993) dargelegt. Im vorliegenden neuen Buch sind die zwei Schlußkapitel dem Anliegen direkt gewidmet. Dort sollen die herausgearbeiteten Einzelbefunde systematisch ausgewertet werden.

Wem solche abstrakten Erörterungen nicht liegen, kann getrost auf jene Kapitel verzichten, die Lektüre des übrigen Buches behält auch dann einen guten Sinn. Wohl aber wandelt sich mit diesen Kapiteln die Positionsperspektive der Eifel im Buch. Schien sich bis dahin alles um sie zu drehen, so wird das über sie Gesagte nun zum Transparent von Themen und Problemen, die sie haushoch überragen. Weil sich der Umbruch in der Eifel so verspätet und dann um so abrupter einstellte, tritt an ihr, der Eifel, sogar besonders deutlich zutage, in welchem Koordinatensystem sich heute Christsein und Menschsein bewegen nicht nur in der Eifel, sondern überall, generell, überhaupt. Ein kleiner, unscheinbarer Landstrich also mit Weltrelevanz!

Dabei bleibt voll in Kraft, daß andere abgelegene Regionen - etwa im Gebirge - ähnliche Entwicklungen durchgemacht haben. Insofern kann, zeitlich versetzt, das Schicksal der Westeifel zugleich als exemplarisches Beispiel gelten, als Illustration dafür, wie gesamtkulturelle Wandlungen regionalen Zuschnitts in den letzten zwei Jahrhunderten vonstatten gegangen sind.

Eröffnen wollen wir die Untersuchung mit einem Blick auf das Deutungsschema von Sabine Doering-Manteuffel, von dem aus sich zwanglos die in dieser Einleitung angezeigten Problemlinien entwickeln und näherhin erörtern lassen.

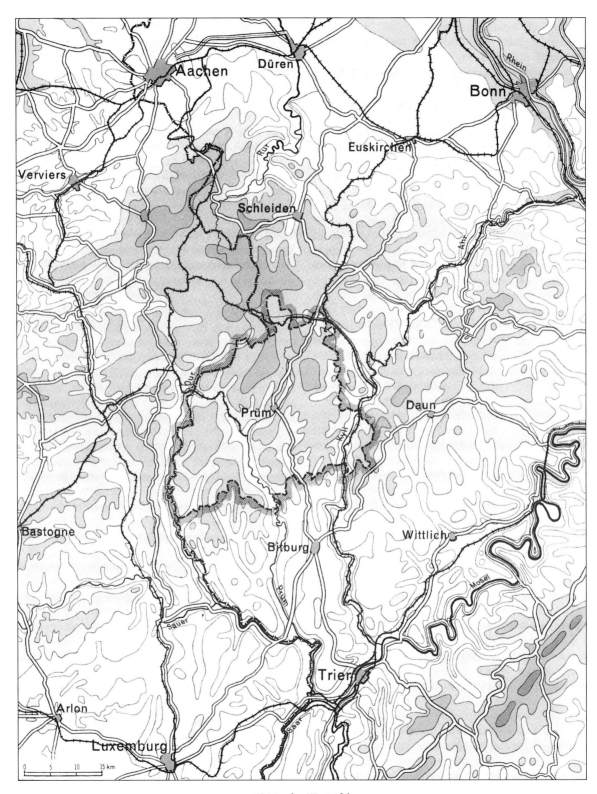

Karte der Westeifel

1. Kapitel: Pathos der Unwandelbarkeit

a) Ein Deutungsmodell

Daß die Eifel, zumal in ihrem mittleren und westlichen Teil, bis an die Schwelle unserer Tage Entwicklungsland gewesen ist, unterliegt in der landeskundlichen Forschung kaum einem Zweifel. Nicht so eindeutig steht es um die Kennzeichnung dieses Zurückgebliebenseins und vor allem um den Aufweis der Gründe, in denen es wurzelte. Mit Recht kann man die Grenzlage nach Luxemburg und Belgien hin anführen, desgleichen die Anhängsel-Rolle, die der Eifel seit 1816 als Bestandteil Preußens unter Etikettierungen wie „Preußisch Sibirien" oder „Rheinisch Kongo" beschieden war.[3] Aber solcherart Begründungen, eingeschlossen auch ungünstiges Klima und von Natur aus bescheidene Bodenerträge, reichen nach Sabine Doering-Manteuffel nicht aus. Sie versucht nachzuweisen, daß die Rückständigkeit zentral in den damaligen Bewohnern begründet lag, speziell gekoppelt mit ihrer weltanschaulich-religiösen Grundeinstellung. Hier die These im Wortlaut, wie sie gleich zu Anfang des Buches steht:

„Auf der Grundlage eines mächtigen volksfrommen Katholizismus, der sich oftmals unterhalb der Kirchendoktrin bewegte, breitete sich ein religiös fundierter Fortschrittsskeptizismus aus und schuf ein bemerkenswertes Traditionsbewußtsein, obwohl doch die Region ihren Bewohnern nur noch wenig Lebensqualität bieten konnte. Das Festhalten am Althergebrachten spielte bei den Eiflern trotz wachsender Armut eine besondere Rolle und fand seinen Ausdruck etwa in der Beharrlichkeit, mit welcher die Bauern über hundert Jahre hinweg, vom Beginn der Preußenzeit bis 1914, inneren

und äußeren Widerstand gegen den Ansturm der Modernisierung leisteten. 'Es sind Menschen von dumpfer, düsterer Leidenschaftlichkeit...'. So lautete die einhellige Bilanz von Generationen von Sachverständigen, Verwaltungsbeamten und Schulmeistern, deren Instrumente oftmals versagt hatten und denen das kulturelle Verhalten der Eifeler Bauern ständig neue Rätsel aufgab."[4]

In dem so umrissenen Grundkonzept des Buches bedeutet Fortschritt den Mitvollzug des werdenden Industriezeitalters, das Mitgehen auf dem Weg in die „technologische Zivilisation" (Hans Jonas) unserer gegenwärtigen mitteleuropäischen Lebenswelt.[5] Gegenüber dem damit signalisierten Wandel setzte die Eifel weiter auf den tradierten „volksfrommen Katholizismus". In der näheren Erläuterung der Autorin heißt das: Die „Franzosenzeit (sc. nach der Französischen Revolution von 1789 - d.Verf.)" markierte eine „Epochenzäsur".[6] Aber in der Eifel hatte sich „der erste Schock ... rasch gelegt, und bald wagten es die Frommen, die altgewohnten Bekundungen des Glaubens wieder aufzunehmen und fortzuführen, nicht zuletzt aus Trotz gegenüber der antikirchlichen Besatzungsmacht.[7] Ähnlich klingt es bezüglich der ab 1816 datierenden Preußenherrschaft, daß die Bevölkerung abermals gelassen reagierte, „weil die katholische Kirche auf dem Lande, trotz massiver Eingriffe der neuen Landesherren, im Gegensatz zu den Beamten unmittelbaren Anteil an der Lebensführung der bäuerlichen Bevölkerung nahm wie etwa im Falle der Prozessionen gegen die Viehseuche".[8]

Aber in diesem Beharren lag auch das Problem. Das „unterhalb der Ziele des

Solche Anwesen noch um die Wende zum 20. Jahrhundert wiesen die Eifel als Entwicklungsland aus.

modernen Staates" wirksame, „die traditionelle Frömmigkeit betreffende Orientierungsmuster"[9] wurde zum Ausfallmuster in anderen Bereichen. In der wirtschaftlich so gut wie allein regierenden Landwirtschaft hielt dieses Muster ab von dem zeitgemäß gewordenen Streben nach Überproduktion, es drängte nicht auf einen gewinnfördernden Ausbau des Wegenetzes und noch weniger auf die Entwicklung neuartiger Erwerbszweige. Letztere Fehlanzeige wirkte sich um so nachhaltiger aus, als überkommene Gewerbe wie das Hüttenwesen dahinschwanden.[10] Damit, so die Autorin weiter, hing dann auch die verhältnismäßig späte und bescheidene Erschließung der Eifel für den Schienenverkehr zusammen. Selbst in der Gesundheitsvor- und Gesundheitsfürsorge hielt die Eifel nicht Schritt mit der allgemeinen Entwicklung: „Die Bauern verfügten über einen ganzen Kosmos von Schutzpatronen gegen Krankheiten von Mensch und Tier, gegen Ernteschäden und schwere Unwetter",[11] sie waren also noch naiv genug, um die im Aufbau begriffene moderne Medizin für überflüssig zu halten.

Alles in allem ergibt sich so für Sabine Doering-Manteuffel der Befund einer „gesamtkulturellen Rückständigkeit"[12] gegen die auch die (diesmal endgültige) Einführung der allgemeinen Schulpflicht 1825 vorerst nicht ankam. Die Eifel avancierte zum „unerschließbaren rheinisch-preußischen Problemfall"[13] mit Mißtrauen und „Furcht vor dem Fremden"[14], „Dauernot und Dauerarmut.[15] Trotz dieser Lasten hielten die Bauern „in selbstverschuldeter Isolation"[16] „an bestimmten Inhalten und Formen des Volksglaubens" fest; „sie bewirtschafteten ihr Land bis in das 20. Jahrhundert hinein mit den Mitteln traditioneller Betriebssysteme, verbrauchten die Erträge selbst, anstatt sie auf den Markt zu fahren, und boykottierten die Bildungsbemühun-

gen des Staates".[17] Lieber, so der Tenor der Darstellung, wanderten diese Menschen in Massen nach Übersee aus[18] und ins Ruhrgebiet ab[19], als daß sie an der „Restraumstruktur"[20] ihrer Heimatregion durchgreifende Veränderungen vorgenommen hätten.

Dieses Verhalten war einer entsprechenden seelischen Verfassung zugeordnet: einer „religiös fundierten, stillen Selbstaufgabe…, einer tendenziell fatalistischen, klaglosen Grundeinstellung, die einem stetig absinkenden Sockel der Lebensqualität unwidersprochen gegenüberstand".[21]

Es ist ein nicht eben gängiges, ein verhältnismäßig gewagtes Bild, das hier von den Gründen entworfen wird, die der Eifel die eingangs zitierten Beinamen einbrachten. Marxistische Deutungen scheiden von vornherein aus. Religion, dort nur idealer Überbau, bekommt hier einen außerordentlichen Rang zuerkannt. Andererseits bleibt die Religion aber kritisierbar und wird sie kritisiert. In solcher Lage stellt sich die Frage nach noch lebenden Zeitzeugen, die am besten darüber befinden können, wie eine ihren Werdegang betreffende Theorie zu bewerten ist. In diesem Sinne werden nachfolgend typische Ausfallserscheinungen dargelegt und in ihrem Aussagegewicht verdeutlicht. Beginnen will ich aber mit einer mehr grundsätzlichen Betrachtung aus meiner anderen Feder, der des Philosophieprofessors.

b) Katholische Naturrechtslehre

Ein „mächtiger volksfrommer Katholizismus" als Grundlage eines „religiös fundierten Fortschrittsskeptizismus", das ist der Leitfaden, an dem sich die Untersuchung von Sabine Doering-Manteuffel entlangbewegt. Darin ist die These einbegriffen, daß die katholische Religion für Beharrung und Bestand plädiert, daß sie zumindest gegenüber Wandel in dem Sinne, wie das Industrie- und Technologiezeitalter ihn proklamiert und praktiziert, reserviert ist. Diese These wird von uns - gleichsam in Umkehrung der Marx'schen Basis-Überbau-Theorie - bejaht und zugleich als Einladung verstanden, sie noch etwas näher zu differenzieren. Für unsere Autorin scheint der Beharrungscharakter hauptsächlich in dem zu gründen, was sie in unserem Einleitungszitat als Katholizismus „unterhalb der Kirchendoktrin" bezeichnet. Dem darf nun hinzugefügt werden, daß auch die Doktrin selbst schon ein Plädoyer für Sein und Dauer ist, jedenfalls in ihrer angestammten klassischen Form.

Es geht um die bis auf Aristoteles (384 - 322) zurückreichende Lehre vom sogenannten Naturrecht („ius naturale"), die im Mittelalter zu einem Kernstück katholischer Weltanschauung weiterentwickelt und bis an unsere Gegenwart heran gefeiert worden ist, etwa mit dem Buchtitel von Heinrich Rommen: „Die ewige Wiederkehr des Naturrechts".[22] In unserem Zusammenhang steht dabei das Verhältnis Gottes zur Welt zur Debatte, das nach dieser katholischen Sicht als Verhältnis der Analogie zu deuten ist: Gott und Welt sind grundverschieden voneinander (gegen den Pantheismus), doch auch wieder nicht so abgrundtief, daß zwischen ihnen keine Verbindung mehr bestünde. Gott hat vielmehr die Welt aus dem Nichts erschaffen und erhält sie (gegen den weltfernen Gott des Deismus und jedwede Art von Atheismus). Der Schöpfungsakt war nicht einer aufs Geratewohl, sondern die in der Welt existierenden Dinge und Wesen sind gestaltet gemäß Urbildern in Gottes unendlichem Geist. Diese Urbilder (oder auch Ideen) sind gleichsam als „Fußspuren Gottes" („vestigia

Dei") in die Schöpfung eingegangen und gewährleisten nun unter dem Titel Theismus das besagte Analogieverhältnis: die Welt ist nicht Gott, aber sie zeugt von Gott, Gott und Welt sind gleich-ungleich („ähnlich"), sich nah und zugleich unendlich fern. Gott ist über der Welt und zugleich in ihr („Gott-über-in-Welt" - E. Przywara).[23] Unser Interesse konzentriert sich hier auf Gottes Insein in der Welt. Der von ihm in den Dingen hinterlassene Abglanz als Repräsentation seiner Gegenwart verleiht den Dingen einen Anhauch von Würde, ja Heiligkeit. Die Dinge rücken in ein Licht hinein, in dem sie nach einem Glorialied im alten Trierer Gesang- und Gebetbuch zum Lobpreis Gottes werden: „In jedem deiner Werke,/In jeder Kreatur/Erglänzet deine Stärke/Und deiner Liebe Spur".

Gegenüber einer solchen Aura von Wertglanz und Fülle geziemt dem Menschen Zurückhaltung und Verehrung, eine Hinnahmebereitschaft, die auch gegenüber dem Geschehen, den Vorgängen und Abläufen in der Welt geboten ist. Auch in ihnen ist Gott zugegen, der gute Gott, der um das, was dem Menschen frommt, besser weiß als der Mensch selbst. Selbst in der äußersten Not verbirgt sich noch ein Liebeserweis Gottes, gegen den menschliches Aufbegehren nicht angebracht ist. Vielmehr gilt: „Wer nur den lieben Gott läßt walten/Und hoffet auf ihn allezeit,/Den wird er wunderbar erhalten/In aller Not und Traurigkeit". -

Wir haben es vorhin von Sabine Doering-Manteuffel gehört: eine „religiös fundierte stille Selbstaufgabe..., eine tendenziell fatalistische, klaglose Grundeinstellung"!

In dem damit umschriebenen Grundriß läßt sich unschwer das für uns entscheidende spezifische Unwandelbarkeitsmoment und

-argument ausmachen. Es gründet sich auf die von Gott in der Schöpfung verwirklichten Urbilder und lautet dann so: Wenn der ewige und unwandelbare Gott in den Dingen der Welt Abbildungen seiner göttlichen Ideen hinterläßt, dann müssen auch diese Spuren ihrerseits ewig und unwandelbar sein. Der Baum vor meinem Fenster ist entstanden und wird wieder vergehen, nicht aber die in ihn eingesenkte „Baumheit" (= essentia, Wesenheit), die in allen Bäumen wiederkehrt und sie allererst zu Bäumen macht, wann immer und wo immer sie existieren mögen.

Dieses Denkmuster konnte sich zu einem förmlichen Pathos der Unwandelbarkeit verdichten, aus dem heraus schon in der Antike Denker wie Parmenides (570-480) und Platon (427-347) das Unwandelbare, Allgemeine und Ewige zum höheren, ja eigentlichen Sein erklärten. Über Augustinus (354-430) führte der Weg ins christliche Mittelalter hinein mit der Tendenz, nun auch sonst im Leben das Beständige, Beharrende, Bleibende als das Höherwertige anzusehen. Das gilt besonders für das, was wir Tradition nennen mit allem, was dazugehört: Institutionen, Rituale, Sitten, Bräuche. Wo immer Menschen zusammenleben, bilden sie Tradition aus, einen dem Bewußtsein einverleibten Schatz von Erfahrungen und Verhaltensmustern, die sich in der Vergangenheit bewährt haben und nun Leitlinien auch für die Gestaltung der Zukunft werden. Ihr Wert liegt darin, daß sie dem einzelnen Menschen die Mühe dauernder Neuorientierung abnehmen. Sie zeichnen einen Weg vor, der allerdings Spielraum läßt, ihn enger oder weiter zu fassen, Spielraum auch hinsichtlich der Frage, wie verbindlich und für welchen Zeitraum die Vororientierung gelten soll. In der Eifel wurde, wie wir inzwischen wissen, bis ins 20. Jahrhundert hinein die Engfüh-

rung gewählt, und ich kann es aus persönlichem Erleben nur bestätigen: Der Nachweis oder auch nur die Beteuerung, die Väter und Großväter hätten etwas so und so gemacht, wog noch in meiner Jugend im Dorf mitunter schwerer als jedes andere Argument.

Der Name Naturrechtstheorie hat dann folgenden Sinn: Es geht um die Kunde davon, daß den Naturdingen ein von Gott herrührender eigener Wert innewohnt („vestigium Dei"), der ihnen ein eigenes Recht gegenüber Ausgriffen des Menschen verleiht. Es ist ein Recht, das ihnen von Natur aus, nicht erst von Gnaden des Menschen zukommt, über das folglich der Mensch auch nicht eigenmächtig zu verfügen hat. Das Natur-Recht wird für den Menschen zum (moralischen) Natur-Gesetz, zum „natürlichen Sittengesetz", in dessen Intentionen und Zweckbestimmungen der Mensch nicht umgestaltend eingreifen darf. Prominentestes Beispiel für diese Sichtweise ist in der Gegenwart die Enzyklika „Humanae vitae" von Papst Paul VI. aus dem Jahre 1968 mit den vielen Nachfolgeerklärungen von Papst Johannes Paul II. zur Frage der Empfängnisverhütung. Der weibliche Zyklus hat eine ihm von Gott eingepflanzte Gesetzlichkeit, die der Mensch nicht durch künstliche Mittel überspielen und damit außer Kraft setzen darf.

c) Grundpositionen

Man sieht auf den ersten Blick, wie scharf diese Sichtweise der industriell-technologischen entgegengesetzt ist. Der Physiker, Ingenieur und Konstrukteur, der Manager, der Unternehmer, sie alle lassen nicht einen anderen walten, sondern walten selbst, sie nehmen nicht primär hin, sondern greifen zu und gestalten um nach Zwecken, die sie sich nicht vorgeben lassen, sondern selbst setzen. Mit ihnen kommt der homo faber zum Zuge, der Macher und Hersteller, heute als homo technicus in Dimensionen, die den Handwerker, dem die Bezeichnung ursprünglich galt, meilenweit überragen. Generalziel ist hier der Auf- und Ausbau einer humanen Lebenswelt, wie es sie von Natur aus nie gäbe.

Man weiß um die großen Gefährdungen, die dieses Industrie- und Technologiezeitalter inzwischen für die Menschheit heraufbeschworen hat. Da erhält der Naturrechtsgedanke („Ehrfurcht vor dem Leben" - Albert Schweitzer) Auftrieb in einem Kontext, wie es ihn bislang noch nicht gegeben hat. Da fallen Äußerungen, die der gewesenen Eifelmentalität entstammen könnten und in ihrer äußersten Steigerung Technik und Industrie zum Sakrileg, zum Teufelswerk erklären.

Auf das Verhältnis dieser beiden Sichtweisen zueinander wird noch mehrfach zurückzukommen sein. Hier sollen zunächst, relativ detailliert, einige typische Rückständigkeitsphänomene aus der damaligen Eifel kenntlich gemacht werden. Schon indem wir sie so nennen und gleichsam als Beispiele unterlassener historischer Hilfeleistung anführen, zeichnet sich als Vororientierung ab: verharren, dauern, unverändert bleiben bis hin zur emphatisch gefeierten Unwandelbarkeit verstehen sich nicht von selbst, sind nicht schon an sich ein Wert, sondern bemessen sich am höheren Maßstab des Wohles des Menschen. Dieser Vorbehalt gilt in vollem Umfang auch bei Sabine Doering-Manteuffel, wenngleich sie ihn als solchen nicht eigens herausstellt. Zum Teil sind auch die ins Auge gefaßten Phänomene dieselben, jetzt und hier allerdings in einem anderen Kontext, eben dem meines persönlichen Dabeigewe-

senseins. Diese „Umwidmung" ist insofern wichtig, als letztlich nur über Originalzeugnisse aus jener Zeit die Rückständigkeit ermessen und auf Gründe hin ausgelegt werden kann. Entsprechend steht dann auch bei allen sich abzeichnenden Defiziten die Frage im Hintergrund, auf welche Weise man ihnen früher hätte begegnen können, oder in Anlehnung an den Buchtext formuliert: Wie kommt man einem „religiös fundierten Fortschrittsskeptizismus" bei?

Als Antwort darauf vorab nur so viel: Grundsätzlich ist dazu eine kritische Distanzierung gegenüber dem bislang nicht weiter Hinterfragten erforderlich, und die kommt ihrerseits am ehesten durch Konfrontation mit andersgearteten, „alternativen" Denk- und/oder Verhaltensformen zustande. Das kann argumentativ auf direktem Wege geschehen, vollzieht sich im vorliegenden Falle „gesamtkultureller Rückständigkeit" aber auch indirekt durch Fortwirken (Transfer) in andere Bereiche hinein. Beispiel Mißtrauen gegenüber der Technik: Es werden technische Geräte mit ihren positiven Wirkungen vorgestellt in der Hoffnung, daß von dort der Funke überspringt zu der kritischen Rückfrage, ob die Technik denn wirklich so bedenklich sei.

Um beide Möglichkeiten war es in der Eifel damals dürftig bestellt, vor allem wegen der schon zitierten „selbstverschuldeten Isolation". An sich von den Zentren an Mosel und Rhein nicht einmal so weit entfernt, aber schwer zugänglich und oft genug als bloßes Manöver- und Aufmarschgebiet stigmatisiert, lockte das Land kaum Fremde an und motivierte es ebenso wenig die Einheimischen zu Erkundungsexpeditionen nach draußen. Noch im letzten Jahrhundert blickten viele Westeifeler auf ein Leben zurück, in dem sie, wenn es hoch kam, ganze zwei

Male die größere Welt vernommen hatten: bei der Heilig-Rock-Wallfahrt 1891 in Trier und die Männer dazu in ihrer Militärzeit bzw. später im Ersten Weltkrieg. Aber die dabei gesammelten Eindrücke und Erfahrungen lieferten Erzähl- und Gesprächsstoff für das ganze fernere Leben. Es war ein Dasein, das sich weithin selbst genügte und so auf Rückständigkeit förmlich programmiert war.

Nichtversiegende Quellen zum Erzählen: aktive Militärzeit vor 1914. Hier Manöver in der Eifel ...

Hier Wallfahrt zum hl. Rock 1933, Wallfahrtslied im Gesang- und Gebetbuch für die Diözese Trier.

2. Kapitel: Rückständigkeiten

a) In wirtschaftlich-ökono-mischer Sicht

Die von Sabine Doering-Manteuffel dia-gnostizierte „gesamtkulturelle Rückständig-keit" der Eifel bis ins 20. Jahrhundert hinein ist in ihrer untersten, aber auch elementar-sten Schicht ein wirtschaftlich-ökonomi-sches Nachhinken, verglichen mit anderen Regionen Deutschlands im 19. und begin-nenden 20. Jahrhundert. Zurückbleiben in dieser Schicht ist insofern von besonderer Bedeutung, als es hier um Wohlstand und Armut geht, die beide massiv in andere Bereiche menschlichen Seins hinüberwir-ken. (Dies jetzt in partieller Übereinstim-mung mit Karl Marx gesagt).

Nahezu alleiniger Erwerbszweig in der Region war damals noch die Landwirtschaft, und für diese bedeutete seit Beginn des Industriezeitalters die Qualitätsbezeichnung „Auf der Höhe der Zeit" folgende Heraus-forderungen: Hebung des Lebensstandards der Bevölkerung durch Ernteerträge über den familiären Eigenbedarf hinaus; Ergrei-fen der erstmals durch die industrielle Pro-duktion bereitgestellten Mittel, um dieses Ziel zu erreichen: Kauf und Einsatz von Maschinen, Kauf und Einsatz künstlicher Dünge- und Schädlingsbekämpfungsmittel. Damit zeichnete sich für die Eifel die Mög-lichkeit ab, die zum Teil dünnen Böden und Widrigkeiten des Klimas bis zu einem gewissen Grade auszugleichen, vorausge-setzt, man wollte es und hatte auch das für den Kauf erforderliche Bargeld zur Verfü-gung. Aus der bisherigen Produktion nur für den Familienkonsum war Bargeld nicht zu gewinnen, es konnte also erforderlich wer-den, das Risiko einer Kreditaufnahme für die Anschaffungskosten einzugehen.

Daran wiederum war die Frage der Renta-bilität gekoppelt. Zahlt sich eine Investition bei einer Betriebsgröße von nur so- und soviel Morgen aus? Es gab viele Klein- bis Kleinstbetriebe in der Eifel aufgrund des dort herrschenden Erbprinzips der Real-teilung. „Die Katasterparzellen verkleiner-ten und zerstreuten sich durch jeden Erbgang".[20] So hatte es schon seine Proble-me mit einem Umschalten der Landwirt-schaft auf die Dimensionen des Industrie-zeitalters.

Aber diese Probleme reichen nicht aus, um das wirtschaftliche Zurückbleiben der Region abzudecken. Hier ist massiv der höheren Orts verankerte generelle Fort-schrittsskeptizismus mit im Spiel. Als Beispiel nehme ich meinen Onkel mütterli-cherseits, der in den landwirtschaftlichen Angelegenheiten in meinem Elternhaus das alleinige Sagen hatte. Mein Vater ging der-weil seinem Beruf als Schneidermeister nach. Der Onkel: Geboren 1872 und 24 Jahre älter als meine Mutter, verwitwet ohne eigene Kinder, zählte er mit einer Betriebs-größe von 22 Hektar, davon 14 Hektar Ackerland, zu den bessergestellten Leuten im Dorf. Hohes Ansehen genießend galt er und hielt er sich auch selbst für fortschritt-lich. Er besaß das erste Fahrrad im Dorf, schaffte schon früh eine Mähmaschine an, Anfang der zwanziger Jahre eine kleine Dreschmaschine, die von einem 1,5 PS-Elektromotor angetrieben wurde. Auf den herkömmlichen Haubitzenpflug folgte ein Wende- und schließlich ein Selbsthalter-pflug, dieser zu einem Zeitpunkt, als der konkurrierende Nachbar noch Stein und Bein auf seine Haubitze schwor. In den dreißiger Jahren gesellte sich noch eine Sä-maschine hinzu und wurden - gefördert

Landwirtschaftsschule Neuerburg im Winter 1940/41

durch staatliche Zuschüsse - kurz vor Kriegsausbruch 1939 eine moderne Jauchegrube und ein Silo für Dämpfkartoffeln in Betrieb genommen.

Einher ging das mit zunehmendem Kunstdüngerstreuen und einer besseren Auswahl des Saat- und Pflanzgutes. Und nicht zuletzt: Onkel legte großen Wert darauf, daß meine für die Landwirtschaft vorgesehenen älteren Geschwister, männlich wie weiblich, im sieben Kilometer entfernten Neuerburg die Landwirtschaftsschule besuchten, um mit den Neuerungen in Ackerbau und Viehzucht vertraut zu werden.

Als fortschrittlich galt auch Onkels zehnjähriger ehrenamtlicher Dienst als Ortsvorsteher mit Anschluß des Dorfes an das elektrische Stromnetz und dem Ausbau kieselfester Wege zu zwei Nachbardörfern.

Aber war es wirklicher, vor allem konsequenter Fortschrittsgeist, der diesen Mann beseelte? Es war entschieden mehr, als sich sonst im Dorf tat, doch zeigten sich zugleich Einlagerungen, die nach wie vor auf Bewahren und Beharren hinausliefen. So schon bei der Reaktion auf Versuche der Jüngeren, möglichst viel aus der Landwirtschaftsschule in die Tat umzusetzen. Der Onkel antwortete mit Hauskrach. Dann die Art und Weise, wie die Maschinen genutzt wurden, zum Beispiel die Dreschmaschine. Sie und der Elektromotor hatten zwar nur Miniformat, aber sie hätten sehr viel mehr leisten können, als Onkel ihnen mit einer knappen Stunde pro Tag zumutete. So mußte entsprechend öfter gedroschen werden und mußten folglich auch entsprechend öfter in winterlich kalter Scheune die sechs Personen antreten, die beim Dreschen benötigt wurden.

Beim Getreideernten reihen sich in nur hundert Jahren Welten aneinander:
Mähen mit Sense, Mähmaschine, Mähbinder und zuletzt Mähdrescher.
Weitere Hilfen: der mit Zugvieh bespannte große Rechen und die Dreschmaschine.

So oder so ähnlich war es um den Einsatz aller Maschinen und Gerätschaften unter des Onkels Ägide bestellt. Es konnte anmuten, als ob in seinen Augen wie Tier und Mensch auch die Maschine ermüde und man ihr darum Erholungspausen zu gönnen habe. Ja, sogar etwas von der Treue, die man Tieren gegenüber hegt, schien sich bei ihm auf die Maschinen zu übertragen. Ich habe nicht erlebt, daß er eine Maschine abgestoßen und ein verbessertes Nachfolgemodell angeschafft hat, ausgenommen die erwähnten Pflugmodernisierungen.

Vor allem wäre es eine große Erleichterung und Verringerung hauseigener Mithilfe gewesen, hätte in den dreißiger Jahren bei der Getreideernte ein Mähbinder die Mähmaschine abgelöst. Aber da machte der Onkel nicht mehr mit. Etwas so Neues könne und, vor allem, dürfe man so schnell nicht anschaffen, das würde alle Grenzen sprengen. In dieser sehr typischen Begründung spielte ohne Zweifel der Gedanke mit eine Rolle: Wozu weitere Ausgaben tätigen, wenn es mit den zur Verfügung stehenden Arbeitskräften auch so zu schaffen ist. Diese Maxime galt für den Onkel in allen Bereichen des landwirtschaftlichen Anwesens und stellte, nach außen hin etwas mit Modernität verschnörkelt, die konsequente Fortschreibung des überkommenen Wirtschaftssystems dar. Darunter hatten nicht zuletzt die Schulkinder weiter zu leiden. Obgleich man Weideflächen inzwischen ohne größeren Aufwand hätte einzäunen können, blieb es für die Kinder von Frühjahr bis Herbst bei der täglichen Fron: Sie mußten Vieh hüten, einfach schon aus dem Grunde, weil es sie als Kinder gab.

In denselben Kontext einer im Kern doch konservativen Einstellung gehört schließlich auch hinein, daß sich der Onkel vor jeder größeren Neuerung wochenlang mit in seinen Augen sachkundigen Männern aus Verwandtschaft und Bekanntschaft über das Projekt austauschte. Fast sah es danach aus, als plage ihn ein schlechtes Gewissen, von dem er sich im Gespräch durch Zuspruch anderer befreien wolle. Das galt erst recht mit Blick auf die Zuschüsse, die er vom NS-Staat entgegennahm. Sie waren ihm willkommen, doch ging er als gestandenes Mitglied der inzwischen verbotenen Zentrumspartei nie so weit, daß der Anschein eines Einschwenkens auf die neue Linie hätte aufkommen können.

Mit fortschreitendem Alter wurde das Bild vollends eindeutig: Als mein mittlerweile nachgerückter Bruder das vom Onkel favorisierte Ochsengespann durch ein Zwei-Pferde-Gespann ersetzte, segnete der Endsiebziger das noch gerade so ab. Als aber dann 1954 ein 16 PS-Traktor den Zugdienst übernahm, war es um des Onkels Fassung geschehen. Wie Meister Anton in Friedrich Hebbels „Maria Magdalena" verstand er die Welt nicht mehr. Verbittert und zum Schluß geistig verwirrt schloß er 1960 im Alter von 88 Jahren für immer die Augen.

Im Grunde unterblieb so auch in meinem Elternhaus das Investitionsrisiko, das durch Vermarktung eines zu erwartenden Ertragsüberschusses zu einem höheren Bargelderlös hätte führen können. Und der war mittlerweile angezeigt. Denn bei aller „tendenziell fatalistischen, klaglosen Grundeinstellung" konnte man an einigen Errungenschaften des Industriezeitalters jetzt auch in der Eifel nicht mehr ganz vorübergehen, für die aber nun einmal Bargeld erforderlich war. Genannt seien: moderne medizinische Versorgung über den „Kosmos von Schutzpatronen" hinaus, eine Minimalausstattung mit modischer Kleidung und sogenannten Kolonialwaren auf dem Ernährungssektor und schließlich ein gewisses, wenn auch noch so bescheidenes Kontingent an elektrischem Strom, für das nicht selten die letzten Pfennige im Haus zusammengekratzt werden mußten. Doch noch schienen eher solche Engpässe verkraftbar zu sein, als mit der von Urväter Zeiten her für geheiligt geltenden Lebensordnung zu brechen. So kam es zu dem von Sabine Doering-Manteuffel gezeichneten Bild: „Manch ein Bauer hat noch in den fünfziger Jahren mit dem Ochsengespann gepflügt, die Bäuerin stapfte neben den Tieren durch den Acker, während der Mann hinter dem ganz einfachen Pflug herging".[25]

So stapften noch Anfang der fünfziger Jahre Mann und Frau mit dem Zugvieh am Pflug einher.

b) Zivilisatorische Mängel

Wir hörten es schon: Wirtschaftlich-ökonomische Rückständigkeit wirkt in andere Lebensbereiche hinüber, vor allem in den Bereich, mit dem wir es jetzt zu tun haben, den Bereich von Hygiene, Gesundheit, oder allgemein gesagt, von Zivilisation. Grundschicht darin sind die aufs leibliche Leben bezogenen Maßnahmen, zunächst Sauberkeit und Körperpflege. In der Eifel herrscht kaum Wassermangel, noch das „fernste tiefste Tal" (L. Uhland) hat sein kristallklares Rinnsal. Dennoch trug bis ins erste Nachkriegsjahrzehnt hinein vor allem die Ganz-Körperwäsche - gemessen am heutigen Standard - abenteuerliche Züge. Ich weiß es aus eigener Anschauung: Manche Männer unterzogen sich einer solchen Wäsche nie, andere sporadisch an einem lauwarmen Samstagabend hinter Gebüsch am Bach. Bei Frauen und Kindern überwog die allenfalls wöchentliche Waschzuber-Reinigung in Küche und Stall, im Falle der Frauen mit aller nur erdenklichen Absicherung gegen „lüsterne Blicke". Im übrigen hatte es in dem Gebiet, das ich überblicke, meist mit morgendlicher „Katzenwäsche" (aufs Gesicht beschränkt) sein Bewenden, wobei sich gut und gern acht bis zehn Personen an ein und demselben Handtuch abtrockneten. Mit Händewaschen „nach dem Stuhlgang vor dem Essen", nach beendeter Dungfuhre oder Stallarbeit, nach Arbeit auch in der staubigen Scheune war es also so eine Sache. Eine Sache erst recht um fräuliche Monatsblutung, Hygiene ehelichen Lebens bis hin zu den Verhältnissen bei bis zu zwölf und mehr Geburten, mitunter gar von zwei Kindern in einem Jahr, im engen, ohnehin schon übervölkerten Haus.

Es gingen denn auch nicht eben wenige Infektionskrankheiten um: Hautausschläge, eine ganze Palette von zum Teil noch lebensgefährlichen Kinderkrankheiten, Wochenbettfieber, das vielen, gerade jungen Frauen zum Verhängnis wurde, die Volksseuche Tuberkulose, die bis in die fünfziger Jahre in der Eifel ihren Tribut forderte. Und doch blieb es dabei: Wie man sich morgens an nur einem Handtuch abtrocknete, löffelte man, soweit es eben ging, bei den Mahlzeiten auch aus ein und derselben Schüssel: Suppe, Brei, Mus. Man sparte dadurch Geschirr und Spülarbeit mit Lappen, die, zurechtgeschnitten aus abgelegter Unter-

wäsche, nicht selten bis zur Selbstauflösung benutzt wurden.

Nicht weniger abenteuerlich stand es um die Toilettenanlagen, wiederum gemessen an erschlosseneren Regionen. Mein Elternhaus war 1939 das erste im Dorf, das als Nebengewinn aus dem erwähnten Bau einer Jauchegrube über ein Clo mit von selbst funktionierendem Abgang verfügte. In den anderen Häusern mußte weiterhin der untergeschobene Kübel hinausgetragen und entleert werden aus Bretterverschlägen im Hof oder Steinhäuschen an der Giebelwand des Hauses, die vor Sicht und Regen schützten, aber kaum vor Wind und Kälte. Dabei war selbst das schon ein Fortschritt gegenüber Zuständen noch um die Jahrhundertwende. Führte doch für einen Teil der Bewohner meines Heimatdorfes damals der Weg noch über den Bach auf eine Wiese, wo Ginsterbüsche Sichtschutz und Verrichtungsruhe zu gewährleisten hatten. Die Wiese heißt bis heute „Schéiße-Pääsch".

Dörfliche Toilettenverhältnisse: Bretterverschlag im Hof als „Herz-Häuschen"...

29

Hier renoviertes Mauer-Häuschen an der Giebelwand (in Eisenschmitt).

Ohne Zweifel spiegelt sich in diesen Zuständen die vorhin skizzierte Finanznot der Region wider. Woher sollte man das Geld nehmen, um auch nur einen Hauch von Luxus ins Haus einziehen zu lassen, zumal auch die öffentliche Hand nur zögerlich und dazu nur sporadisch unerläßliche Voraussetzungen schuf wie Erstellung eines Wasserleitungsnetzes, von der Einrichtung öffentlicher Bäder oder Kanalisation erst gar nicht zu reden. Und wie hätte man es im Haus selbst anstellen sollen, in dem nicht einmal die Eheleute eine Kammer für sich hatten und oft genug jedes Bett doppelt belegt war. Hinter die intime Frage, wie trotzdem so viele Kinder gezeugt wurden, bin ich als jugendlicher Zeitzeuge damals nicht gestiegen. Geschah es vielleicht bei der gelegentlichen Mittagsruhe am Sonntag oder auch draußen in freier Natur? Hochehe und „petite mort" („Kleiner Tod") in sexueller Ekstase konnten da kaum ein Thema sein.

Und doch blieben bei aller Enge und Armut Spielräume, die nur deshalb nicht genutzt wurden, weil man es über Generationen hinweg nicht anders kennengelernt hatte, z.B. einfach mehr des vorhandenen Wassers zu verbrauchen. Von darüber hinausreichenden Motiven ist an erster Stelle die Einbildung nicht weniger Dorfbewohner (Männer!) zu nennen, zum zünftigen Leben auf dem Lande gehörten nun einmal verstaubte und von Erde gezeichnete Hände und eine mit Schweißperlen bedeckte Stirn. Waschungen und Hygiene, wie bei Auswärtigen, insbesondere Städtern üblich, seien Symptome von Dekadenz, Müßiggang, Perversion. Solche schon tragikomische Überheblichkeit ließ geistiger Arbeit, z.B. meinem Studium, keine positive Chance, wie desgleichen

Putzbemühungen meiner älteren Schwestern buchstäblich mit Füßen getreten wurden, wenn der Onkel mit ungesäuberten Schuhen vom Dunghaufen oder mit staubstrotzendem Bart durch den eben abgewaschenen Hausflur schlurfte.

Ihren Höhepunkt erreichte diese Pseudo-Natürlichkeit im Umgang einiger Männer unseligen Angedenkens mit Tabak. Für einen Mann im Westeifeldorf gehörte es sich damals fast, von einem bestimmten Alter an (etwa ab 16/17 Jahren) zu rauchen, wobei es oft der Vater war, der dem Sohn die erste Pfeife kaufte. Besonderer Beliebtheit erfreute sich der Wittlicher Strangtabak, der portionsweise geschnitten, dann zwischen den Händen gerieben und schließlich - aus Frischhaltegründen - gern in eine ge-

trocknete Schweinsblase eingefüllt wurde. In die Pfeife gestopft und angezündet hinterließ das Kraut mit seinem in den Mund eingesogenen Rauch eine pikante Note, die verstärkten Speichelfluß auslöste. Dieselbe Wirkung trat in den ebenfalls nicht seltenen Fällen ein, in denen Tabak in Prieme geschnitten und gekaut wurde. Doch welche Last, wenn solche selbsternannten Naturburschen dann ihre kraftvolle Verwegenheit durch permanentes Ausspucken zu dokumentieren trachteten. Der Anblick war widerlich, den Gäste dieser Art auf dem Stubenboden hinterließen. So hatte es gewiß auch seinen Grund, daß über der letzten Bank auf der Empore meiner Heimatpfarrkirche zu lesen stand: „Die Heiligkeit des Ortes verbietet, den Fußboden durch Ausspucken zu verunreinigen."

Vereinzelt rauchten bis zum Zweiten Weltkrieg auch Frauen ihre Pfeife mit strammem Strangtabak, hier auf Hof Hamerskaul bei Utscheid.

Ebenso kostenneutral und doch zugleich Abhilfemöglichkeiten eröffnend wäre schließlich der Abbau einer schwerwiegenden, speziell auf die Ganzkörperpflege gerichteten moralischen Fehleinschätzung gewesen. Es geht um das sechste der Zehn Gebote Gottes: „Du sollst nicht Unkeuschheit treiben!" und um das, was in der Kirchengeschichte daraus gemacht wurde. Das Gebot wurde den katholischen Eifelchristen besonders scharf eingeprägt, weil sie es sich so einprägen ließen; davon wird noch zu reden sein. Wie die Unkeuschheit selbst stand auch alles, was zu ihr hinführte, unter schwerer Sünde, im gegenwärtigen Zusammenhang das lustbesetzte Anschauen und Berühren eines nackten Leibes, des eigenen wie des eines anderen. Es war dies das Lehrstück über „Augen- und Fleischeslust", zwar mit der Bemerkung, daß Anschauen und Berühren aus Gründen der Sauberkeit nicht Sünde sei, aber wer fühlte sich schon imstande, Reinigung und Lust so eindeutig auseinanderzuhalten. Am besten also, man ging kein Risiko ein und ließ den Körper bedeckt, verzichtete also auf Leibwäsche, selbst bei Kindern etwa ab der Vorpubertät. Das schien auch den Intentionen der regionalen Seelsorge zu entsprechen. Denn gegen Unkeuschheit zog sie dauernd zu Felde, gegen mangelnde Körperhygiene meines Wissens nie.

Die seelischen Schäden, die aus der lückenlosen Weitergabe dieser Drohbotschaft über Generationen hinweg bis ins eheliche Schlafzimmer hinein erwuchsen, sind erschütternd. Ich selbst wurde zum ersten Mal stutzig aufgrund einer Begebenheit, die ich im März 1940 unmittelbar miterlebte. Als Teil des deutschen Westheeres, das am 10. Mai 1940 zum Feldzug gegen Frankreich aufbrach, lag seit Ende Januar in meinem kleinen Heimatdorf ein Krankenkraftwagenzug aus Sachsen im Quartier. Zwischen Einwohnern und Soldaten entwickelte sich ein hervorragendes Verhältnis, das allerdings einmal, aber auch nur dieses eine Mal, in die Krise geriet: als nach langem, bitterkaltem Winter die Soldaten sich an einem der ersten lichthellen Frühlingstage mit entblößtem Oberkörper auf einer Dorfwiese sonnten. Da schritten ältere Männer und Frauen im Namen von Schamhaftigkeit und Keuschheit zum Protest. Menschenfreundlich wie der mit der Führung betraute Leutnant war, gab er dem Drängen schließlich nach und ordnete unverzügliches Wiederankleiden an. Man sah es den Soldaten an: sie glaubten, vom Wahnsinn umzingelt zu sein. Aber auch aus den Augen ihrer Ankläger sprach Glaube: daß man nur so vor Gott, der Kirche und der ehrwürdigen Schar der Vorfahren bestehen könne. Aufs neue also ein Schwur auf das Beharrende, die bewahrende Tradition.

c) Bildungsdefizit: Schule und Lektüre

Nach heutigen Maßstäben gehört das soeben aufgewiesene Blick- und Berührungstabu bereits in den Umkreis dessen, was Sabine Doering-Manteuffel Religion „unterhalb der Kirchendoktrin" nennt: Verstrickung in Geisterglauben und abergläubische Riten. Abermals und jetzt noch verstärkt stellt sich die Frage, wie sich solche Trugorientierungen in der Eifel so lange halten konnten. Ihren normalen Widerpart haben sie in dem, was wir Bildung nennen, in einer Blickerweiterung auf möglichst viele Bereiche geistigen Lebens hin, damit durch „Aufklärung" in des Wortes bester Bedeutung die wahre Gestalt der Wirklichkeit zutage trete. Waren die Bewohner anderer, meist städtischer oder stadtnaher Regionen schon im 18 Jahrhundert für solche Aufklärung zu gewinnen - man denke etwa an Friedrich Eberhard von Rochows Reform des Landschulwesens in der Mark Brandenburg –, so ist der Eifel nun auch auf dem Bildungssektor ein Aufholbedarf bis ins 20. Jahrhundert hinein zu bescheinigen.

Es klingt mit dem Ausdruck LandSCHULwesen schon an: Seitdem es sie gibt, ist günstigste Stätte und probatestes Medium für solche Horizonterweiterung die Schule, vorausgesetzt, sie ist in den Lebenskreis der Menschen, für deren geistigen Werdegang sie da ist, integriert. So weit hatten es mir bekannte Eifeler Dorfschulen noch in den dreißiger und vierziger Jahren nicht entfernt gebracht. Um es nur kurz anzudeuten: Zwischen Schule und Leben klaffte im Dorf ein tiefer Spalt auf mit der Schule auf der einen und dem gelebten Leben auf der anderen Seite. Daß schulisches Lernen für das Leben tauge, es angenehmer, reicher und tiefer machen könne, kam, wenn überhaupt, nur bei einer Minderheit der Schüler an und mußte von diesen mitunter in einer Art Bürsten gegen den Strich förmlich erkämpft werden, gegen die Gewogenheit der Mitschüler, unter Umständen sogar gegen die des Lehrers. Anderenfalls die Zahl der Übertritte ins Gymnasium größer hätte sein müssen, denn allein am Geld kann es nicht gelegen haben, weil es längst nicht immer die Kinder aus wohlhabenderen Familien waren, die den Wechsel vollzogen. Bis zur Weimarer Republik bildeten Mädchen die Ausnahme. Kaum jemand aus der Region studierte Geisteswissenschaften, so gut wie keiner Naturwissenschaften, galten diese doch als Grundlagen für Industrie und Technik aus schon genannten Gründen als tief verdächtig - Stichwort Teufelswerk. In ihrer großen Mehrheit entschieden sich die angehenden Akademiker aus dem Eifeldorf für den Beruf des Geistlichen mit solchen Bewerber- und Weihezahlen, daß ihretwegen die Eifel das Prädikat „Eiflia sacra" erhielt. In dieser „heiligen Eifel" hatten denn auch viele von ihnen ihre spätere seelsorgliche Wirkungsstätte.

Ehemals Brennpunkte im Dorf: Pfarrkirche ...

... und Schulhaus, hier: in Utscheid

Alles in allem ergab sich also weder von der Schule her noch angesichts der einseitigen Ausbeute höherer Bildung auf den Priesterberuf hin ein nennenswerter Anreiz, die Eingebundenheit in die Beharrungsmentalität zu lockern und in eine neue Welt der Zukunft aufzubrechen. Weder in geisteswissenschaftlicher, nicht einmal in theologischer Ausrichtung, und schon gar nicht auf dem Feld der Technik und Naturwissenschaften hat die Eifel in der Vergangenheit profilierte Repräsentanten von Originalität und Pioniergeist hervorgebracht.

Dazu hat ohne Zweifel auch die Fehlanzeige bei Anregungen aus dem außerschulischen Bereich beigetragen, bei Impulsen, die sich sonst so im Leben ergeben und dahin drängen, einmal ergriffene Standpunkte, festgefügte Traditionen, eingeschliffene Sitten und Bräuche kritisch zu überdenken und zu hinterfragen. An erster Stelle ist da an den Bildungssektor Literatur und Lektüre zu denken. Doch welches Trauerspiel um Lesestoff und Leseinteresse im Eifeldorf noch bis in die Jahre nach dem

Zweiten Weltkrieg! Viele, ja ich schätze, die meisten Häuser kamen über zerschlissene Schulbücher: Lesebücher, Bibel und Katechismus, sowie die jeweils bei der Ersten Kommunion von Paten geschenkten Diösesan-Gesang- und Gebetbücher nicht hinaus. Von den Schulbüchern hatte man eh genug, und wenn vielleicht noch ein religiöses Betrachtungsbuch hinzukam, war es in der Regel ein Text mit viel Gemütsbekundung in „oh", „ach" und dem Adjektiv „süß", aber wahrhaftig kein Anstoß, im Wandel einer agrarischen zu einer Industriegesellschaft den eigenen Standort zu überprüfen.

Verglichen damit stand mein Elternhaus fast blendend da mit der Monatszeitschrift „Stadt Gottes" der Steyler Missionare (SVD), einigen Sachbüchern zur Landwirtschaft (von einem im Ersten Weltkrieg gefallenen Onkel herrührend, der die Landwirtschaftsschule in Neuerburg besucht hatte), mit einem „Leben der Heiligen", Pfarrer Kneipps „Testament für Gesunde und Kranke", mit Dierckes „Kleinem Schulatlas" und Diözesan-Gesang- und Gebetbüchern mit Noten. Vor allem bezogen wir die „Trierische Landeszeitung", die, von Kaplan Georg Friedrich Dasbach begründet, bis 1933 Organ der Zentrumspartei war. Sie wurde regelmäßig von zwei Nachbarn in unserem Haus mitgelesen, und der jeweils aus ihr ausgeschnittene, zu Blätterbündeln geheftete Roman wanderte nicht nur im Dorf von Haus zu Haus, sondern bis in die Nachbardörfer hinein.

Aber noch ein weiteres Buch befand sich ab 1937 im Stubenschrank, das Mitursache für einen höchst charakteristischen Pfarrei-Eklat wurde: eine Bibelausgabe, die über Land ziehende Bibelforscher, als solche nicht bekannt, zum Kauf mehr aufgedrängt als angeboten hatten. Schließlich gab das Argument den Ausschlag, daß in dieser Ausgabe zusammenhängend auch Texte aus dem Alten Testament enthalten seien,

die uns bislang in der Tat nicht zugänglich waren. Aber kaum daß sich die Freude über die vermeintlich gute Tat entfalten konnte, setzte es am nächsten Sonntag im Hochamt eine bitterharte Anklagepredigt des Pfarrers ab, ohne daß allerdings Namen genannt wurden. Dem „Herrn Pastor" war der Kauf zu Ohren gekommen und weckte in ihm alles auf, was die treusorgende Mutter Kirche ihren Gläubigen als Leseschutz angedeihen ließ: daß Katholiken nur eine offiziell von der Kirche genehmigte und kommentierte Bibelausgabe benutzen durften, daß es den „Index der verbotenen Bücher" („index librorum prohibitorum") gab, von dem Ausnahmen nur mit bischöflicher Genehmigung erlaubt waren, und daß sich die leseinteressierten Dorfchristen im übrigen an das kirchlicherseits approbierte und empfohlene Schriftgut der pfarramtlichen Borromäus-Bibliothek halten sollten.

So „zerlernt" sahen die Schulbücher schließlich aus, hier Ecker-Bibel (1929)
und „Katholischer Katechismus für die Diözese Trier" (1925).

35

Werbung für die pfarramtliche Borromäus-Bücherei

Aber der Pfarrer teilte dies - wie überhaupt alle Maßgaben der Kirche - den Gläubigen nicht einfach nur mit, um ihnen dann die Entscheidung über Befolgen oder Nichtbefolgen selbst zu überlassen. Vielmehr nahm er zugleich die ihm mit der Priesterweihe zugesprochene Vollmacht, Sünden zu vergeben und „sie zu behalten", in Anspruch mit dem daraus abgeleiteten Recht, die Gläubigen zu überwachen und sie gegebenenfalls zu maßregeln, ja zu bestrafen. Das ist nur ein kleiner Einblick in ein hochdifferenziertes und brisantes Thema der Eifeler Dorfgeschichte: die Stellung und der Dienst des Pfarrers in der dörflichen Gemeinschaft. Wir werden im 4. Kapitel ausführlich auf dieses Thema zurückkommen.

War also schon unter solchen Aspekten das Lektürekapitel damals im Eifeldorf nicht gerade auf Ergiebigkeit programmiert, so kamen noch weitere typische Erschwernis-

se hinzu. Natürlich ging es auch jetzt wieder um die Kostenfrage, insbesondere um laufende Kosten wie beim Zeitungsabonnement. Und es konnte sich auch die Frage stellen, ob man für Lektüre die hinreichende Muße habe. Aber mindestens ebensoviel wog die bis an unsere Gegenwart heranreichende gängige Auffassung im Dorf, Lesen sei im Grunde Luxus, auf den man sehr wohl verzichten könne, ja ausgiebiges Lesen bewirke Verweichlichung, verderbe Sitten und Charakter und mache zu anständiger Arbeit untauglich. Mir sind Fälle bekannt geworden, in denen man unter dieser Begründung Kindern Lesestoff, der an sich für sie geeignet war, gezielt vorenthalten hat. Man gewahrt darin sogleich einen Widerhall des erwähnten, fast an Rousseau erinnernden Natürlichkeitsmanierismus und der so lange nicht geglückten Integration des schulischen Lernens in das Leben im Dorf. Lesen als zentrales Fach in der Schule blieb einstweilen im Dorf ein Fremdkörper.

Probleme konnte es auch bezüglich des für Nutzung oder Kauf bereitstehenden Angebotes an Lesestoff geben. Die wenigen Buchläden befanden sich in den noch dünner gesäten, meist auch noch weit entfernten Städten, in die man ohnehin nur selten kam. Inhaltlich handelte es sich zum größten Teil um sogenannte Heimat- und Volksliteratur von Autoren wie Ludwig Ganghofer, Peter Rosegger, Paul Keller oder auch Eifelautoren wie Ludwig Mathar, Maria Homscheid und bis zu einem gewissen Grade auch Clara Viebig oder Johannes Kirchweng von der Saar. Ab 1933 gesellten sich zu ihnen, nicht selten sie auch verdrängend, mit großem Nachdruck NS-Autoren, die aber in der durch und durch katholischen Eifel das Angebot nicht attraktiver machten. Was sollten auch die Leute vom Dorf mit einem Wortgebräu wie Hitlers

„Mein Kampf" anfangen, das als feingebundenes Buch gleich stapelweise angeboten wurde. Solange sie noch nicht durch NS-Verordnung geschlossen waren, stellten die schon erwähnten Borromäus-Vereins-Bibliotheken ein gewisses Gegengewicht dar, doch nun mit Überhang nach der konfessionellen Seite. In keinem Fall verhieß das Angebot eine große Lesergemeinde.

Schließlich litt das Leseinteresse auch daran, daß eine erhebliche Zahl der Volksschulentlassenen, schätzungsweise bis zu einem Drittel, nicht ein Abschlußzeugnis, sondern nur ein Abgangszeugnis vorweisen konnte, oft mit Ausscheiden aus der fünften/sechsten Klasse. Allemal war dabei in hohem Maße mangelnde Lesefähigkeit bzw. -fertigkeit mit im Spiel, die für die Nachschulzeit kaum Lesehunger erwarten ließ - Ausnahmen bestätigten auch hier die Regel.

d) Bildungsdefizit: Sprache und Kunst

In diesem Zusammenhang ist wichtig, daß mangelnde Lesetüchtigkeit häufig mit einer entsprechenden Rechtschreibeschwäche einhergeht und beide Ausdruck einer zurückgebliebenen sprachlichen Kompetenz sind. In der Eifel, zumindest wieder in der Westeifel, ergab sich insofern noch eine besondere Situation, als man dort praktisch in einer zweisprachigen Welt lebte (und gottlob vielfach bis heute lebt): Auf der einen Seite steht die angestammte moselfränkische Mundart als Umgangssprache, auf der anderen Seite Hochdeutsch als Geschäfts-, Verwaltungs- und vor allem als Kultursprache. Auf die Mundart kann man bei nachwachsenden Kindern, wenn man will, verzichten, und nicht wenige versuchen das ja auch inzwischen. Die Betreffenden sollten aber wissen, daß sie ihren

Kindern damit ein Stück Heimat vorenthalten und vor allem eine eigene sprachliche Weltansicht mit Kostbarkeiten, die sonst nirgends zu finden sind. Natürlich hat auch die Hochsprache ihre besonderen Schätze, aber nun zugleich mit dem Charakter der Unentbehrlichkeit für alle, die in ihrem Einzugsgebiet leben und sich dort entfalten wollen. Nur von ihr her ist so auch die Horizonterweiterung zu erreichen, deren es bedarf, um die mobile Industriewelt - viele sprechen schon von postindustriellem Zeitalter - angemessen in den Blick zu bekommen. Die Mundart ist dafür zu eng.

Wiederum noch in meiner Schulzeit in den dreißiger Jahren war für praktisch alle Erstkläßler aus dem Westeifeldorf Hochdeutsch die erste Fremdsprache. Bei mir wurde 1935 der Einstieg in den ersten Wochen durch eine der Mundart mächtige Lehrerin, die aus der Gegend stammte, erleichtert. Bei nicht wenigen ist aber die Einübung nie recht geglückt, einfach schon aus Mangel an Gelegenheit, hochdeutsch zu sprechen. Nach spärlichen Konversationsmöglichkeiten in der Schule sprach der dörfliche Normalbürger hochdeutsch nur noch im Beichtstuhl und beim Beten, bei letzterem meist in mechanisch eingedrilltem Leierton, der kaum auf ein Verstehen des Gesprochenen schließen ließ. Aber wo auch sonst alle Zeichen auf Statik und Dauer standen, fiel das rudimentäre Sprachvermögen als solches noch nicht einmal auf, es sei denn, man stand wegen Wilderei vor Gericht wie unser Nachbar, der auf die Frage, ob er denn die Vorladung nicht gelesen habe, nur in Mundart so antworten konnte: „Ees Lin hot geles, ees Lin hot geles" - unsere Lin (seine Frau) hat gelesen. So kam es auch zu Szenen wie dieser, von der mein Lehrer in der Dorfschule berichtete: Beim Durchzug sächsischen Militärs 1914 nach Frankreich sei ein Hauptmann sichtlich erleichtert gewesen, als er, der Lehrer, auf eine Frage hin hochdeutsch geantwortet habe. Des Hauptmanns Kommentar: die Leute hier sprächen so fremdartig, daß er sich schon in Feindesland geglaubt habe.

Auch Sprache und Sprechen also im Bann eines von „mächtigem volksfrommem Katholizismus" getragenen „Fortschrittsskeptizismus", auch unter dem Blickpunkt Sprache also zwischen offeneren Regionen und der Eifel ein Bildungsgefälle. Aber noch einmal sei betont, daß damit nichts gegen die Mundart gesagt sein soll. Kann sie doch im Verein mit Hochdeutsch schon im Grundschulkind ein sich anbahnendes Sprachbewußtsein wecken. Vorausgesetzt ist dabei allerdings, daß beide Sprachen nicht miteinander vermischt werden, wie es heute vielfach geschieht in der irrigen Meinung, so gelange man zu einem besonders griffigen Hochdeutsch. Der Ertrag davon ist Bastard-Deutsch.

Bleibt abschließend noch ein Blick zu werfen auf den Bereich Kunst - bildende Kunst und Musik, wie sie beide nach Auffassung der Deutschen Klassik in besonderem Maße zur Humanität des Menschen, in unserem Zusammenhang: zur Befreiung von falschen und überholten Bindungen beitragen. Es gab im Eifeldorf schon künstlerische Gestaltungen, hauptsächlich in Verbindung mit der Kirche als sakrale Kunst: Kirchenbauten, Altäre, Statuen, Fenster, verziertes Gestühl und kunstvolle Portale. Aber wenn man fragt, in wessen Initiative und Regie das alles lag, kam die Gemeinde allenfalls beim „Daß": daß etwas zu diesem Preis und Arbeitsaufwand erstellt werde, zum Zug, aber nur sehr beschränkt bezüglich des „Was" und „Wie" der Gestaltung. Hier regierte der Pfarrer im Benehmen mit der bischöflichen Behörde. Wie sollten die Laien in diesem Betracht auch zuständig sein: Zwischen April 1935 und Juli 1941 habe ich nicht eine Stunde Kunstunterricht in der Schule erlebt. Und Anregung durch Kataloge und Ausstellungen? Nicht daran zu denken, noch vor einem Menschenalter nicht. So blühte, wenn überhaupt, in den Wohnungen der „ländliche Volksgeschmack" mit Bildern und Statuen, fast alle von Heiligen, die gar nicht bunt und „süß" genug aussehen konnten.

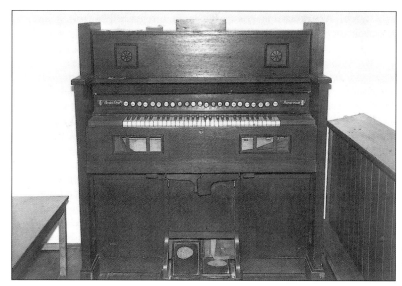

Ausgedientes Kirchenharmonium aus der Pfarrkirche in Utscheid (1934 - 1970)

Auch Musik war im Eifeldorf zunächst und vor allem „musica sacra", Musik zum Gottesdienst, und um 1900 nahm die Zahl der Kirchenchöre sprunghaft zu, in meiner Heimatpfarrei ist 1891 das Gründungsjahr. Oft zog dann erstmals auch ein Musikinstrument in das Gotteshaus ein, meist ein Harmonium, weil es viel billiger war als eine Orgel und auch weniger Anforderungen in sich verkörperte. Das bedeutete insofern eine Erleichterung, als Organist und Dirigent, meist in Personalunion, mitunter noch mit dem Küster dazu, im wesentlichen Autodidakten waren und sich sowohl in Richtung Chor wie in Richtung Instrument mit Einfacherem bescheiden mußten, so

groß ihr charismatischer Eifer auch sein mochte. Es fehlten die fachlich ausgewiesenen Maßgaben, zumal, wie der Kunstunterricht, auch der Musikunterricht in der Dorfschule häufig eine Randexistenz fristete, Beispiel abermals meine Schule, in der zu meiner Zeit nur 1938 Musikunterricht erteilt wurde - durch einen sogenannten Hilfslehrer. Hinzu kam vor allem noch der Umstand, daß bis dahin, bis zu den ersten Radioapparaten, im Dorf so gut wie niemand je den Klang einer Bachkantate, eines Oratoriums von Haydn, einer Mozartsonate, einer Beethovensymphonie... vernommen hatte. Da weiß der heutige Landbewohner kaum, wie begnadet er ist.

„Süße" Heiligenbildchen ...

... nach Volksgeschmack

Gesang gab es auch sonst im Dorf, im Sommer am Sonntagnachmittag auf der schattigen Bank vorm Haus, am langen Winterabend um den donnernden Stubenofen herum, meist mit einem Liedgut, das auch unabhängig von der Art, wie es dargeboten wurde, über Provinzialität nicht hinauskam.

Ähnlich stand es letztendlich auch um den zwischen den beiden Weltkriegen auf Pfarr-ebene ins Leben gerufenen Musikverein und die vielerorts agierenden Laienspiel-Theatergruppen. Aufführungen wie „Wilhelm Tell" in Malberg, „Parzifal" in Biesdorf oder „Die Räuber" in Körperich vor dem Kriege und abermals „Wilhelm Tell" 1952 in Lahr waren die Ausnahme; in der weit überwiegenden Mehrzahl der Fälle handelte es sich um Volksstücke, die eine noch rückständigere Zivilisationsstufe beschworen, als man sie ohnehin schon innehatte.

Gründerepoche örtlicher Vereine ab 1890, hier Feuerwehr in Minden/Sauer 1900.

Musikverein Stadtfeld 1930

Laienspielgruppe Welcherath 1934

Kriegerverein Hallschlag, Fahnenweihe 1927

Das galt ebenso von allem, was sonst noch an Verbänden und Vereinen existierte, vom Mütter- und Rosenkranzverein über den Handwerkerverein bis hin zur örtlichen Feuerwehr, ganz besonders von zwei Vereinigungen, deren Gewicht im Ortsleben bis 1945 heute nicht entfernt ermessen wird: dem Veteranenverein ab 1871 und dem Kriegerverein ab 1919/20 nach dem Ersten Weltkrieg. Waren die Preußen als solche in ihrer Rheinprovinz ab 1816 auch nicht sonderlich gemocht, so erfreuten sich ihre letzten drei Könige im Gewande des Deutschen Kaisers doch großer Verehrung. Veteranen- und Kriegerverein erfüllte geradezu ein Strom von sogenanntem Patriotismus, aus dem heraus die mit blauer Militärmütze und Ordensbrust dekorierten Männer regelmäßige Treffen abhielten und mit Trommelwirbel unter zackigen Kommandos an vaterländisch getönten Feiertagen wie Heldengedenktag, 1.Mai, Buß- und Bettag aufmarschierten. Es ergreift und erschüttert mich bis auf den heutigen Tag, daß mein Großvater mütterlicherseits, so gestimmt, anläßlich der Kaisermanöver 1911 zu Fuß den Weg von Niederraden nach Staffelstein zurücklegte, gut und gern 30 Kilometer, um dort den Kaiser auf seiner Fahrt von Prüm nach Kyllburg zu begrüßen. Die vielen Veteranen hätte es nicht härter treffen können: Der vorbeifahrende Kaiser nahm von ihnen nicht einmal Notiz. Die tiefe Enttäuschung auf dem ebenso langen Heimmarsch hat der fast Siebzigjährige drei Jahre vor seinem Tod nicht mehr verwunden.

Wir wissen es heute nur zu gut: „Aufbruch" dieser Art war in Wahrheit ein Begängnis von Vergangenheit.

Der „Patriot" Theodor Irsch, mein Großvater, hier die Titelseite einer von ihm verfaßten Schrift über den deutsch-französischen Krieg 1870/71.

3. Kapitel: Religiöses Leben

a) Reflexionen

Äußerlich gesehen geht es in diesem Buch um eine historische Analyse des Lebens in der Eifel. Aber im Kern reicht die Thematik weit darüber hinaus bis hin zu der Frage menschenwürdigen Lebens in einer Welt der „technologischen Zivilisation". Dabei hat sich Zug um Zug deutlicher ein grundsätzliches Spannungsverhältnis zwischen Verharren und Aufbruch herausgeschält, jene Ur-Alternative zwischen ‚etwas lassen, wie es ist' und ‚etwas gestalten oder umgestalten gemäß menschlicher Zwecksetzung'. Für uns liegt der Nachdruck einerseits auf dem gewaltigen Überhang, der dem Produzieren und Verändern in der modernen Entwicklung zugewachsen ist, und andererseits auf dem Umstand, daß sich die Eifelbewohner unter Berufung auf ihre Religion gegenüber dieser Entwicklung (allzu) lange abkapselten. Waren nämlich die religiösen Gründe nicht nur solche „unterhalb der Kirchendoktrin", sondern, wie sich zeigte, schon in der Doktrin selbst angelegt, so bedeutet das für den Katholiken überhaupt eine Distanz gegenüber Technik, industrieller Arbeitswelt und Expansion moderner Zivilisation und Kultur. Daraus mußte nicht, wie es in der Eifel der Fall war, Isolation erwachsen, aber dem kirchlichen Lehramt war es mit dieser Reserve so ernst, daß es von 1910 an den Geistlichen einen eigenen „Antimodernisteneid" abforderte. Das II. Vatikanische Konzil versuchte 1965 die Abschottungsmentalität mit dem Lehrstück über die „relative Autonomie der weltlichen Sachbereiche" aufzubrechen.[26] Aber kaum zeichneten sich erste Ausblicke ab, wurden sie durch die bald einsetzenden immer neuen Bekräftigungen der päpstlichen Lehre von der Verbindlichkeit des „natürlichen Sittengesetzes" bei der Empfängnisregelung unterlaufen. So kann das Thema „Eifel als Entwicklungsland" zum Symbol des gespaltenen Gewissens und des Zwielichtes werden, dem das kirchliche Lehramt die kirchentreuen Gläubigen in ihrem Verhältnis zur heutigen Welt inzwischen ausliefert. Da besagen auch Gesten wie die Rehabilitierung Galileo Galileis durch Papst Johannes Paul II. nicht viel.

Aber, so mag man fragen, stellt sich Eindeutigkeit nicht von selbst ein angesichts der schweren Krisen, die durch die moderne Entwicklung heraufbeschworen wurden? Ist da nicht die vormalige Einstellung des Eifelbewohners als scheinbar längst antiquierte die in Wahrheit fortschrittliche? Es klang schon einmal an, daß in der weltweiten Umweltdiskussion die These von der „ewigen Wiederkehr des Naturrechts" ein weiteres Stück zulegen kann, hingewiesen sei auf die einschlägigen Schriften von Autoren wie Albert Schweitzer, Hans Jonas, Robert Spaemann, Konrad Lorenz.[27] Und doch kann die Lösung nicht in einer einfachen Wiederaufnahme der Naturrechtslehre liegen. Zumindest in ihrer klassisch-katholischen Ausprägung wären die Folgen höchst bedenklich.

Denn erstens würde damit aufs neue die Gefahr heraufbeschworen, daß, wie seinerzeit in der Eifel, Menschen Not leiden, womöglich gar in stiller Ergebung, ohne sie leiden zu müssen. Gemeint sind Beschwernisse, für deren Behebung oder Abmilderung längst Mittel bereitstehen, die aber nicht angewandt werden, weil sie nicht für natur-gerecht, sprich: nicht den Absichten des Schöpfers entsprechend, gelten. Das ist heute Thema in Gestalt der sogenannten „natürlichen" Methode der Empfängnisregelung, die nach offizieller Kirchenlehre allein erlaubt ist, aber bezüglich Sicherheit und Breitenresonanz einer Vielzahl „künstlicher" Methoden nachhinkt. Und das bei einer Weltbevölkerung um die Sechs-Milliarden-Marke herum. Bleibt zu fragen, wie es sich mit den unterstellten „göttlichen Absichten" verhält.

Hier entzündet sich ein zweites Bedenken. Laut kirchlicher Lehre steht die Erkenntnis dieser Absichten zwar jedem Vernunftwesen offen, aber in verbindlicher, zweifelsfreier Qualität kann sie nur von dem in Glaubens- und Sittenfragen unfehlbaren kirchlichen Lehramt eingeholt werden. Darin liegt ein schwerwiegender Vorbehalt gegen die Mündigkeit des einzelnen Gläubigen, wie wir sie heute verstehen. Nach dieser Lehre ist nicht der Gläubige selbst zuständig für das, was er zu tun und zu lassen hat. Das muß er sich letztgültig vom kirchlichen Lehramt sagen lassen über all die hierarchischen Instanzen bis hinunter zum Dorfpfarrer in der Eifel. Zuständig ist er als Laie nur dafür, ob und inwieweit er dem ihm von der Kirche auferlegten Gebot nachkommt. Man sieht sofort, daß nur ein Hauch von Kontrolle oder gar Maßregelung mit ins Spiel zu kommen braucht, um das ganze Gefüge ins Autoritäre zu verkehren.[28]

Das kann es unter der Maßgabe, wie wir heute personale Mündigkeit als jedem Menschen eigene Würde sehen, nicht mehr sein und hätte es gerade im Namen der Kirche nie sein dürfen. Aber auch das Gegenstück dazu kann und darf es allein oder auch nur im Übergewicht nicht sein: der Drang nach Veränderung, Aufbruch und Umbruch um jeden Preis, das Pochen auf Selbstbehauptung und Alleinkompetenz bis zur Unfähigkeit, noch einen Rat entgegen-

zunehmen. An zum Teil prominenten Beispielen kann man sehen, wie solche „Autonomie" am Ende leicht in ihr Gegenteil, in totale Einebnung im Massengeist unserer Tage umschlägt.

Hier ist schon im kleinen Maßstab des privaten Lebens, aber unendlich viel mehr und dringender in der Dimension heutiger Weltgefährdung die von Hans Jonas herausgestellte „Heuristik der Furcht"[29] angezeigt mit dieser Maxime: bei nicht voll kalkulierbaren Folgen einer Unternehmung, Neuerung, Option, Investition oder wie es sonst heißen mag, das ins Auge gefaßte Projekt zu unter-lassen und es beim Bestehenden zu be-lassen, insgesamt statt auf Verändern oder gar - marxistisch - auf Revolution zu setzen, dem 'Sein-lassen' den Vorzug einzuräumen, weil weniger Gutes immer noch besser ist, als wenn als Folge einer Katastrophe noch Schlechteres, vielleicht nichts mehr wäre.

So ergibt sich als Frucht unseres Blickes auf den so lange zurückgebliebenen Lebenskreis der Eifel die Forderung nach personaler Mündigkeit als Verwirklichung zweier, dazu noch entgegengesetzter Sicht- und Handlungsweisen: einer bewahrenden sowohl wie einer auf Gestaltung und Veränderung gerichteten. Auf eine einzige, eine eindimensionale Formel ließ sich der menschliche Daseinsvollzug noch nie recht bringen, in unserer Gegenwart vollends nicht mehr. Es bedarf vielmehr einer Zusammenschau von solchem, das sich im Einssein zugleich ausschließt. Da hat der Mensch den Dingen und Vorgängen in der Welt gegenüber volle Souveränität, ganz im Sinne des Wortes von John F. Kennedy: „Gottes Werk in dieser Welt ist unser Werk". Aber kaum daß der Gedanke gedacht ist und sich anschickt, Tat zu werden, muß er in den Filter einer genau entgegengesetzten

Bewegung hinein, in der alles, was keckes Draufgängertum sein könnte, abgestreift wird. Es ist nun ganz so, als ob Auftrag und Maßgabe allein von Gott (auch vermittelt durch die Kirche) herrührten. Doch auch dabei darf es nicht bleiben, es darf daraus schon gar nicht ein ewig wiederkehrendes Naturrecht und „natürliches Sittengesetz" erwachsen. Vielmehr muß nun wieder die Gegenbewegung zum Zuge kommen, bis aus der Gesamtbewegung heraus eine Entscheidung fällt.

Nur als Gegensatz-Einheit, nur in Gestalt einer „dialektischen" Doppelformel können heute Gewissen, Mündigkeit, Verantwortung noch gedacht werden: im Dienst an der Welt, aber auch vor Gott und in der Kirche. Es geht, wie es bei Romano Guardini heißt, um den „dialektischen Schnittpunkt" zweier „Bestimmungssysteme", wobei jede Seite „die lebendige Kritik der anderen" bildet, „deren Gefahrenmöglichkeit" enthält.[30]

Kein Gedanke also daran, daß die Eifeler Verhältnisse von damals heute als fortschrittlich erscheinen könnten. Sie verdienen zwar als Teilmoment für die Orientierungssuche der heutigen Eifelbewohner festgehalten zu werden, aber die Generallinie, der Grundimpuls kann nur nach vorne gerichtet sein, nicht hinter Technisierung und Industrialisierung zurück, sondern durch sie hindurch über sie hinaus - wo immer die Entwicklung zwischenzeitlich Schatten geworfen hat.

Schutzheilige gegen Krankheiten des Menschen, hier: hl. Odilia, heilt kranke Augen; Statue in der Kapelle in Niedergeckler.

Hl. Quintinus lindert Kopfschmerzen, hl. Judas Thaddäus Hautausschläge; beide in der Kapelle in Daudistel bei Neuerburg.

b) „Gottes"-Dienst

Mit den vorangegangenen Reflexionen ist ein Standort erreicht, von dem aus nun die religiöse Ausrichtung und das religiöse Leben des einstigen Eifelers in vollem Umfang sichtbar werden. Die darin maßgeblichen Orientierungen waren und sind für uns insofern besonders bedeutsam, als in ihnen die über hundert Jahre währende „gesamtkulturelle Rückständigkeit" der Eifel gründete. Wie sich zeigte, sind dabei Bestimmungen im Spiel, die schon katholische Gläubigkeit generell und erst recht Gläubigkeit im Gewande Westeifeler Volksfrömmigkeit als fortschrittabweisend kennzeichnen. Dieser Aufweis soll im folgenden noch erweitert werden, damit um so umfänglicher und fundierter die Kernfrage gestellt werden kann, wieso die fortschritthemmenden Koordinaten gerade in der Eifel so lange gegriffen haben.

Ein erster Appell an den Menschen, nicht unentwegt auf Neues zu sinnen, sei es hervorbringend oder verändernd bis hin zu den Dimensionen heutiger Technik, ist uns in der These vom „natürlichen Sittengesetz" begegnet. Diese These ist insofern besonders instruktiv, als sie nicht nur überhaupt Existenz und Eigenrecht von Dauerndem und Bleibendem beschwört. Sie sieht dieses vielmehr als ehrfurchtgebietenden Widerschein Cottes in den Dingen der Welt aufleuchten. Das sind just die Dinge und Vorgänge, die dieser Sicht zufolge von einer dem „Fortschritt" verfallenen Menschheit zunehmend vergewaltigt wurden und werden.

Aber auch wo ein Bleiben angenommen wird, das nicht in dieser Welt „inkarniert" ist, hat es als Bleiben sein Gewicht. Und daran ist gerade für den Katholiken kein Mangel. In der Mitte von allem steht für ihn Gott, dem der Lobpreis gilt: „Wie du warst vor aller Zeit, so bleibst du in Ewigkeit". Die Gebete zu diesem Gott schließen mit der Formel: „per omnia saecula saeculorum" („von Ewigkeit zu Ewigkeit") - umgeben ist der ewige Gott von Engeln, die als reine Geistwesen unsterblich und über jeden Wandel erhaben sind, unsterblich ist auch die dem Menschen von Gott eingehauchte Seele. Oder im Blick auf die Kirche: Dogmen, einmal von der Kirche verkündet, gelten für den Katholiken unabänderlich für immer. Grundbestandteile der Liturgie, in der und als die sich geistliches Leben gestaltet, sind von der Kirche mit dem Segen bleibender Gültigkeit ausgestattet, man denke etwa an den Gregorianischen Choral oder das sogenannte Römische Meßbuch, „Missale Romanum", das zwischen Tridentinischem und II. Vatikanischem Konzil (1563-1962) zwar erweitert, aber nicht revidiert wurde. Der Bogen reicht bis hin zu Latein als offizieller Kirchensprache. Latein wurde zur Kirchensprache erwählt und noch im 20. Jahrhundert als solche gefeiert, weil es als „tote" Sprache nicht mehr den sonst üblichen Wandlungen unterliege. In alledem atmet nach kirchlichem Selbstverständnis der Geist heiliger Tradition, die von daher neben der Heiligen Schrift zur Glaubensquelle erhoben wurde.

Wer sich zu so viel zeitenthobener, zumindest lange Zeitabschnitte übergreifender Dauer bekennt, kann dem Wandel der Dinge nur sehr geteilt und begrenzt zugetan sein. Erst recht erlangt das Dauernde, das Währende in dem Augenblick Gewicht, in dem sich mit ihm eine Zweiteilung der dem Gläubigen aufgetragenen Dienste verbindet, wie sie dem Glaubensbewußtsein damals selbstverständlich war. Gemeint ist die für uns mittlerweile höchst zweideutige Unterscheidung, vielleicht sogar Scheidung, zwischen Pflichten in der Welt einerseits und Pflichten gegenüber Gott und Kirche andererseits mit absolutem Vorrang der letzteren vor den ersteren. Freilich ist hier der Einwand berechtigt, daß es angesichts der Spuren Gottes in seiner Schöpfung eine nur weltliche Welt gar nicht geben könne.

Schutzpatrone gegen Erkrankungen des Hausviehes, hier: hl. Celsus, Helfer bei Pferden, hl. Wendelinus, Helfer bei Schafen. Beide auf Seitenaltar in der Pfarrkirche Utscheid (Mitte und rechts) mit Pferde- bzw. Schaffigur.

Aber das hat die traditionelle Gläubigkeit nicht daran gehindert, zwischen Verrichtungen, die sich auf das zeitliche (= weltliche) Wohl des Menschen beziehen, und Diensten, die Gott und dem ewigen Heil im Himmelreich gelten, einen scharfen Trennungsstrich zu ziehen. Nur von daher konnte die Kirche ihre Gläubigen auffordern, die weltlichen Aufgaben einer sogenannten „Guten Meinung" zu unterstellen („alles meinem Gott zu Ehren...“), ja, etwas von diesem Verhältnis hat sich bereits soeben mit dem Ausdruck „geistliches Leben" angedeutet, unter Einschluß nun auch der absoluten Vorordnung dieses geistlichen Lebens vor allen anderen Obliegenheiten. Bestätigt sehen konnte man sich dabei durch Schriftworte wie diese: „Suchet zuerst das Reich Gottes und seine Gerechtigkeit, und alles andere wird euch dazugegeben werden" (Mt 6,33). Oder: „Was nützt es dem Menschen, wenn er die ganze Welt gewinnt, aber an seiner Seele Schaden leidet" (Mt 16,26).

Man kann solche Zitate als Bagatellisierung weltlicher Dienste verstehen: daß selbst Atompilz und leiblicher Tod nicht eigentlich Entscheidendes besagen, es folglich im letzten Grunde auch unerheblich ist, ob man sich um bessere Lebensbedingungen bemüht oder nicht. Es kann sich der Gedanke nahelegen, daß auch in den Dimensionen einer „fortgeschrittenen Industriegesellschaft" (Herbert Marcuse) nur eines wichtig, gleichsam das „unum necessarium" der Bibel, ist: in heiliger Kirchenfeier Gott die gebührende Ehre zu erweisen und dadurch ewiges Heil zu wirken. Entsprechend bedeutet das dann umgekehrt die Mahnung: Wehe dem Menschen, wenn er sich durch sogenannten Fortschritt in der Welt so etabliert, daß er seine Berufung zum Himmelreich vergißt und sich schließlich selbst als Gott feiert.

c) Rituale

Noch während des ganzen ersten Nachkriegsjahrzehnts war in der Westeifel durchweg jedes Pfarrmitglied darum bemüht, dem Vorrang des geistlichen vor dem weltlichen Leben gerecht zu werden. Maßgaben waren dabei die offiziellen Anordnungen der Kirche, pfarreigebundene Eigenheiten, Regelungen seitens des jeweiligen Pfarrers, am wenigsten, wie man sieht, Initiativen seitens der einzelnen Gläubigen. Als Grundschicht allen religiösen Lebens galt es, die sogenannten täglichen Gebete zu verrichten, worüber man in der Beichte Rechenschaft abzulegen hatte. Tägliche Gebete waren: Morgen- und Abendgebet, jeweils eingeleitet bzw. abgeschlossen durch Bekreuzigung mit Weihwasser, von Haus zu Haus unterschiedlich lang; Tischgebet vor und nach den drei Hauptmahlzeiten. Das Beten bei Tisch war lautes Familiengebet: vor dem Essen jeweils - bezogen auf das täglich dreimalige Angelusläuten - der „Engel des Herrn", nach dem Essen zwei „Vater unser" und „Gegrüßet seist du, Maria", die zweite Hälfte jeweils für die Abgestorbenen. Nach dem Abendessen schloß sich noch der sogenannte „O liebreichster Jesus..." an, ein Gebet für die Familie, bei dem der schon einmal apostrophierte Leierton des gemeinsamen Betens Rekordhöhe erreichte. Ähnlich wie beim sogenannten „Der süße Name unseres Herrn", mit dem (zuzüglich Kreuzzeichen) das laute Beten meist abgeschlossen wurde, befinde ich mich hier mit Gleichaltrigen aus dem Dorf in einer sonderbaren Lage: Höre ich den Leierton, so bin ich sofort wieder im Gebet „drin", versuche ich mir den Sinn klarzumachen, stehe ich schon nach den Anfangswörtern vor Lücken. So „groß" war die geistige Präsenz bei diesen Gebeten, die, weil relativ wörtlich aus dem Lateinischen übersetzt, den Normal-Beter schon grammatikalisch überforderten.

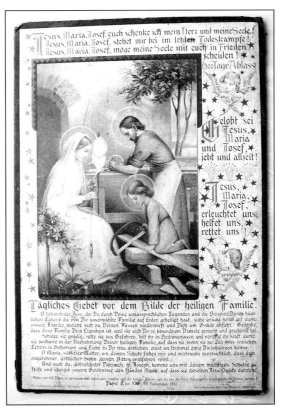

Der „Liebreichster" in Prachtaufmachung und mit dem Ideal der heiligen Familie

Zur Illustration hier der Wortlaut des „Liebreichster":

„O liebreichster Jesu, der du durch die unaussprechlichen Tugenden und das Beispiel deines häuslichen Lebens die von dir auserwählte Familie auf Erden geheiligt hast, siehe gnädig herab auf diese unsere Familie, welche sich zu deinen Füßen niederwirft und dich um Gnade anfleht. Gedenke, daß diese Familie dein Eigentum ist, weil sie sich dir zu besonderem Dienst geweiht und geschenkt hat. Schütze sie gnädig, rette sie aus Gefahren, hilf ihr in Bedrängnissen und verleihe ihr Kraft, in der Nachahmung deiner heiligen Familie auszuharren, auf daß sie zur Zeit ihres irdischen Lebens in Gehorsam und Liebe dir treu bleibe und einst im Himmel ewig dir lobsingen könne.

O Maria, süßeste Mutter, wir flehen um deinen Schutz und vertrauen zuversichtlich, daß dein eingeborener göttlicher Sohn deinen Bitten willfahren wird.
Auch du glorreicher Patriarch, heiliger Josef, komme uns mit deinem mächtigem Beistande zu Hilfe und übergib unsere Gelöbnisse den Händen Mariä, auf daß sie dieselben Jesu Christo darbringe.
Jesus, Maria, Josef, erleuchtet uns, helft uns, rettet uns! Amen"

Zu den täglichen Gebeten zählte bis zu einem gewissen Grade auch das Rosenkranz-Gebet. Die jeweils fünf „Gesätze" des „freudenreichen", „schmerzhaften" und „glorreichen" Rosenkranzes wurden zu vielerlei Anlässen in der Kirche gebetet, mitunter an den langen Winterabenden auch in der Stube daheim, wie in meiner Familie, ferner bei Prozessionen, Wallfahrten und bei Todesfällen im Sterbehaus.

Zweite Schicht im religiösen Leben der Eifeler Dorfkatholiken war die im Dekalog gebotene Sabbatheiligung, im Christentum uminterpretiert zur Sonn- und Feiertagsheiligung. Als erstes bedeutete Heiligung hier den strengen Verzicht auf sogenannte „knechtliche" Arbeit, eine Formulierung, die in die Antike zurückweist und an der dort üblichen Unterscheidung zwischen „freien" (den Freigeborenen zustehenden) und „knechtlichen" (den Sklaven zugeordneten) Tätigkeiten anknüpft („artes liberales" - „artes serviles"). Knechtliche Arbeit bedeutet körperliche Arbeit, die also an Sonn- und Feiertagen zu unterlassen war. Ganz ließ sich das bei den Ackerbauern und Viehhaltern nicht durchführen, weil auf jeden Fall auch an Sonn- und Feiertagen in körperlicher Arbeit das Vieh versorgt werden mußte. Und auch sonst blieben Grauzonen, etwa in bezug auf Handarbeiten wie Basteln, Fahrradflicken, Stricken oder noch

um 1900 herum Spinnen. Bezüglich Stricken wußte eine meiner Tanten, die viele Jahre Pfarrhaushälterin war, Rat: Stricken sei, weil mechanisch verrichtet, verboten, wohingegen Sticken, das größere Aufmerksamkeit fordere und insofern zum geistigen Tätigsein hinneige, erlaubt sei. In keinem Fall war körperliche Arbeit im Sinne von Erwerbsarbeit gestattet, und das galt auch in einer für die bäuerliche Bevölkerung besonders kritischen Situation: daß Heu oder Getreide in langer Schlechtwetterperiode zu verderben drohte, falls nicht ein bestimmter Sonn- bzw. Feiertag, an dem sich das Wetter endlich kurzfristig besserte, zur Einbringung genutzt wurde.

Aber wie sehr Eile mitunter auch nottat, Sonn- und Feiertagsarbeit durfte den Gottesdienstbesuch nicht schmälern, und sie mußte im vormittäglichen Hochamt vom Pfarrer förmlich freigegeben werden. Diese Lizenz bzw. Nichtlizenz galt in der Pfarrei auch dann, wenn der Nachbarpfarrer anders entschied, man unter Umständen also in der einen Pfarrei untätig zuschauen mußte, wie Leute im Nachbardorf in einer anderen Pfarrei ihr Heu „ins Trockene" brachten.

Aber Verzicht, hier also auf knechtliche Arbeit, war nur die eine Seite, die andere betraf das, was an die Stelle der Arbeit zu treten hatte und dessentwegen der Verzicht überhaupt geboten wurde: „Du sollst alle Sonn- und Feiertage die heilige Messe mit Andacht hören", so die Antwort darauf als zweites der sogenannten Gebote der Kirche.

Da machten sie noch an der Schwelle unserer Gegenwart im Eifeldorf praktisch alle mit: die Männer und Frauen, Alte und Junge. Buchstäblich schon vom morgendlichen Aufwachen an waren für sie Sonntag und Feiertag nicht einfach so Tage unter anderen, beim Feiertag noch um so weniger, je höher er in der Feiertagsskala stand. Es war eben Sonntag oder dieser bestimmte Feiertag, etwa Weihnachten oder Christi Himmelfahrt. Hatte man in Stall und Küche getan, was dort getan werden mußte, so stellte sich in der Stube der Duft von Rasierseife ein und erschien man schon zum Frühstück ansatzweise in Sonntagskleidung, falls man nicht bereits in der sogenannten Frühmesse seiner Christenpflicht Genüge getan hatte.

Der Name Sonntagskleidung bezeichnete eine bestimmte Stufe in der dorftypischen Kleiderordnung. Unter ihr rangierte die Werktagsmontur und zwischen beiden noch die „Halb"-Sonntagskluft, die man bei werktäglichen Besuchen in der Stadt, bei Verwandten und Bekannten oder auch bei Teilnahme an der Werktagsmesse trug. Es handelte sich um gewesenen Sonntagsstaat, der inzwischen etwas verschossen war. An der Spitze stand - allerdings nur bei Leuten von der sozialen Mittelschicht an aufwärts - der „beste" Anzug und das „beste" Kleid für die besonders festlichen Anlässe. Damit deutet sich schon an, daß die Damengarderobe ähnlich gestuft war, auch mit vergleichbarem Sortiment: Der Schrank wies in der Regel nur ein, höchstens zwei Exemplare pro Stufe auf.

Keine Frage, es war die Meßfeier, deretwegen man sich an Sonn- und Feiertagen „fein" machte. Aber mit eine Rolle spielte auch die Pfarröffentlichkeit, in die man sich begab. Man sah Bekannte und wurde von solchen gesehen, die man so nicht alle Tage zu Gesicht bekam. Da wollte noch der Ärmste ein Zeichen der Nichtalltäglichkeit setzen - eben durch die Kleidung. Gelegenheit zu Plausch und Austausch hatten die Leute von den Filialen zusätzlich auf ihrem häufig diverse Kilometer langen Hin- und Rück-

weg, der bis in die fünfziger Jahre zu Fuß, allenfalls per Fahrrad zurückgelegt wurde. Dabei trat allerdings auch zutage, wer wen zur Zeit nicht mochte; dann vermied man es nämlich, mit dem oder den Kontrahenten unterwegs zusammenzutreffen.

Es war oft genug wirkliche Freude, die Erfüllung einer Sehnsucht nach dem nichtalltagsgrauen Anderen, die das Zusammensein kennzeichnete. Die Auswärtigen freuten sich schon, wenn strahlend helles Wetter auf ihrem Weg lag, wie z.B. am 22. Juni 1941, als Hitlers verhängnisvoller Krieg gegen Rußland begann. Aber das Sonn- und Feiertagsgebot galt auch bei Regen und Sturm, Frost und Schnee, Pfützen und Glatteis auf der Straße, Gegebenheiten, die gelegentlich Anlaß zu Hochleistungen waren.

Noch lückenlose Teilnahme am Sonntagsgottesdienst. Hier in Hümmel bei Adenau.

So am 1. Februar 1953, als in Holland über die Insel Walcheren eine Jahrhundertsturmflut hereinbrach. Auch in der Eifel waren Sturm und Schnee so gewaltig, daß mit mir nur wenige Männer den fast drei Kilometer weiten Weg ins sonntägliche Hochamt wagten. Da verschwand die Messe fast hinter dem stolzen Gefühl, es geschafft zu haben.

Tragischer ging solche Tapferkeit kurz vor dem Einzug amerikanischer Truppen im Februar 1945 aus, als schon Granaten in der Pfarrei einschlugen und einem Mann aus einer anderen Filiale auf dem Heimweg aus dem Hochamt zum tödlichen Verhängnis wurden.

Man konnte gar nicht ehrerbietig genug darüber denken und davon sprechen: Es ging um die „Heilige" Messe, von der es vorhin noch zusätzlich hieß, daß man sie „mit Andacht" mitzufeiern, wörtlich zu „hören" habe. Doch was hörte man da? Die Antwort ist aus heutiger Sicht kaum mehr zu fassen: Man hörte vom Altar her von Anfang bis Ende Latein, von dem der Normalchrist kein Wort verstand. Unterbrechung gab es nur an Sonn- und Feiertagen, wenn der Pfarrer nach dem Evangelium den Evangelientext in deutscher Übersetzung vortrug und anschließend seine Predigt hielt. Beides machte den Ablauf kaum spannender, zumal die Predigt, wenn sie nicht gerade anklagte und tadelte, meistens erschreckend lebensfremd war. Da blieb für einen persönlich nur das Mitsingen der Lieder aus dem Diözesan-Gesang- und Gebetbuch, sofern nicht an höheren Festtagen an deren Stelle Choral und Gesang des Kirchenchores, wiederum in lateinischer Sprache, traten.

Ihren Höhepunkt erreichte diese Frustration (die man sich aber nicht als solche einge-

stand) in der lateinischen Nachmittagsvesper an kirchlichen Hochfesten. Teilnahme daran war nicht Pflicht, aber mindestens für die Nachkommunionkinder „gehörte" es sich, sie zu besuchen. Ich vergesse es nie, wie ich dann mit meinen Altersgenossen auf einer lehnelosen Bank kniete, den Kopf nicht nach rechts und nach links und schon gar nicht nach rückwärts drehen durfte - und mich dabei bis in die Seele hinein langweilte. Sehnsüchtig wartete ich auf das „superbos", das die Sänger falsch betonten, so daß daraus für mich „Zuckerbos" wurde. Das klang nach „Zuckerbohne" (=Bonbon), einer süßen Vertröstung, die vor allem den baldigen Schluß des bleiernen Rituals ankündigte. („Superbos" aus dem „Magnificat", mit dem die Vesper endet: „Dispersit superbos mente cordis sui" - „Er zerstreut die in ihren Herzen Hochmütigen").

Zudem bedeutete der Vesperbesuch auch noch die Neuauflage der Wegstrecke vom Vormittag, jenes Weges, der an den Werktagen Schulweg war, oft auch mit Weg zur Messe vor Beginn des Unterrichts. In der Schule klang das Wort Religion noch freudloser, schwangen hier in ihm doch stures Auswendiglernen von Bibel- und Katechismustexten und die Schmerzensschreie derer mit, die wegen unzureichender Wiedergabe geschlagen wurden.

Es rankte sich also keineswegs nur Freude um die Wendung „mit Andacht hören", sie konnte auch Bitternis in sich bergen.

Und welche Rituale „kanalisierten" und prägten nicht sonst noch das auf so überragender Ebene angesiedelte religiös-geistliche Leben! Bleiben wir noch kurz beim Messebesuch, so war bei ihm größte Pünktlichkeit geboten, wovon noch zu sprechen sein wird. Zumindest die drei Hauptteile der Messe: Opferung, Wandlung und Kommunion, mußte man 'mitbe-kommen', wenn die Messe für einen selbst gültig sein sollte. Das brachte einmal eine meiner Tanten in Bedrängnis, als ich, ohn-mächtig zusammengebrochen, aus der Kirche hinausgetragen wurde. Eilends brachte sie mich in einem benachbarten Haus unter, um schnell noch in der Kirche das „o Herr, ich bin nicht würdig" („Domi-ne, non sum dignus..."- damals noch drei-mal) mitzubegehen. Es hat Fälle gegeben, in denen das Ausharren bei einem ster-benden Angehörigen unterbrochen wurde, weil es bei der Meßfeier, wie man meinte, Wichtigeres und Hilfreicheres zu tun gab.

Und dann die Prozessionen, Wallfahrten und Bußgänge, die unternommen wurden, kirchlich und pfarramtlich ritualisierte und spontane, aus persönlichen Anliegen her-aus. Das führte damals weiß Gott noch nicht nach Lourdes oder Fatima, wohl aber aus der Westeifel über fünfzig Kilometer nach Eberhardsklausen oder, kaum weni-ger weit, 1891 zur Heilig-Rockausstellung nach Trier. Mein Großvater mütterlicher-seits hat in dem Jahr den Weg zum Heiligen Rock mehrmals zu Fuß zurückge-legt, jeweils mit einem anderen seiner älte-ren Kinder an der Hand, auf dem Arm oder am Rücken.

Wo gibt es heute noch so viele Kommunionkinder? Hier in Esch in den dreißiger Jahren.

Kommunionkind 1946 mit Schwestern in gelie-
nem Kleid und mit geliehener Kerze. An der
Hauswand Einschläge von Granatsplittern (in Irrel).

Immer mußten solche geistlichen Vollzüge,
wie man zu wissen glaubte, mit Anstrengung
und Selbstüberwindung verbunden sein,
wenn sie denn bei Gott etwas erreichen
wollten. Es war ein hartes, das Bild eines
unerbittlich gerechten Herr-Gottes, das diesen Menschen vermittelt worden war. Der
Gott der Liebe, welcher Liebe nicht nur
erweist, sondern Liebe IST, stand für sie
praktisch nur auf dem Papier. So machten
sie auch bei anderen Auflagen mit, die
ihnen von der kirchlichen Verkündigung als
Wille Gottes unter Androhung so und so
schwerer Strafen bei Nichtbefolgung einge-
schärft wurden, beispielsweise bei diesen:

Daß der Katholik die Kommunion nur bei
Nüchternheit ab Mitternacht empfangen
dürfe, daß er mindestens einmal im Jahr -
zur österlichen Zeit (zwischen Passions-

und Dreifaltigkeitssonntag) - beichten und
kommunizieren müsse -, worüber mitunter
nicht nur der Pfarrer, sondern auch die
liebe Nachbarschaft wachte. Auf jeden Fall
nehme der anständige Christ die großen
Beichttage vor den Hochfesten wahr, an
denen er - um die Last des Sich-kennens zu
mildern - bei einem „fremden Herrn" -
meist einem Nachbarpfarrer - beichten könne. Gottes Wille sei es, daß sexuelle Kontakte streng auf die Ehe beschränkt blieben,
wo sie dann allerdings Pflicht seien, wieviele Kinder daraus auch hervorgehen würden. Um dieser Regelung besser nachzu-
kommen, dürften selbst Verlobte - sie sogar
am wenigsten - unter einem Dache wohnen, denn je näher man sich kenne, um so
größer sei die Gefahr, den Einflüsterungen
der „Fleischeslust" zum Opfer zu fallen.
Auch und gerade in diesem Punkt wurde
im Dorf voyeuristisch Kontrolle ausgeübt:
ob der Besucher das Haus, in dem die
Verlobte wohnte, bis Mitternacht verlassen
habe..., ob am Tag der Geburt des ersten
Kindes seit der Hochzeit auch wirklich
neun Monate verstrichen waren...

Überhaupt erwarte Gott vom Menschen
Mißtrauen gegenüber allem, was auf Lust
und Genuß hintendiere. Dahinter schlum-
mere die böse Begierde, die als Folge der
Erbsünde der Stammeltern im Paradiese den
Teufel in der Welt gegenwärtig mache. Ihm,
dem bösen Geist, sei nur durch Wachsamkeit und Härte gegen sich selbst beizukommen.

Wie beim schon erwähnten Schutz vor
abwegiger Literatur durch den sogenannten
Index galt es als Ausdruck ebensolcher Hir-
tensorge, daß die Kirche bestimmte Tage als
Fast- und manche als Fast- und Abstinenz-
tage festlegte (mit reduzierten Mahlzeiten,
Verzicht auf Fleischspeisen). Unter demselben asketischen Zweck stand auch das

Was nicht alles gesegnet und ins Gebet eingeschlossen wurde!
Hier die Feldflur, besonders bei Markusprozession (25. April) und Bittprozessionen (vor Christi Himmelfahrt).

Gebot sogenannter geschlossener Zeiten, Advents- und Fastenzeit, in denen der Christ weder „öffentliche Lustbarkeiten" veranstalte noch an solchen teilnehme - gemeint waren in erster Linie Tanzveranstaltungen und Hochzeitsfeiern.

Zumal in diesen Vor- und Fürsorgemaßnahmen, allen voran in der Taufe, offenbart sich massiv der Glaube der Kirche an eine zweite, eine der göttlichen Macht in dieser Welt entgegengesetzte Macht: die des Teufels, des Satans. In den „Taufgelübden" wird ausdrücklich gefragt: „Widersagst du dem Satan, all seiner Pracht und seinen Werken?" In gewisser Weise entspricht die hier angenommene Machtkollision dem Stufungsverhältnis von Gottes-Dienst und Dienst an der Welt, wobei dann die Welt als Abglanz göttlicher Schöpferweisheit immer tiefer ins Dunkel gerät. Doch der darin liegende Zwiespalt ging den Gläubigen vom Dorf kaum auf. Sie glaubten an die düstere

Hier Pferdesegnung 1953.

Seite, und damit waren die Dinge, Wesen und Vorgänge in der Welt nicht mehr nur heilig: als Gottes Geschöpfe, sondern zugleich bis ins Innerste hinein unheimlich: als Verfügungsmasse des „Fürsten dieser Welt", des Teufels (Joh 12,31).

Hier war selbst mit den beeindruckendsten Errungenschaften modernen Fortschritts nichts zu machen und auch nichts von ihnen zu erwarten. Hier blieb zur Abwehr allein die als altbewährt geltende Praxis von Nüchternheit und Wachsamkeit, verbunden mit dem äußeren Zeichen eines Segensspruches bis hin zu Beschwörung und Exorzismus, der förmlichen Teufelsaustreibung. Und zum Segensspruch gesellte sich eine segnende Geste, in den meisten Fällen Besprengen mit Weihwasser. Dieses fiel am Karsamstag sozusagen als Nebenprodukt des Taufwassers an, wurde aber auch am Samstag vor Pfingsten und sonst im Jahr nach Bedarf vom Pfarrer geweiht.

Was wurde (und wird zum Teil noch) in der Westeifel nicht alles gesegnet und damit, wie man glaubte, dem Einfluß des bösen Prinzips Satan entzogen: Mensch und Vieh, Saat und Ernte, Wind und Wetter, Haus und Stall, Lebende und Tote, Kinder und Kranke, sogar junge Mütter, die nach der Geburt ihres Kindes als unrein galten und deswegen vom Pfarrer in der Kirche „ausgesegnet" (durch Segen gereinigt) wurden.

Ja, die Vorsorge ging sogar noch über alles das hinaus, selbst über den Tod. Nach dem Tod sofort zur Anschauung Gottes zu gelangen, wagte man sich nicht zu erhoffen, wohl aber, einen Platz im sogenannten Fegefeuer zu erhalten, einem Reinigungsort („purgatorium"), wo man, wie es hieß, die noch nicht gesühnten Sünden abbüßen müsse. Die Leiden dort könnten aber durch Fürbitten noch Lebender, insbesondere

durch Zuwendung von Messen, gemildert und verkürzt werden. Also wurde immer wieder bei Erbüberlassungen („Vermachungen"), oft seitens eines unverheirateten Onkels oder einer unverheirateten Tante, den Erben die Verpflichtung auferlegt, für den/die Erblasser(in) nach dem Ableben so und so viele Messen lesen zu lassen - mit Entrichtung der dafür erforderlichen „Stipendien".

Wer allerdings infolge schwerer, nicht reumütig gebeichteter Sünde seinen Platz in der Hölle hatte, war hoffnungslos auf alle Ewigkeit verloren.

d) Fremdsteuerung

Die Reihe solcher Befunde könnte noch eine Weile fortgesetzt werden. Doch auch so zeigt sich nun vollends und bis ins Detail: Menschen, die religiös so ausgerichtet und in eine solche religiöse Praxis eingeübt sind, können gar nicht anders, sie müssen gegenüber den Umwälzungen, Taten und Werken und der sowohl horizontalen wie vertikalen Mobilität einer auf „Fortschritt" gestimmten neuzeitlichen Menschheit distanziert, ja abweisend sein. Diese Menschen in der Eifel waren in einen religiösen Daseinsrahmen eingespannt, der sie aus meist hartem Überlebenskampf und der Plage des grauen Alltags in eine höhere Welt geistlichen Lebens emporzutragen verhieß. Der Rahmen stammte nicht von ihnen, sie nahmen ihn hin und lebten damit. Er war ihnen durch Kirche und Tradition vermittelt worden und galt als unabänderliches Schicksal auch dann, wenn er ihnen zu den vielen anderen Mühsalen noch zusätzliche „geistliche" Lasten bescherte. Mit anderen Worten und nun in der Fachsprache ausgedrückt: Diese Religiosität war nicht eigen-, sondern fremdbestimmt, nicht autonomen, sondern heteronomen Ursprungs. Sie wurde zwar angeeignet und weitgehend auch als eigene empfunden, aber sie war nicht selbstgewirkt, sondern übernommen, entliehen. Das Gegenstück dazu ist abermals mit dem Begriff der Mündigkeit zu kennzeichnen, jetzt als Mündigkeit im religiösen Sinne.

Diese religiöse Mündigkeit bedeutet dann nicht, daß vor ihr alle überlieferten Glaubensgehalte und Rituale hinfällig würden, das wäre das Ende von Religion. Wohl aber ist gemeint, daß sich prinzipiell für jeden Gläubigen Spielraum eröffnen muß, zu den Gehalten und Ritualen selbst Stellung zu nehmen oder sie auch durch eigene neue zu ersetzen, ohne daß ihm daraus Vorhaltungen oder gar Sanktionen erwachsen. Freilich darf das nun nicht umgekehrt in blanke Willkür ausschlagen, wobei es oft schwer genug sein mag, die Grenzen plausibel abzustecken. Aber der Schritt muß gewagt werden, soll nicht Religion zu Ideologie erstarren und angebliche Glaubenstreue zu religiösem Fundamentalismus verkommen. Das wäre das Letzte, was wir in unserer so tief und vielfältig gefährdeten, aber auch mit so großen Chancen ausgestatteten Welt von heute brauchen könnten.

Hier empfiehlt es sich immer wieder, auf das zu Anfang dieses Kapitels entwickelte Erkenntnismodell der Gegensatz-Einheit zurückzugreifen, auf eine Denkfigur, vor der sich dann auch die verfehlten Abgrenzungen zwischen Weltdienst und Gottesdienst, göttlicher und satanischer Macht in dieser Welt „verflüssigen". Wenn es Gott gibt als den, der die Welt erschaffen hat, sie erhält und regiert, dann kann nichts sein, was nicht Gottes wäre. Dann ist eine Welt ohne Gott oder gar eine mit dem Teufel gegen Gott undenkbar. Dann kann es nicht den - zumindest damals - unterstellten gött-

lichen Eigenbezirk geben, nenne man ihn Himmel oder wie immer, in welchem Gott über den rituellen Dienst der Kirche für den Menschen gleichsam „pur", in direkter Konfrontation erreichbar wäre. Gott begegnet dann vielmehr in allem und jedem, Welt-Dienst ist Gottes-Dienst und umgekehrt, es ist der „indirekte" Weg zu Gott über die geringsten seiner Schwestern und Brüder. Als Gegensatz-Einheit ausgedrückt, ist es das uns bereits bekannte "Gott-über-in-Welt", das sich hier herausstellt. Dabei läßt sich dieser indirekte Weg nicht durch wissenschaftlich eruierbare Fakten markieren. Gott ist in der Welt nicht Objekt unter Objekten, sondern der Andere, Geheimnisvolle, Umgreifende. Folglich können bei Gott auch keine Handlungsrezepte eingeholt oder solche aus seinen Werken herausgelesen werden. Wenn es ihn gibt, verhält es sich mit ihm wie mit dem Licht, das alles sichtbar macht, aber selbst nicht sichtbar ist. Dem Menschen bleibt volle Freiheit, aber auch die volle Verantwortung.

Das heißt dann auch: Selbst die feierlichste Hochfest-Messe kann nur ein verdichtetes Symbol der Einheit und Ganzheit göttlichen wie menschlichen Seins darstellen.

Aber das waren nicht die Sorgen Eifeler Christen damals im Dorf. Sie lebten, wie gesagt, vom ersten Tag ihres Daseins an in diesem Glauben, der ihnen so selbstverständlich wurde wie die Berge, die das Dorf umstanden. Und sie lebten ihn über unverhältnismäßig viele Generationen hinweg mit all den Fortwirkungen in andere Lebensbereiche hinein, von denen die Rede war. Frage also erneut und nun definitiv: Wie ist es zu erklären, daß Erweckerimpulse auf religiöse Mündigkeit hin in der Eifel so lange ausblieben bzw. so lange nicht gegriffen haben?

Zunächst ist zu bemerken, daß sich in jeder Religion eine abgrundtiefe Sehnsucht des Menschen nach Geborgenheit ausdrückt. Ist der Mensch doch wie kein zweites Wesen auf Erden ausgesetzt, ungeborgen, und zwar schon von Natur aus. Nackt kommt er zur Welt und bleibt ohne Haarkleid und damit ohne natürlichen Witterungsschutz. Er hat keine nennenswerten Angriffsorgane, aber auch keine zur Flucht geeigneten. Kurz, er ist, wie es bei Arnold Gehlen heißt, in seiner naturgegebenen Ausstattung ein „Mängelwesen".[31] Freilich macht er kraft des ihm innewohnenden (Erfinder-)Geistes diese Mängel weit mehr als wett - was zählt schon die Laufgeschwindigkeit eines Hasen gegenüber der Fluggeschwindigkeit einer Rakete. Aber hinter diesem „Tat-Handeln" (als gezieltem Hervorbringen, dem sich auch alles verdankt, was in den Bereich Institution gehört) verbirgt sich eine noch

tiefere Ungeborgenheit. Alles in dieser Welt ist zeitlich, es ist auf Entstehen und Vergehen hin angelegt. Während nun selbst die höchstentwickelten Tiere auf das Ende wohl nur einfach so hinleben, ist sich der Mensch des Endes bewußt. Diese Todesgewißheit macht ihn zum „unbehausten" Wesen schlechthin und mündet in die alles überschattende Frage: Was dann, wenn das letzte Stündlein geschlagen hat?

Hier läßt eine Religiosität, wie sie so lange in der Eifel gelebt wurde, bei allen Auflagen, die sie sonst verhängte, einen Schein von Absicherung erstehen und damit einen Grund, an ihr festzuhalten. Hier tritt die Kirche im Namen Gottes auf und verheißt Heil in scharf gezogenen Linien, die auch den letzten Gläubigen noch wissen lassen, wo er „dran" ist. Also legt sich die Versuchung nahe, sich dem kirchlichen Lehramt

„Im Märzen der Bauer die Rösslein einspannt ..." - längst vergangene Idylle, verbunden aber auch mit großer Mühsal.

als dem Sprachrohr Gottes anheimzugeben und peinlich genau zu erfüllen, was von dorther gefordert wird. Das muß nicht unbedingt Freude bereiten, erlaubt aber den beruhigenden Gedanken, daß der Herr- und Richter-Gott nun wohl keinen Beanstandungsgrund mehr haben werde. Und die Vertreter des Lehramtes bis hinunter zum Dorfpfarrer müßten es ja schließlich wissen, da ihnen doch aufgrund von Studium und Priesterweihe in Fragen des Heiles eine besondere Kompetenz zukomme.

Es liegt für jeden Katholiken etwas ungemein Verführerisches darin, solcher Heilskalkulation nachzugeben und ihr alles andere, selbst Familie und Beruf, unterzuordnen: aus Sehnsucht nach Geborgenheit. Und ich weiß, wovon ich rede, wenn ich hinzufüge, daß der Auszug aus solchem Eingebundensein zu einem langen und schmerzlichen Prozeß geraten kann mit Gefühlen der Preisgegebenheit bis hin zur Verzweiflung an sich selbst. Zu bleiben scheint nur ein einsames Ich-selbst, für das jede Orientierung erloschen ist. Es steht auf einem anderen Blatt, daß sich dem Glaubenden hier sehr wohl noch eine andere Perspektive eröffnet, dergemäß es nach Durchschreiten der „mystischen Nacht" für ihn sogar erst richtig anfängt. Doch zunächst zählt in unserem Zusammenhang, daß bestimmte Faktoren der religiösen Fremdbestimmung in der Eifel noch zusätzlich Auftrieb gegeben haben, zu nennen ist an erster Stelle die konfessionelle Uniformität der Bewohner.

Grundsätzliches dazu zeichnete sich schon früher ab: Personale Mündigkeit, hier als religiöse Mündigkeit verstanden, kann sich nur entzünden, wenn gegenüber dem bislang nicht weiter Hinterfragten eine kritische Distanz gewonnen wird, und die

kommt ihrerseits am ehesten durch Konfrontation mit andersgeartetem, „alternativem" Denken und Handeln zustande. Fand nun infolge der notorischen Abgeschiedenheit der Eifel eine solche Konfrontation nicht von außen her statt, so hatte sie nach innen hin noch weniger Chancen. Hier waren Katholiken ein und desselben Schlages so gut wie nur unter sich.

In meiner Heimatpfarrei gab es in meiner Jugend eine einzige andersgläubige, eine evangelische Familie, die des von den Preußen ins Rheinland beorderten „Landjägers" (Gendarmen). Bei so minimaler Präsenz waren zudem Verschiedenartigkeit und persönlicher Abstand zur Bevölkerung so groß, daß an eine Beeinflussung noch nicht einmal zu denken war. Die Protestanten galten schlichtweg als Irrgläubige, wie übrigens auch die wenigen Juden, die zu Handelsgeschäften ins Haus kamen. Man ging dann schon miteinander um, seitens der Juden nicht selten laut feilschend. Aber in Glaubensdingen erschienen die Juden den Dorfkatholiken als die ganz Anderen, als die „perfidi Judaei", die „Treulosen" der Fürbitten am Karfreitag, mit denen man nichts zu tun hatte und um die man sich deshalb auch nicht zu kümmern brauchte.

Hier liegt ein wesentlicher Grund für die ungewollte passive Hilfe, die selbst diese im Kern tiefkatholische Bevölkerung bei Hitlers Judenpogrom geleistet hat: daß sie dem Schicksal der Juden zwar häufig betroffen und bedauernd, aber eben tatenlos zugeschaut hat. Doch wie hätte man etwas unternehmen können, wenn auch Pfarrer und Bischof schwiegen? Eigeninitiative, die sonst nicht gefragt war, konnte den Juden gegenüber am wenigsten erwartet werden. Auch von interner Herausforderung, einer aus den eigenen Reihen heraus, auf religiösen Selbst- und

Eigenstand hin war also vorerst nichts zu entdekken. Die Eifel blieb die „Eiflia sacra", in der man katholisch war nicht primär, weil man es selbst so wollte, sondern weil man es ohnehin war und es sich so „gehörte und gebührte".

Schlüsselfigur war dabei, vor allem was Dauer und Charakter der Fremdbestimmung betrifft, der Pfarrer im Dorf, der katholische Priester in abgelegener Region inmitten einer durchweg und durch und durch - im Sinne der offiziellen Kirche - katholisch geprägten Bevölkerung.

4. Kapitel: Der Eifeler Dorfpfarrer

a) Berufung

Wenn es je - über die Familie hinaus - menschliche Zusammenschlüsse gegeben hat, in denen eine einzelne Person im Mittelpunkt stand, dann waren es bis weit ins letzte Jahrhundert hinein die ländlichen Pfarreien in der Eifel. Ihren Mittelpunkt bildete der Pfarrer, dem damit bei der religiös-weltanschaulich bedingten Rückständigkeit der Region eine Schlüsselrolle zukam. Wie man weiß, findet eine Lebensform im menschlichen Bewußtsein um so leichter Eingang und wurzelt in ihm um so tiefer, als sie nicht nur von irgendwelchen Randfiguren, sondern einer Zentralgestalt im jeweiligen Zusammenleben vertreten und repräsentiert wird. Identifizierte sich also der Pfarrer mit dem Antimodernismus seiner Kirche, so war das ein Signal für die ganze Pfarrei. Und wie sie sich mit ihm identifizierten, die Gottesmänner vom Dorf, auch mit den Verstärkungen, die dem Festhalten am Überkommenen bis hin zum Schwur auf das zeitlos Gültige in der Eifel zu eigen waren.

In der Formulierung von Sabine Doering-Manteuffel: „In einer Zeit, in der sich die politische Perspektive auf den gesellschaftlichen Fortschritt richtete, schuf sich die Landgeistlichkeit mit traditionsgebundenen Konzepten lokalen Einfluß. Dieser Zugriff gelangte im Laufe der Industrialisierung zu einiger Bedeutung da er deren Tempo und Ausrichtung mitbestimmte, denn in dem Versuch, an überkommenen Sozialpraktiken festzuhalten, die zwangsläufig mit dem Aufbau der alten Ständegesellschaft verbunden waren, entstand auf subtile Weise ein fortschrittshemmender Faktor."[32]

Vom zurückgebliebenen Land an der Grenze handeln heißt also auch und nicht zuletzt vom Dorfpfarrer handeln, von der Stellung, die er innehatte, und vom Ansehen, das er im Dorf genoß. Der Einfachheit halber wählen wir bei der Darstellung die Vergangenheitsform, wohlwissend, daß manches auch heute noch lebendig ist, zumindest noch nicht offiziell für überholt erklärt wurde.

Als Ausgangspunkt soll eine priesterliche Ranganzeige dienen, die seinerzeit gängige Rede war: Der Priester ist „aus dem Volk genommen und über das Volk erhöht". [32a] Wie mit diesem ersten Satz hatte es in der uniform katholischen Westeifel auch mit dem zweiten keine Probleme, mit der Erläuterung, daß die Wendung „erhöht" nicht verstanden werden dürfe als Hervorhebung aufgrund von Leistung oder Wählervotum aus dem Volk heraus, sondern als Gnadenerweis Gottes. „Durch die Gnade Gottes bin ich, was ich bin", so der Apostel Paulus über sich selbst (1 Kor 15,10), so auch ein Neupriester auf seinem Andachtsbild zu Priesterweihe und Primiz über sich selbst. Für das fromme Gemüt rückte der solcherart nicht Gewählte, sondern Erwählte in einen Abglanz von Geheimnis hinein, der nur so zu deuten war: Der Priester ist berufen, Vermittlerdienste zwischen Gott und Mensch zu leisten. Man sah ihn auf geheimnisvolle Weise in eine höhere Welt hineinragen, in die Sphäre der nun schon so oft beschworenen ewigen Geltungen und Gültigkeiten, die mit der Sphäre Gottes gleichgesetzt wurde. Hier „oben" sollte er gleichsam „Anziehungskräfte" und dort „unten" beim Menschen „Strebekräfte" entbinden. Sein Auftrag war der des „Mediators", des vermittelnden Wegbereiters dafür, daß der „erhöhte Herr" alle und alles an sich ziehe (Joh 12,32).

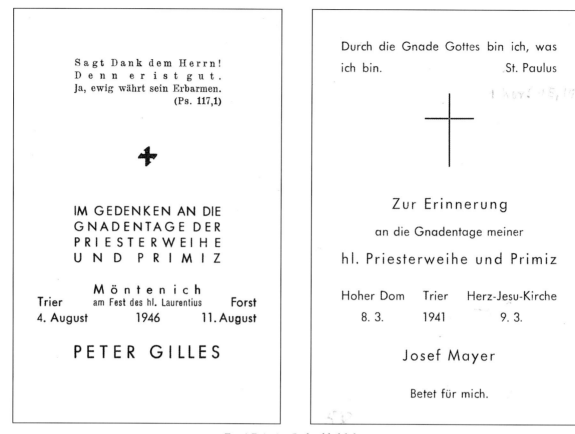

Zwei Primiz-Gedenkbildchen

Der damit umrissene Pauschalauftrag gliederte sich in Einzeldienste auf, die auf ihre Weise allesamt den Sonderstatus des Pfarrers herausstellten. Ein eigenes Thema ist da schon die Frage, wie ein Junge von zehn bis zwölf Jahren überhaupt auf den Priesterberuf hin in Gang kam. Der erste Schritt war der Wechsel von der Volksschule zum Gymnasium, von dem wir schon hörten, daß er in dieser Region die krasse Ausnahme darstellte. Und wenn dann schon ein Übertritt ins Gymnasium, so sollte es beim Jungen aus dem Dorf möglichst einer zum Priestertum hin sein. Doch damit war die Entscheidungsfähigkeit des Zehn- bis Zwölfjährigen haushoch überfordert. Trotzdem, ganz ohne Anhaltspunkte für eine „Frühdiagnose" glaubte man nicht zu sein. Ermutigende Signale sah man etwa darin,

daß ein Junge dieses Alters ernster, weniger verspielt war als seine Altersgenossen, daß er gute Schulnoten heimbrachte, willig mit zur Kirche ging, körperlich vielleicht etwas schwächer und zierlicher geraten war, und daß er selbst zu diesem Schritt ja sagte, wie immer man das „selbst" auch veranschlagen mochte.

Freilich spielte auch die finanzielle Seite eine Rolle, aber an ihr allein ist kaum ein Bewerber gescheitert, wenn denn sonst alles in Ordnung befunden wurde. Kirchliche Stellen, aber auch Verwandte und Bekannte, fanden irgendwie immer einen Weg, der es verhinderte, daß der Priesterberuf nur Söhnen aus besser gestellten Häusern offen stand. In den dreißiger Jahren war die Zahl der Bewerber so groß, daß

Wartezeiten in Kauf genommen werden mußten.

Allerdings mußten die Eltern den Sohn von familieneigener Inanspruchnahme freistellen; in den Erwerbsbetrieb brachte dieser Sohn unmittelbar nichts mehr ein. Doch auf weite Sicht konnten Familieninteresse und göttliche Berufung sehr wohl einen Bund miteinander eingehen. Als Priester war der Sohn wohlversorgt und mit ihm in sehr vielen Fällen auch noch eine Tochter: als Haushälterin beim geistlichen Bruder. Zudem hatten die beiden als Unverheiratete keine direkten Erben, so daß ihr Erbteil in aller Regel beim Elternhaus blieb.

Ferner konnten Prestigegründe eine Rolle spielen. In einer so ungeteilt katholischen Region bedeutete es für ein Haus eine Ehre, wenn ein Priester aus ihm hervorgegangen war. Einen größeren Augenblick im Leben eines Menschen vermochte man sich nicht zu denken als den, da eine Mutter ihrem zum Priester geweihten Sohn den Primizkranz ins Haar drückte - vor der ersten Meßfeier des Sohnes. Die Ehre blieb der Mutter über den Tod hinaus erhalten. Wie ein Priester wurde sie von drei(!) Geistlichen beerdigt. Auch Heimatpfarrei bzw. Heimatdorf rechneten sich Priesterweihe und Primiz zum Ruhme an: feierlicher konnten Festtage dort nicht begangen werden.

b) Verkündigung

Die soeben umrissene „mediatorische" Gesamtaufgabe des Priesters gliederte sich von der Tradition her in drei Sparten auf: Glaubensverkündigung, Gnadenvermittlung, Ausübung der „Binde- und Lösegewalt". Beginnen wir mit der Verkündigung, so präsentierte sie sich auch ihrerseits bis an die Schwelle unseres heutigen Medien-

zeitalters noch einmal in drei Formen: Predigt, Unterricht (in der Schule), Christenlehre (am Sonntagnachmittag für die schulentlassene Jugend in der Kirche). In allen drei Formen ging es um die Übermittlung der Glaubenswahrheiten, um die Zueigengabe eines „Schatzes" von Glaubenssätzen und Lehraussagen, die den katholischen Glauben als solchen auswiesen. Um diese Übermittlung aber leisten zu können, mußte sich der mit ihr Beauftragte den Glaubensschatz („thesaurus fidei") erst einmal selbst angeeignet haben, und zwar so, daß er ihn nicht nur „kannte", sondern ihn auch in seinen Wurzeln, Verzweigungen und Akzentuierungen verfolgen konnte, um kritischen Einwänden und Rückfragen gewachsen zu sein. Dem diente ein vergleichsweise langes Studium des zukünftigen Priesters in Gymnasium und Universität/Theologische Hochschule (hier zwölf Semester). Noch in der ersten Hälfte des 20. Jahrhunderts war damit ein entsprechend ausgerichtetes religiöses Gemeinschaftsleben der Schüler im Bischöflichen Konvikt und der Studenten im Priesterseminar verbunden.

Schon dieses Studium machte den Priester in den Augen der Dorfkatholiken zur hohen Autorität. Hielten diese in ihrer großen Mehrheit sonst auch nicht viel von „höherer Bildung", so wog im Falle des Geistlichen alles anders. Da waren - um die Grundgestimmtheit so auszudrücken - Studium und Bildung Wirkkräfte im göttlichen Heilsplan für die Welt, eine Indienstnahme, wie sie hoheitsvoller nicht gedacht werden konnte. Studium und Bildung zählten nun zur Ausstattung eines Menschen, der, wie man glaubte, durch die Priesterweihe förmlich umschaffen wurde und an dem vor allem die geistigen Fähigkeiten eine Art Mitweihe erhielten. Darunter nahm die Vertrautheit mit der lateinischen Sprache einen besonderen Rang ein. So frustrierend diese Sprache im Gottesdienst wirken konnte, als Sprache der Bibel, der Kirche und der Gelehrten war sie am Priester eine Zierde und für ein Großteil der Eifelbewohner bis zum Zweiten Weltkrieg die einzige Fremdsprache, deren Originalklang man im Ohr hatte.

Mit der sogenannten vollakademischen Laufbahn des Priesters konnte in der Regel im Dorf keiner mithalten. Lehrerin und Lehrer, an die man auch noch denken könnte, blickten auf eine sehr viel kürzere Ausbildung zurück - in einem Lehrerseminar, das rangmäßig noch nicht einmal an das Gymnasium heranreichte. Und was wog schon das dort erworbene Wissen gegenüber dem Heils- und Ewigkeitswissen des Pfarrers! Bis zur Weimarer Republik 1919 oblag denn auch den Geistlichen die örtliche Schulaufsicht.

Das alles verlieh dem Pfarrer in den Augen der Dorfbewohner nicht nur Fachkompetenz (wie wir es heute nennen), sondern zugleich einen Nimbus des Erhabenen, Distanzierten, Überlegenen, ja des Geheimnisvollen, wie vorausgreifend schon einmal bemerkt. Dieses Bild wird sich im folgenden weiter verdichten, hier zunächst unter dem Aspekt der Verkündigung. Studienmäßig erschließen konnte man sich den Glaubensschatz auch als Nichtgeweihter, früher taten das nur wenige, heute gibt es „Laien"-Theologen in großer Zahl, die bei der Verkündigung mitwirken, etwa als Religionslehrer. Hätte man damals gefragt, ob es dasselbe sei, als Priester oder als Laie Religionsunterricht zu erteilen, vielleicht sogar zu predigen, die Antwort würde wohl nein gelautet haben. Ich glaube die Begründung noch lebendig nicht nur zu wissen, sondern bis ins Innerste in mir zu tragen: Im Munde des Priesters klang das

Glaubenswort offiziell, hatte es einen festumrissenen Hintergrund, nahm es eine ihm sonst nicht eigene Verbindlichkeit, ja Feierlichkeit an. Das eventuell mit Laien geteilte Studium der Glaubenswahrheiten erschien als unverzichtbare Voraussetzung der Verkündigung, aber Verkündigung selbst war mit diesem „studierten" Wort keineswegs schon gewährleistet. Dazu bedurfte es noch einer eigenen Berufung und Sendung durch die Kirche, die im Vollsinne des Wortes nur in Verbindung mit dem Weihesakrament wirksam wurde, wie man es sah. Indem also aus dem „studierten" Wort ein „Verkündigungs-" (= Priester-)wort wurde, im reinsten Falle ein Priesterwort „ex officio" von der Kanzel oder vom Altar her, wuchs letzterem eine Qualität zu, die sich selbst durch intensivstes Studium nicht einholen ließ. Es war eine Qualität, die sich in der Sicht des Volkes auf die Gesamtperson des Priesters, also auch sein sonstiges Tun und Lassen, übertrug. Unter dem Blickpunkt Verkündigung hieß das: Dem Geweihten steht ein allgemeiner Glaubwürdigkeitsvorschuß zu. Was der Pfarrer sagt, ist nicht irgend jemandes Äußerung, um welche Angelegenheit es sich auch handeln mag, sondern die Aussage eines Priesters, und die „muß" im Zweifelsfalle die wahre sein.

Umgekehrt sah man von daher dem Pfarrer Eigenheiten nach, die man sonst nicht ohne weiteres hätte gelten lassen. Er war eben der Pfarrer, der „Häär", bei dem man bestimmte Dinge nicht „so eng" sehen durfte. Eine Frau aus Irrel ging sogar noch einen Schritt weiter: „Bei 'Häären' soll man immer nur zudecken, niemals aufdecken".

Diese dem Priester schon für die Verkündigung attestierte besondere Autorität ist vor einiger Zeit (November 1997) durch eine eigene „Instruktion" vom kirchlichen Lehramt auch für unsere Gegenwart festge-schrieben worden („Instruktion zu einigen Fragen über die Mitarbeit der Laien am Dienst der Priester"). Bezogen auf die Predigt läuft die Erklärung in ihrer äußer-sten Konsequenz darauf hinaus, daß selbst beim Vortragen desselben Textes die Verkündigung des Priesters eine qualitativ andere ist als die des Laien. Gestützt auf in andere Richtung weisende Aussagen des II. Vatikanischen Konzils hat sich inzwischen eine intensive Diskussion entzündet, ob die „Instruktion" nicht ein magisches Priester-verständnis propagiere, das „den Priester als eine Art höheren Wesens erscheinen" lasse.[33] Wir werden auf diese schwierige Frage noch einmal zurückkommen.

Für die Menschen damals gab es jedenfalls keine Zweifel, für sie war der Pfarrer einer, der mehr wußte und konnte als gewöhnlich Sterbliche, und darum glaubte man ihm von vornherein eine gewisse Ehrfurcht zu schul-den.

Ein Schimmer dieser Hochachtung umgab auf dem Dorf schon den zum Priesterberuf erkorenen Schüler, selbst wenn er erst, wie es damals häufig geschah, vom Pfarrer auf den Eintritt in die dritte Gymnasialklasse („Quarta") vorbereitet wurde. Künftige Eh-ren warfen eben ihre Strahlen voraus. Ein-mal allerdings pochte, wie mir zu Ohren kam, ein Schüler selbst auf diese Würde, und zwar nachdem er mit seiner Clique aus Fahrrädern von Mädchen, die eine Näh-schule besuchten, die Luft herausgelassen hatte. Von einem größeren Mädchen un-sanft angefaßt, stieß er aus sich hervor: „Rühre mich nicht an, ich werde „Häär" (Pfarrer)! „Das will ich Dir zeigen", so die unbeeindruckte Antwort, und schon klatschte es auf den Backen des „Auser-wählten"...

links:
Primiz im Dorf. Der Neupriester mit Familie in Erwartung der Geleitprozession vorm Elternhaus.

oben:
Primizprozession auf dem Weg zur Pfarrkirche.

c) Gnadenvermittlung

Läßt das Thema Verkündigung bezüglich Bildungs- und Studiengang immerhin noch einen Vergleich zwischen Laie und Priester zu, wenn auch nur begrenzt, so reißt der Kontinuitätsfaden zum damaligen, Bild vom Priester als dem, der Messe feiert und die Sakramente spendet, so gut wie vollends ab. Den von ihr geführten sieben Sakramenten maß die Kirche eine zutiefst verwandelnde Wirkung beim Empfänger zu, wie es sich uns am Beispiel Priesterweihe schon gezeigt hat. Sie und die Firmung wurden vom Bischof gespendet, die anderen unterlagen der Verwaltung des Pfarrers, jeweils mit der den Sakramenten zugesprochenen Bestimmung, für die unterschiedlichen Bereiche menschlichen Lebens Gnadenströme zu entbinden. Man verstand darunter Kräfte (unterteilt in „heiligmachende" und „helfende Gnade"), die von Gott stammen, ohne die der Mensch in sündiger Verlorenheit verharrt, die aber andererseits nur in priesterlicher Vollmacht erschließbar sind. (In neuerer Interpretation scheint die Ehe eine Ausnahme zu bilden, insofern sich, wie es nunmehr heißt, die Eheleute gegenseitig das Sakrament spenden).

Da kamen nun dem Priester in den Augen der Gläubigen Dienste zu, die im buchstäblichen Sinne des Wortes Wunder wirkten und für den Nichtgeweihten absolut unerschwinglich waren. Indem der Priester dem Täufling unter feierlicher Ansprache Taufwasser auf den Kopf goß, wurde nach damaligem Verständnis aus einem „Sünden-Kind" ein „Gottes-Kind", sprach er bestimmte andere Worte aus, wandelten sich Brot und Wein in den Leib und das Blut eines Gekreuzigten, eine sogenannte Lossprechungsformel im Munde des zum Priester Geweihten stellte selbst beim Schwerverbrecher den Zustand des Unbescholtenseins wieder her. Und ähnlich auch die im Glauben angenommene

Wirkung der „Letzten Ölung" beim Übergang zum Tod und des Ehesakramentes beim Eintritt in eine Dauerpartnerschaft, „bis daß der Tod euch scheidet".

Solche Vollmacht siedelte den Priester für die Gläubigen in einer Region an, in der er anderen unendlich viel, diese ihm jedoch nichts mehr bringen konnten. Man sah ihn zu einer Warte aufsteigen, vor der sich die wahren Dimensionen der Dinge, Vorgänge, Geschäfte und Verhältnisse der Welt enthüllten, die genügend innere wie äußere Distanz vermittelte, um zu objektiver Beurteilung zu gelangen. Darauf vertraute der Gläubige vor allem in der Beichte, die, menschlich gesehen, noch eine eigene zusätzliche Note hatte. Tat man in ihr doch als Beicht-„Kind" („Kind" noch mit 70 Jahren) dem Beicht-„Vater" („Vater" schon als Kaplan mit 25 Jahren) „Gedanken, Worte und Werke" kund, die man sonst niemandem mitgeteilt hätte. Und man baute darauf, daß davon in alle Ewigkeit nichts an anderer Menschen Ohr dringen werde. War nicht auch solche Verschwiegenheit etwas, das normales Menschenmaß übertraf?

Und was wies nicht sonst noch alles den Unterschied gegenüber dem „bloßen" Volk aus! Während die Leute im Dorf ihrer Werktagsarbeit nachgingen, schritt ihr Pfarrer in Soutane, mit gewichsten Schuhen und in sein Breviergebet vertieft, die Straße auf und ab. Die Hände, mit denen er das Brevierbuch hielt, waren geweihte Hände, die einzigen in der Pfarrei, die eine verwandelte Hostie anfassen durften. Die Gläubigen empfingen sie auf der Zunge und mußten zudem achthaben, daß sie nicht darauf bissen. Grundsätzlich sprach der Pfarrer mit den ihm Anbefohlenen Hochdeutsch, und auch das trug aus Gründen, die auf der Hand liegen, zur abgrenzenden, distanzierenden Aura um den Pfarrer herum bei.

Primiz als großes Dorffest, hier in Eisenach (1939).

Vor allem aber war der Priester nicht verheiratet, er lebte im Zölibat, ein Wort, das ich nicht verstand, bei dem sich mir jedoch über lange Zeit „unkeusche" Gedanken aufdrängten. Dabei ging es weit eher um die entgegengesetzte Qualität: Der Priester galt nicht eigentlich als Mann, der auf Sexualität und Ehe verzichtete, sondern als Mensch, der gleichsam jenseits von männlich und weiblich stand, der - wiederum durch Gnade und Erwählung - darüber hinausgehoben war. Nur so konnte es geschehen, daß man ihm die von der Kirche vertretene Sexualmoral abnahm, eine harte Moral , wie wir schon wissen. Überall außerhalb der Ehe witterte sie böse Begier, „Augen- und Fleischeslust" bis hin zu der vorstehend geschilderten, im Grunde erschütternden Szene, daß schon sich sonnende Soldaten als anstößig empfunden wurden. In gewissem Sinne als „geschlechtsneutral" eingeschätzt, konnte der Priester von dem Verdacht frei bleiben, daß er mit seinen rigorosen Forderungen anderen mißgönne, was ihm selbst vorenthalten bleibe, konnte er als Anwalt von Wahrheit und Menschenwürde erscheinen. Das Bild, das er abgab, sollte offensichtlich anzeigen, in welcher Richtung im Leben die Positionen richtig zu setzen seien: an erster und höchster Stelle das Geistige, Reine, Göttliche, und alles andere, auch Ehe- und Familienleben, erst danach in jener Begrenzung, die durch den Vorrang von Gottesdienst, sakramentalem Leben und Gebet markiert wurde. Daß damit dem Priester sogar Souveränität in dem Bereich zu eigen schien, in dem man selbst so viel zu kämpfen und zu bereuen hatte, ließ ihn förmlich zum Übermenschen anwachsen.

Nicht zuletzt von daher rührte die Begrüßung mit „Gelobt sei Jesus Christus" und die Antwort des Pfarrers „in Ewigkeit

Amen"; von daher auch die ehrfürchtig gesenkte Stirn mit gezogener Kopfbedeckung bei Männern und Buben. Ja, ich fragte mich als Kind, angesteckt von der Pietät der Erwachsenen, ob denn der „Häär" auch wie die anderen Leute aufs Clo gehe, und konnte es kaum fassen, als ich erfuhr, daß auch Priester beichten mußten. Verständlich daher Freude und Dank für Zuwendung seitens des Pfarrers, in erster Linie in Gestalt von zwanglosen Hausbesuchen. Man rechnete es seinem Hause zur Ehre an, wenn der Priester darin anklopfte, allerdings meistens eifersüchtig überwacht von denen, die nicht oder nicht so oft besucht wurden. In der Tat machten die Pfarrer Unterschiede, wobei Vorlieben für bestimmte Häuser mit bestimmten Frauen nicht ausgeschlossen waren. Aber das hieß noch lange nicht, daß sich Zölibatswidriges begab, wie im übrigen besagte Parteilichkeit vorerst auch weder die Person und schon gar nicht den Dienst des Priesters in Frage stellte.

Aber selbst wenn der Pfarrer Einladungen zu Familienfesten folgte - meist handelte es sich um Hochzeiten oder Jubiläen -, blieb ihm ein Zug von Unnahbarkeit eigen. Zwar brachte er als geistlicher Ehrengast in der Regel eine heitere Miene mit, „hilaritas", heitere Gelöstheit, die Freude der Kinder Gottes solle er als Priester ausstrahlen, war ihm bei der Ausbildung im Priesterseminar ans Herz gelegt worden. Aber wie ich es nachträglich sehe, konnte das ja auch zur Maske geraten, die hinter unverbindlicher Freundlichkeit gerade verbarg, was der geistliche Herr wirklich dachte. Das konnte besorgte Seelen in Unruhe versetzen, denen an einer guten Meinung des Pfarrers über sie gelegen war. Und wem war in der Pfarrei nicht daran gelegen!

Begrüßung und Einführung eines neuen Pfarrers, hier in Hümmel.

Bei alledem stand der Priester damals für die Dörfler auch als Bruder da, doch sehr viel mehr erschien er als der Andere, Größere, Geheimnisvolle, vielleicht auch als der Unheimliche. Man hatte es fest im Sinn: Ihm ist durch die Weihe ein „unzerstörbarer Charakter" (character indelebilis) aufgeprägt, der, wie in Graham Green's Roman, selbst beim verkommenen Schnapspriester noch seine „Kraft und Herrlichkeit" behält. Das war die stärkste Bekräftigung der dem Pfarrer zugesprochenen Gaben und Vollmachten, zugleich übernatürliche Basis für eine sehr natürliche Erwägung der Gläubigen: Wer so viel studiert hat, so erhoben und erhaben über den Dingen steht, wer durch heiligen Dienst in Meßfeier und Sakramentenspendung so unablässig geläutert wird, auf den darf man auch sonst im Leben bauen, dem darf man auch über die Seelsorge hinaus den schon erwähnten objektiven, den Wesensblick für die Belange des Lebens und der Welt zutrauen, kurz, der Priester ist der „geborene" Ratgeber.

Und er wurde um Rat angegangen: in Streitfällen, Heiratsangelegenheiten, Existenzgründungen, in Not und Armut, in Krankheit und Sterben. Krankenbesuch und Versehgang des Pfarrers trösteten und munterten auf, eine vertrauliche Aussprache im Dritten Reich, wie man es mit der Partei halten solle, bot Orientierung. Ja, dieses Bild vom Priester konnte die Versuchung nahelegen, auf Eigenorientierung möglichst ganz zu verzichten und ihn, den Priester, über alle wichtigen Stationen des eigenen Lebensweges befinden zu lassen. Das lag auf der Linie der schon angesprochenen Heilssehnsucht mit Folgewirkung dann auch bezüglich der Einstellung zur modernen Fortschrittsidee. War nämlich die Geistlichkeit mit den überkommenen Verhältnissen und Zuständen einverstanden, hatte man offensichtlich auch selbst keinen

Grund, dagegen aufzubegehren. Es läßt sich absehen: Hier brauchte nur noch ein leiser Druck hinzuzukommen, um aus Widerstand gegen den Fortschritt eine Blockade zu machen, eben jene Blockade, die der Eifel die mehr als hundertjährige Rückständigkeit beschert hat.

Doch selbst diese Fehlleistung in Großformat blieb seitens der Betroffenen unentdeckt, von so vielen anderen Überforderungen der priesterlichen Kompetenz im privaten Bereich noch abgesehen. (Ich denke etwa daran, wie zwei Familien im Dorf um Saatgut stritten und dabei die falschen Tränen einer Frau den Pfarrer böse in die Irre führten).

Einmal allerdings wurde auch schon vor dem großen Umbruch der sich hier durchweg abzeichnende „Primat der Honorabilität vor der Solidarität" durchbrochen: am Ende des Zweiten Weltkrieges und in den Notjahren danach. In der schwer und lange umkämpften Westeifel standen praktisch alle Pfarrer den ihnen Anvertrauten treu zur Seite, oft genug unterhielten sie zwischen getrennten Gruppen die einzige noch funktionierende Verbindung. Sie bangten und beteten mit den Ihren bis hin zum Punkt höchster Gefahr, in dem sie die Generalabsolution erteilten. Ähnlich war es in der unmittelbaren Nachkriegszeit, wo es angesichts so vieler Trümmer und Wunden so viel zu trösten und zu ermutigen gab. Bei den dörflichen Selbstversorgern fiel dann auch immer wieder mal eine Dankesgabe für den Pfarrhaushalt ab.

Daß die Priester in lebensbedrohlicher Lage genau so bangten wie ich selbst, hat in mir erste Zweifel an dem tradierten Priesterbild geweckt. Wer meine Angst teilt, kann von mir nicht abgrundtief verschieden sein.

Bischöflicher Souverän noch im 20. Jahrhundert:
Franz Rudolf Bornewasser, Bischof (Erzbischof h.c.)
von Trier 1922 - 1951.

d) „Binde- und Lösegewalt"

Aber auch am erwähnten, auf Blockade hinausführenden Druck hat es nicht gefehlt. Für den Fall nämlich, daß die geschilderte Motivationslage nicht ausreiche, um Folgebereitschaft gegenüber der geistlichen Botschaft zu gewährleisten, stand dem Geweihten noch eine weitere Einwirkungsart offen. In geschlossenen, überschaubaren Räumen wie im Eifeldorf besonders effektiv, stützte sie sich auf Bibelstellen mit Herrenworten an die Jünger wie diesen: „Wahrlich, ich sage euch, was immer ihr auf Erden binden werdet, das wird auch im Himmel gebunden sein, was immer ihr auf Erden lösen werdet, das wird auch im Himmel gelöst sein"(Mt.,18,18). Oder bei der Erscheinung des Auferstandenen am „Abend des ersten Tages der Woche":

„Empfanget den Heiligen Geist! Welchen ihr die Sünden nachlasset, denen sind sie nachgelassen, und welchen ihr sie behaltet, denen sind sie behalten" (Joh 20,22 f.). Wie immer diese Stellen nach heutigem Verständnis auszulegen sind, sie wurden in der Kirche, in der ich aufgewachsen bin, eindeutig als Bevollmächtigung für Papst, Bischöfe, Priester, bis hinunter zum letzten Eifeler Dorfpfarrer, verstanden.

Ein Beispiel für diese Einwirkungsart ist uns schon in der Art und Weise begegnet, wie mein Heimatpfarrer auf den Kauf einer nichtlizenzierten Bibelausgabe reagierte. Der zuständige Seelsorger beschränkte sich nicht darauf, Glaubensschatz und Sakramente nur anzubieten oder allenfalls noch für ihre Annahme zu werben, er wußte sich auch ermächtigt, über die Würdigkeit der ihm Anvertrauten zu wachen und je nach Befund den einen für gottverbunden und den anderen für des Himmelreiches verlustig zu erklären. Sich im Licht des Heiligen Geistes wissend, sprach er über Bußfertigkeit und Verstocktheit ein Urteil, das im ersteren Fall: der Bußfertigkeit, wie man glaubte, Sünden wegnahm und sie im, zweiten Fall „behielt", sie gleichsam attestierte. Jedenfalls sah sich der Priester zur Verantwortung gerufen, seinen Richterspruch so nachdrücklich auszusprechen, daß Sündenbeladene dadurch auf den rechten Weg zurückgelenkt werden konnten.

Solche Vollmacht mußte bei denen, die ihr unterlagen, Furcht und Zittern auslösen. Sie stellte nicht mehr nur wie Verkündigung und Sakramentenspendung eine Bereicherung in Aussicht, sondern zugleich Tadel, Opfer, Sühne, Strafe. Alles, was vorhin als Ehrfurcht, Ehrerbietung, Vertrauen zum Priester herausgestellt wurde, sah sich nun mit einem Zug von Unerbittlichkeit und einem Gefühl des Ausgeliefertseins konfrontiert. Musterbeispiel dafür ist die Angst, die so viele Katholiken damals vor der Beichte hatten, schon vor der ganz normalen, vielleicht alle vier Wochen, und erst recht vor einer sogenannten Lebensbeichte, etwa im Zusammenhang mit einer „Mission" in der Pfarrei. Wie schrecklich, wenn man dann etwas vergaß und um die Gültigkeit der Beichte bangen mußte, und welche Katastrophe erst, wenn der Priester die Lossprechung verweigerte und man im Falle eines „plötzlichen und unversehenen Todes" (Litanei von allen Heiligen) auf ewig der Verdammung anheimfiel. Die durchweg herrscherliche Entschiedenheit, mit der die Geweihten jetzt auftraten, sah man ebenfalls vom Weihesakrament her begründet. Manche Geistliche erweckten gar den Eindruck, als stünden sie unmittelbar unter Gottes allwissender Maßgabe. Dabei trat, menschlich ge-

sehen, lediglich zutage, daß die Priester keinen Kontrollaussagen unterlagen. Anderenfalls es um ihre Sicherheit vermutlich kritischer bestellt gewesen wäre. Zwar unterschieden die Gläubigen, vor allem bezüglich der Beichte, zwischen härterer und milderer priesterlicher Gangart, bestimmte Pfarrer waren als Beichtväter gemocht, anderen versuchte man möglichst auszuweichen. Doch in der Substanz kamen alle überein: Jegliches Tun und Lassen unterliegt priesterlicher Zensur, in der Beichte sowieso, aber auch sonst in Gestalt von Erklärungen, Entscheidungen, Forderungen, die der Pfarrer für angebracht hält. Dabei kristallisierten sich Punkte heraus, die heute wie Erscheinungen aus grauer Vorzeit anmuten, aber zeigen, was sich Seelenhirten noch vor wenigen Jahrzehnten in der stillen Eifel alles „leisten" konnten - im Namen des Herrn, versteht sich.

Des Pfarrers erstes und für alles andere grundlegende Interesse betraf den Prozentsatz der sogenannten praktizierenden Katholiken in der Pfarrei. Wichtigstes Kriterium dafür war die lückenlose Erfüllung der Sonn- und Feiertagspflicht. Da der Pfarrer die Familien in der Pfarrei normalerweise alle persönlich kannte, konnte er sich bei dieser Frage weitgehend auf den eigenen Informationsstand stützen. Bis an die Schwelle anderer Denkweisen im Zusammenhang mit dem II. Vatikanischen Konzil war bezüglich Gottesdienstbesuch in der Eifeler Dorfpfarrei kaum etwas zu beanstanden.

Anders verhielt es sich in den Augen vieler Pfarrer mit dem Thema Pünktlichkeit beim Gottesdienstbesuch. Jede Pfarrei hatte ihre notorischen Zuspätkommer, doch wie diese dann nicht selten aus priesterlichem Mund vom Altar her öffentlich beschimpft wurden, diente kaum der Läuterung, eher schüchterte es ein oder machte noch verstockter.

Beichtstuhl (in der Wallfahrtskirche in Weidingen).

In einer Pfarrei wurde im sonntäglichen Hochamt eigens für die Säumigen gebetet. Heraus kam dabei nur, daß die Schritte beim dritten, dem „Ze-hoof-Läuten (wohl zu-Haufen-Läuten mit allen - zwei oder drei - Glocken) noch einmal beschleunigt wurden mit dem Zuruf an Umherstehende: „Wir wollen nicht gebetet haben!" Beide Male spiegelt die Konfrontation nicht eine Beziehung zwischen Erwachsenen wider, sondern die Position des Erziehers gegenüber dem Zögling, und das auch noch in primitiver Manier. Doch selbst wenn einer es damals so gesehen hätte oder sah, an den Pfarrer kamen Bedenken und Einwände nicht heran, er war ermächtigt, schuldig zu sprechen, und tat es auch.

Weiterhin lag dem Pfarrer bezüglich seiner „Schäfchen" der kirchlicherseits vorgeschriebene Empfang von Bußsakrament und Kommunion in der „österlichen Zeit" am Herzen. Persönliche Bekanntschaft gewährte auch hier Einblick und Überblick, tunlichst noch ergänzt und differenziert durch Informationen aus der Pfarrei. Zeichneten sich Rückstände bei diesem Sakramentenempfang in der Gemeinde ab, wählte der Pfarrer den Weg über Mahnungen in der Sonntagspredigt, zuweilen auch über Bemerkungen im Religionsunterricht in der Schule, wenn er sicher sein konnte, daß die Kinder die Botschaft weiterreichten. Hauptargument war jeweils der Hinweis auf sich ansammelnde Schuld und die Konsequenzen, die daraus zu befürchten seien.

Um solcherlei Schuld und Folgen ging es in meinem Heimatort in dramatischer Weise am Dreifaltigkeitssonntag 1937. Ein Gutshof mit Schafherde erwartete das Schurteam für die im Frühjahr fällige Wollabnahme bei den Schafen. Nur der Sonntag nach Pfingsten war als Termin noch frei, und so erbat der Gutsverwalter vom Pfarrer Arbeitserlaubnis für diesen Tag. Des Pfarrers Nein war um so nachdrücklicher, als es sich um den Dreifaltigkeitssonntag handelte, den höchsten Feiertag im Jahr, wie es hieß, so hoch, daß man erst gar nicht anfangen dürfe, ihn zu feiern. Als die Drei-Mann-Riege die Arbeit dann doch aufnahm, war es um des Pfarrers Fassung geschehen. In der Predigt bezichtigte er die Pfarrei der kollektiven Mitschuld an dem „Verbrechen" und kündigte an, daß er nach achtzehn Jahren diese nunmehr verdammnisumwitterte Pfarrei verlassen werde. Wer ihn nach der Messe ansprechen wollte, darunter meine Mutter, wurde zusammengeschrien.

Es war höchst kennzeichnend für die Situation und ihre Hintergründe, daß meine Mutter daraufhin nach einem Fehler ihrerseits suchte, um sich des Pfarrers Aufbegehren gegen sie zu erklären. Wer es miterlebte, geriet in eine merkwürdige Schwebelage hinein. Einerseits sah man: Es konnte unmöglich wahr sein, was der Pfarrer der Pfarrei da aufbürdete. Andererseits schien es aber auch ausgeschlossen, daß ein zum Priester Geweihter grundlos so schwere Anklage erhob. Ein Geistlicher also im zwiespältigen Blick der Gläubigen zwischen Unschuldsbewußtsein und Zerknirschung.

Die Verhältnisse kamen nach einiger Zeit wieder ins Lot, der Pfarrer blieb. Noch fast 35 Jahre, bis zum späten Eintritt in den Ruhestand, wirkte er in dieser Gemeinde, die ihm zum Goldenen Priesterjubiläum die Ehrenbürgerwürde verlieh.

Ihre Domäne hatte die Binde- und Lösegewalt natürlich dort, wo nach damaliger Sicht bei den Gläubigen die meisten schweren Sünden anfielen: unter dem sechsten

Gebot. Es gab keinen Pardon: Jedes Zugeständnis an geschlechtliche Erregung außerhalb einer kirchlich geschlossenen Ehe und innerhalb dieser noch einmal an jede gezielte Empfängnisverhütung galt als Todsünde, als Sünde, die geradewegs in den ewigen Höllentod führt, wenn sie nicht reumütig gebeichtet wird. Also war in diesem Punkt die seelsorgliche Begleitung des Pfarrers besonders dringlich, ja unverzichtbar. Entsprechend zügig griffen die Geweihten zu, häufig mit einem Anhauch zölibatären Elite-Bewußtseins, das speziell hier einschlägig war.

Da glaubten manche Pfarrer sich schon dazu gehalten, die in der Pfarrei laufenden Liebschaften ins Auge zu fassen, um gegebenenfalls auf Anstand und gute Sitte drängen zu können. Informationen konnten aus eigenem Augenschein stammen, waren aber häufig eingeholt und zugetragen von Leuten, die sich beim Pfarrer in Szene setzen oder ihren Neid abreagieren wollten. Mitunter führte das, etwa im Nachgang zur Kirmes zu anklagenden Bemerkungen in der Predigt, vor allem dann, wenn sich unehelicher Nachwuchs in der Pfarrei angesagt hatte. Familien, die im Geruch sexueller Freizügigkeit standen, wurden in der Dorf- und Pfarrgemeinschaft inoffiziell mehr oder weniger ausgegrenzt; der Pfarrer machte dabei in aller Regel mit.

Kernstück des priesterlichen Bindens und Lösens, das geht aus dem Gesagten hervor, war die Entgegennahme der Beichten der Gläubigen, das sogenannte Beichthören. Nirgendwo sonst wurde seitens der Laien der Abstand gegenüber dem Geweihten so unmittelbar und so erlebnisschwer empfunden wie im Beichtstuhl, eine Kluft, vollgepackt mit all der Scham, den Ängsten und Hemmungen, von denen schon gesprochen wurde. Hier war aller Spaß zu Ende, hier wurde es ernst. Auf dem Wege über Beicht-zuspruch, Beichtermahnung und auferlegte Buße, deren Ableistung für eine gültige Beichte als unerläßlich galt, war die Position des Pfarrers unangreifbar, war sie abermals eine Schlüsselposition für Dorf und Pfarrei so lange, wie die Bevölkerung mit damaliger Mehrheit bei solchem Beichten mitmachte. Pfarrer hielten sich sogar für befugt, Gläubige öffentlich als Sünder zu brandmarken, indem sie ihnen an der Kommunionbank die Hostie verweigerten.

Als Antwort auf so viel Kompetenz trafen nicht wenige Laien ein Arrangement, das Pfarrer und Öffentlichkeit zufriedenstellte, jedoch für einen selbst ein Stück innerer Vergewaltigung bedeutete: Man handelte anders, als man 'eigentlich' wollte. So hätte man beispielsweise aus Gründen, die einem persönlich plausibel erschienen, an einem bestimmten Sonntag der Meßfeier fernbleiben können. Es kam nicht dazu, schon weil die Pfarröffentlichkeit über den Meßbesuch wachte und man nicht schief angeschaut werden wollte. Aber meist war Tieferes im Spiel: Aus Angst vor dem Beicht-„Vater" ließ man es erst gar nicht dahin kommen, ein solches Vergehen schließlich doch zu beich-ten, wenn nämlich das Gewissen keine Ruhe gab. Dann lieber, so die Konsequenz, an der Messe teilnehmen, wie groß Unlust und Mißbehagen auch sein mochten. Anstatt der Aufdeckung und Bereinigung von Falschheit zu dienen, wurde die Beichte so zur Grundlage neuer Verstellung und Unehrlichkeit, die einen bis in die Seele krank machen konnte.

Ähnliches geschah, wenn der Pfarrer auf einem bestimmten Beichtzyklus bestand. Dann war reuige Gesinnung, die sich in Wahrheit nur von innen heraus bilden kann, für einen bestimmten Tag und eine bestimmte Stunde einfach angeordnet. Ich weiß noch um die Frage, die sich dann so häufig bei mir einstellte: ob mich denn auch die für eine gültige Beichte erforderliche „vollkommene Reue" erfülle. „Unvollkommene" Reue, eine Reue nur aus Furcht vor Strafe, reichte nicht aus, wie es hieß.

Es klingt schon sonderbar: „Nun bereue mal...!" Aber auch hier regte sich lange Zeit kein Einspruch, geschweige ein Widerspruch. Der Pfarrer werde es wohl wissen, sagte man sich.

Begrüßung geistlicher Würdenträger mit Triumphbogen im Eifeldorf (Bischof, neuer Pfarrer, Neupriester...).

e) Personales Priesterverständnis

Es dürfte deutlich geworden sein: Die antimodernistische, der Tradition und dem Überkommenen verpflichtete Ausrichtung der katholischen Kirche hatte in der Eifel eine besondere Stütze in den Dorfpfarrern. Selbst wenn einer von ihnen fortschrittlichen Ideen gehuldigt hätte, wäre er bei entsprechender Verkündigung zum Bruch mit seiner Kirche verurteilt gewesen. Aber ein solcher Bruch stand um so weniger an, als es ganz gewiß nicht die progressivsten Priester waren, die als Pfarrer in die Eifeldörfer geschickt wurden oder sich dorthin bewarben.

Eher hatte man es mit Söhnen der Region zu tun, die auf Häuslichkeit bedacht waren und es nicht unbedingt ausnützen, wohl aber genießen wollten, daß man in wohlgefügter Ordnung nach „unten" wie nach „oben" im großen und ganzen friedlich miteinander auskam. Darüber konnte auch die Haushälterin, sehr oft, wie schon gesagt, eine nahe Verwandte des Pfarrers, zu Ansehen und Ehre, bisweilen auch zu einer Machtposition aufsteigen, die aber meist negativ zu Buche schlug. Im übrigen lebte man durchweg bescheiden in kaum erschütterbarem Zeitrhythmus. Daß ein Pfarrer nebenher noch Bienen züchtete oder, wie der bis auf den heutigen Tag aus der Literatur bekannte Dr.Matthias Laros in Geichlingen, eine Weile ein Reitpferd hielt und sich darauf auch fortbewegte, war eher die Ausnahme. Eines aber blieb: die Distanz zum Dorf, daß sich der „Pastor" nicht so ohne weiteres auf die Schulter klopfen ließ und daß er und die Haushälterin im einzigen Haus mit Türklingel wohnten...

Eine sehr andere Frage ist die nach der Wahrheit, vielleicht auch einfach der inneren Zuträglichkeit im Verhältnis Priester und Laie, Pfarrer und Gemeinde. Schon in der Darstellungsweise zeichnete sich auf den vorangegangenen Seiten ab, daß Probleme unverkennbar sind. Spätestens unter dem Stichwort „binden - lösen" wurde Autorität autoritär, wurden die Gläubigen zu Außenstationen einer einzigen zentralen Instanz: des Denkens und Wollens des Pfarrers. Ein Plädoyer für eigenverantwortliches Selbstsein auch des Laien im Stile etwa von Peter Zirbes ist mir von Pfarrersseite nicht bekannt, wohl aber der genau entgegengesetzt lautende Ausspruch eines Südeifel-Pfarrers an seine Gemeinde: „Ehrfurcht verlange ich, auf Liebe verzichte ich, Gehorsam bringe ich euch bei!" Man kann darüber nachdenken, wie einsam ein Mensch ist oder wie einsam er sich macht, wenn er einen solchen Satz ausspricht. Daß aus dieser Einstellung heraus der Eifel über mehr als hundert Jahre Nachteile: wirtschaftlich-ökonomische und kulturell-zivilisatorische, erwachsen sind, wiegt schon schwer, aber sehr viel schwerer wiegt noch, daß so viele treugläubige Menschen so wenig zu sich selbst als Person erweckt waren, daß sie vielmehr so stark von außen, von den Priestern, gelenkt wurden und sich lenken ließen.

Wenn nicht alles täuscht, ist die Entwicklung, beginnend mit dem II. Vatikanischen Konzil, inoffiziell längst in breitem Strom über die lehramtliche „Instruktion" aus Rom hinausgeschritten. Angezielt wird ein personales Verständnis sowohl des priesterlichen wie des Seins der Laien. Dabei ist es nicht ganz leicht, den Gedanken des Weihepriestertums in personale Kategorien umzudenken. Vieles am traditionellen Verständnis enthüllt sich dann in der Tat als magieverdächtig, als Hypostasierung, Übersteigerung, die es abzubauen gilt. In bezug auf die Priesterweihe ist dann nicht mehr davon zu reden, daß der Priester aus dem Volk herausgehoben und ihm ein unauslöschliches Siegel aufgeprägt wird, eher muß es heißen, er werde mit einer Aufgabe betraut, erhalte gleichsam einen Dauerauftrag für Seelsorge. Die Gläubigen dürfen dann nach wie vor darauf hoffen und vertrauen, daß ihnen durch den Priester Kraft aus der Höhe zukommt, aber sie dürfen nicht (mehr) beanspruchen, dafür Beweise im Sinne von für jedermann verbindlichen Fakten vorlegen zu können. Denn das würde den Priester sofort wieder ins Magie-Tabu entrücken, in dem man ihm nur ehrfürchtig zu folgen hätte, wo also für einen selbst nichts zu denken, zu entscheiden und zu verantworten übrig bliebe. Hier eröffnet sich Spielraum nur, wenn die Gnadenwirkung verborgen bleibt, eine „venia abscondita" ist. Oder auch so: Dem Priester kommt es dann zu, über bestimmte Dinge mehr zu wissen, sie vielleicht auch besser zu wissen, nicht aber sie „anders" zu wissen, als der Laie sie weiß. Da fragt es sich, ob der Priester noch länger der „geborene" Ratgeber sein kann, als der er gesucht und verehrt wurde, und ob ihm als demjenigen, der zu „binden" und zu „lösen", Sünden „nachzulassen" und sie zu „behalten" hat, noch ein sinnvoller Platz zukommt.

Hier bleiben Fragen offen, und es ist auch kein Geheimnis, daß heute nicht wenige Priester in ihrem Selbstverständnis verunsichert sind. Eindeutig nicht mehr hinnehmbar ist das „Binden" und „Lösen" im autoritären Sinne, ebenso nicht mehr das „Bannen" im Stil von einst, von noch schlimmeren Zugriffen wie Inquisition und Ketzerverbrennung ganz zu schweigen. Immer erscheint hier der Geweihte (bzw. der jeweils „höher" Geweihte) als der Überlegene, der das Sagen hat und dem sich der Untergebene, um nicht noch Schlimmeres

heraufzubeschwören, fügen muß wie ein unmündiges Kind dem autoritären Erzieher. Welche Erniedrigung, wenn man dann in der skizzierten Schwebelage verharren und selbst bei eindeutigem Priesterversagen die Schuld bis zur bitteren Neige bei sich selbst suchen muß.

Solches hätte Menschen nie zugemutet werden dürfen, schon gar nicht seitens der Kirche im Namen Gottes, und darf ihnen erst recht heute nicht mehr zugemutet werden, wo von Eigenkompetenz, dem Mitdenken und Mitverantworten eines jeden für die Zukunft so unendlich viel abhängt. Da müssen wohl auch die beiden Bibeltexte neu überdacht werden, wobei man eine gewisse Vorleistung darin sehen darf, daß die herkömmliche „Anklage-Beichte" inzwischen oft durch „Beichtgespräche" abgelöst wird.

Gewiß, damals war eine andere Zeit mit autoritären Strukturen auch im zivilen und öffentlichen Leben. Doch gerade da hätte es der Kirche gut angestanden, mit ihrer Botschaft vom Gott der Liebe ein gegenläufiges Exempel zu statuieren. Daß dies in der Eifel erst so spät ins Bewußtsein eindrang, war in hohem Maße durch die Pfarrer verschuldet, aber nicht minder durch die ihnen übergeordneten Instanzen, die es eigentlich - diesmal im wörtlichen Sinne - besser hätten wissen müssen. Hatten sie doch ihrerseits auch die Pfarrer noch einmal im autoritären Griff.

Dabei soll nicht verkannt werden, daß dahinter oft genug ein tiefes Verantwortungsbewußtsein stand, die Überzeugung, daß man als Pfarrer für das Seelenheil der Pfarrangehörigen, als Bischof für das der Diözesanen und dazu noch des Diözesanklerus verantwortlich sei. Es obliege einem die Sorge dafür, daß von den Anbefohlenen möglichst keiner „verloren gehe", wie es wörtlich hieß. Doch die verhängnisvolle Wendung, so gut sie gemeint gewesen sein mag, lag darin, daß diese Verantwortung sich nicht als „stellvertretende" verstand, stellvertretend so lange, bis der Getaufte die Verantwortung für sich selbst übernehmen kann. Irgendwann mit dem Erwachsenwerden ist dieser Punkt erreicht, und dann steht dem „Seel-Sorger" die so beanspruchte Verantwortung einfach nicht mehr zu. Er hat dann zu respektieren, was der nunmehr Mündige denkt und tut. Wie nachhaltig hier früher eine andere Sichtweise Regie geführt hat, auch bei Eltern und Lehrern, zeigen in bezug auf die Pfarrer schon diese Titulierungen: Hirte (Pastor), Oberhirte (Bischof) - Schaf; Beichtvater - Beichtkind; Pfarrherr - Pfarrkind, oder in äußerster Steigerung in der Eifel „DEN Häär", der Herr, nicht nur ein Herr in diesem oder jenem Betracht, sondern der Herr schlechthin.

Man darf wohl getrost sein, die Idee von der personalen Würde des Menschen geht ihren Weg, auch in der katholischen Kirche. Darüber verliert das Priesterbild seinen magischen Glanz, der Priester wird „kleiner", „normaler", weniger von Geheimnis umgeben, und entsprechend gewinnen die Laien an Eigenstatur. Als Gläubige eigenen Rechts brauchen sie den priesterlichen Super-Mann nicht mehr, wohl aber den priesterlichen Bruder, dem sie nun auch ihrerseits etwas bieten können: geschwisterliche Verbundenheit, die gegenseitig trägt und vor Verbitterung und Einsamkeit bewahrt.

In solcher Verbundenheit ist es dann auch mit religiös bedingten Entwicklungs- und Fortschrittsblockaden vorbei. Glaubensgehalte und Glaubensformen werden biegsam und dynamisch, laden zu Dialog und Meditation ein. Priester und Laien kommen überein im Befolgen des Paulus-Wortes: „Prüfet alles, was gut ist, behaltet!" (1. Thes 5,21).

Noch 1953 in ungebrochener Autorität: Niederknien vor dem segnenden Bischof (hier Bernhard Stein, Weihbischof, später Bischof von Trier – 1967-1980).

5. Kapitel: Westwallzeit

a) Ideelles Umfeld

Mit dem Priesterbild, wie man es in der Eifel durchweg vorfand, hat die Kette der Umstände und Gründe, die für den Entwicklungsverzug des Landes an der Grenze verantwortlich waren, erste argumentative Geschlossenheit erlangt. Eine zweite Linie, die auf Sexualität als Antriebskraft für Emanzipation und höhere Lebensqualität setzt, wird uns später beschäftigen. Hier ist zunächst festzuhalten: Die Eifel hatte in den letzten zwei Jahrhunderten ein Sonderschicksal, das mit der religiösen Einstellung ihrer Bewohner zusammenhing. Grundlage war der Glaube der katholischen Kirche, wie er zu dieser Zeit allenthalben gelehrt und gelebt wurde, mit einer tiefeingewurzelten Tendenz gegen das, was in der Neuzeit Fortschritt heißt. Durch äußere Faktoren wie entlegene Lage, konfessionelle Uniformität, aus der Region stammender Klerus, kam diese Tendenz in der Eifel mit besonderem Nachdruck zur Geltung bis hin zu der Rückständigkeit, die in den vorstehenden Kapiteln eingehend analysiert wurde. Kern aller Verzugserscheinungen war also die so in Wirklichkeit überführte Grundströmung in der Glaubenswelt der katholischen Kirche.

So gesehen hatten es Diaspora-Katholiken, aber auch schon solche, die in konfessionell gemischten Regionen lebten, leichter. Weil bei ihnen Verstärker, wie der Eifel zu eigen, wegfielen, konnten sie auch an dem allgemeinen Aufschwung teilhaben, der mit der Entwicklung von Technik und Industrie einherging. Doch innerlich blieben auch ihnen Schranken nicht erspart. In der großen Bildungsdiskussion der siebziger Jahre hörte man es überdeutlich und nicht nur im Blick auf die Eifel: Katholiken sind zwar ebenso intelligent wie Andersgläubige, aber sie haben von den gebotenen Bildungsmöglichkeiten weniger Gebrauch gemacht, sie zeigen weniger Initiative und Kreativität, weniger Pionier- und Erfindergeist, begnügen sich eher mit gegebenen Verhältnissen, steigen viel seltener zu Spitzenpositionen auf. Das sind alles Befunde, die wir vom Eifeldorf her kennen, mit dem Zusatz sogar, daß sie uns dort mit geballter Wucht, gleichsam pur und in Reinkultur begegnet sind.

Die Eifel enthüllt sich damit geradezu als Lehrstück über Glaube und religiöses Leben in katholischer Ausprägung, als Demonstration, wie Katholizität leibt und lebt, wenn sie sich unbehindert, rein in sich selbst und aus sich selbst entfalten kann.

Zwischenbemerkung: Besonders illustrativ dürfte unter solchem Gesichtspunkt das Verhältnis zu Dichtung und Literatur sein. Nicht genug, daß sich in der Neuzeit nur wenige Katholiken als Dichter einen Namen gemacht haben, bei den wenigen glaubt man es zuweilen auch noch mit Händen greifen zu können, wie „moralistisch" sie darauf achten, nur ja die Grenzen des im kirchlichen Sinne Ehrbaren und Schicklichen einzuhalten. Das Ergebnis sind zwar „saubere" und „recht-gläubige", aber wenig originelle Erzeugnisse, etwa in der Art von Friedrich Wilhelm Webers Epos „Dreizehnlinden".

So entsprach es dem antimodernistischen Geist der katholischen Kirche der Neuzeit, vor allem des I. Vatikanischen Konzils von 1870, an dessen Lasten die Katholiken bis auf den heutigen Tag tragen. Hauptlast ist dabei das schon an früherer Stelle angesprochene, in den Jahren nach dem II. Vatikanischen Konzil zwielichtig gewordene Verhältnis der Kirche zur modernen Welt. Da wird den Gläubigen zugemutet, in dieser Welt ihren Mann zu stehen, zugleich aber gemäß lehramtlicher, unter Sünde verpflichtender, bis heute nicht widerrufener Gesetzgebung so zu leben, als hätte es diese Welt nie gegeben. In unserem Zusammenhang soll es bei dem Lösungsvorschlag bleiben, wie er sich nun schon unter mehreren Blickpunkten nahegelegt hat: dem Versuch, hierarchisch-institutionelle Kategorien in personale Strukturen und Vollzüge umzudenken, wie immer sich das dann auf Gestalt und Verfassung der Kirche auswirken mag.

Es hat in der Eifel bis in die fünfziger Jahre gedauert, bis die Barrieren zu solchen Perspektiven hin grundsätzlich und auf Dauer gebrochen wurden. Initiativen der Kirche waren dabei vorerst nicht im Spiel; von ihr gingen Angebote, sofern überhaupt, erst im Zusammenhang mit dem II. Vatikanischen Konzil nach 1962 aus. Bei diesem Beharren spielte ganz offensichtlich auch Macht eine Rolle. Eine Pfarrei, die der Pfarrer „im Griff" hat, läßt sich ohne Zweifel leichter verwalten als eine mit Eigendynamik. Zudem weiß man es auch sonst aus der Kirchengeschichte, wie entschlossen kirchliche Dynasten katholische Monopolstellungen aufrechtzuerhalten pflegen. Sehr verspätet war es dann nach 1950 doch auch in der Eifel soweit, daß sich der Laie getraute, in bestimmten Fragen anderer Meinung zu sein als der Pfarrer. Das mußte nicht schon ein entsprechendes Tun einschließen, konnte sich doch jetzt der bereits erwähnte Verunsicherungsschmerz einstellen mit der Erwägung: So eingeschränkt das Leben bislang auch war, man kannte sich darin aus, und es war einem viel Verantwortung abgenommen.

Doch die Wirklichkeit gebot anderes. Fast von einem Tag auf den anderen brach die sogenannte mobile Industriegesellschaft über das zurückgebliebene Land herein. Eine Neuorientierung wurde unumgänglich angesichts so einschneidender Veränderungen wie der Errichtung amerikanischer Militärbasen mit enormem fremdländischem Bevölkerungsschub, Ermöglichung freien Verkehrs für Information und demokratisch-plurale Meinungsbildung, angesichts steigender Einkünfte und Installation vieler neuer Gewerbe und Berufswege mit Aufschwung auch in der Landwirtschaft, allerdings bei sich bereits abzeichnender Strukturkrise, die bis auf den heutigen Tag andauert.

Es war und ist ein weites Feld, das damit für die vor kurzem noch so verträumte Eifel aufgestoßen wurde. Darin verbliebene Altlasten sorgen dafür, daß unser Titelwort: „Es werde Licht!" so bald noch nicht ausgedient haben wird. Aber ebenso bleibt die Zuversicht, daß die Zukunft dem personalen Menschenbild gehören wird, der einzigen Sicht, die mit der Würde des Menschen in vollem Umfange ernst macht.

Mitzubedenken ist hier auch, daß vom 30. Januar 1933 an die Deutschen bis in den entlegensten Winkel ihres Landes unter die Ideologie von Hitlers „Nationalsozialistischer Deutscher Arbeiterpartei" (NSDAP) gestellt wurden. Daran kam auch die Eifel, nicht einmal mein kleines Heimatdorf, vorbei. Selbst in ihm erhob sich noch an gut sichtbarer Stelle eine „Habt-acht"-Anschlagtafel, an welcher der örtliche Blockwart (= unterste Stufe in der NS-Bonzenhierarchie) die neuesten Parolen auf großformatigen Plakaten zum Aushang brachte. Daß das neue Regime autoritär ausgerichtet war, fiel den Dorfbewohnern kaum weiter auf. Autoritär ging es schon beim König und ab 1871 beim Kaiser zu, und autoritär verfuhr seit eh und je auch die Kirche; das mußte wohl so sein, mochte man meinen.

Selbst in der Unterstufe der Dorfschule (heute Grundschule) hält 1933 das neue Regime Einzug, hier in Reuth.

Gestützt auf ihr Ansehen und ihre Macht über die Seelen hatten die Eifelpfarrer ihre Anbefohlenen gegenüber der Sog- und Werbekraft der Nazi-Partei beachtlich auf Abstand gehalten. Noch nach Hitlers Machtergreifung erhielt die katholische Zentrumspartei bei der letzten freien Reichstagswahl 1933 in der Westeifel die absolute Mehrheit der Stimmen. Die Lage schien sich zu entspannen; am 20. Juli 1933 wurde zwischen Reichsregierung und Vatikan das Reichskonkordat abgeschlossen, das sogar Kooperation zu verheißen schien. Boten doch die Parteioberen für die am 23. Juli beginnende Heilig-Rock-Wallfahrt nach Trier die Wahrnehmung von Ordnungsdiensten durch uniformierte SA-Männer an. Bischof Franz Rudolf Bornewasser[34] akzeptierte das Angebot für die ganze Dauer der Ausstellung bis zum 8. September 1933. Diese Dienste auf Triers Straßen rund um den Dom machten auf die einfachen Leute vom Dorf großen Eindruck. Auch ich wurde im Alter von vier Jahren Zeuge dieses Einsatzes und habe ihn bis auf den heutigen Tag nicht vergessen, weil ein SA-Mann etwas nach meinem kindlichen Geschmack Wunderbares tat:

Es war früher Sonntagmorgen, als meine Mutter und ein im Dorf wohnender Onkel mit meiner gut ein Jahr älteren Schwester und mir zum Heiligen Rock nach Trier aufbrachen - in einem Postomnibus, dem ersten, den ich in meinem Leben betreten habe. Schon auf die Fahrt hatte ich mich gefreut, doch endete sie bitter für mich: beim Aussteigen auf dem Trierer Pferdemarkt stolperte ich und hatte meine erste Berührung mit dem durch Märtyrerblut geheiligten Boden der Stadt in Gestalt eines ungewollten schmerzhaften Bodenkusses. Das Unheil setzte sich fort in einer Messe in der St. Paulin-Kirche, wo das Gedränge so groß war, daß ich in Panik geriet und nicht mehr atmen zu können fürchtete, geschweige, daß ich außer Leibern sonst noch etwas gesehen hätte. Und danach noch die lange Prozession in praller Sonne mit nerventötendem 'stop and go' zum Dom. Eben wollte ich in lautes Schreien ausbrechen, als das Wunderbare geschah: Ein SA-Mann (aus Niederöfflingen bei Wittlich) kam auf den Onkel zu und begrüßte in ihm einen Kriegskameraden. Nach kurzem Austausch nahm er uns vier zusammen, ließ uns unter dem Strickseil, das den Prozessionsweg markierte, durchschlüpfen und geleitete uns auf einem Weg „außen herum" bis unmittelbar ans Domportal. Ich kam mir

wie erlöst vor, und das mag dazu beigetragen haben, daß mir auch eine Szene von der Heimfahrt in Erinnerung geblieben ist: als ein zum Priesterberuf Erkorener mit Schülermütze auf dem Kopf im Anblick der untergehenden Sonne das Lied vom gefallenen SA-Mann anstimmte: „Als die gold'ne Abendsonne/ Sandte ihren letzten Schein;/ Zog ein Regiment von Hitler/ In ein kleines Städtchen ein...".

Zunehmend fand die Nazi-Ideologie nun auch in der Eifel Anhänger, wobei die ins Volk getrommelten Aufrufe und Parolen für viele Dörfler die ersten alternativen Kundgaben zu den bislang konkurrenzlosen kirchlichen Leitlinien waren. Aber selbst wo dadurch erstmals bewußt wurde, daß nicht alle Menschen so dachten wie Papst, Bischöfe und Pfarrer, diente die Alternative nicht als Vermittlungsglied zu eigenem Denken und Entscheiden. Vielmehr war

Heilig-Rock-Ausstellung in Trier 1933. Vizekanzler Franz von Papen und die regionalen Spitzen der NSDAP bei der Eröffnungsveranstaltung am 23. Juli in Trier.

81

Der Heilige Rock im Dom zu Trier (1933).

Festliches Ambiente um den Dom herum.

dafür gesorgt, daß an die Stelle von Vereinnahmung im Sinne der Kirche nun eine neue, noch viel massivere trat, eine totalitäre in des Wortes wörtlicher Bedeutung. Derweil verschärfte sich auch die Tonart wieder, es gingen großaufgemachte Sittlichkeitsprozesse gegen Priester und Ordensleute über die Bühne, und vor allem wurden die in der Eifel seit eh und je für kostbar erachteten Konfessionsschulen abgeschafft. Die in großer Überzahl nach wie vor ihrem Glaubensbekenntnis ergebenen Einwohner traf es tief, als Pfarrer und Kruzifix in der Schule keinen Platz mehr hatten. Den Fanatismus des Regimes beantworteten sie mit um so entschiedenerer Behauptung der eigenen Position nach innen hin, mit zorniger Versteifung auf Glaube gemäß Tradition und kirchlicher Institution, mit um so engerer Gefolgschaft gegenüber Pfarrer

und Bischof. Von keiner Seite her also die Bereitschaft, gesprächsoffen und in persönlicher Zuständigkeit aufeinander zuzugehen, wie es dann wohl Ende der sechziger Jahre geschah, als der lange, mitunter böse Streit um die Konfessionsschule offensichtlich zu aller Zufriedenheit sein Ende fand.

Und doch wurde zu eben dieser Zeit - 1938 - ein Ereignisablauf in Gang gesetzt, in dem sich erstmals in der Region Umrisse, Andeutungen einer Auflockerung des uniformen Binnenklimas abzeichneten. Wäre diese Auflockerung voll zum Zuge gekommen, hätte sie die Eifel fast zwanzig Jahre früher aus dem Status des Entwicklungslandes herausgeführt. Es konnte sich dabei nur um eine Einwirkung von außen handeln, weil ein Aufbruch von innen her damals noch völlig ausgeschlossen war.

Zweitens mußte der Zugriff so mächtig sein, daß man sich nicht gegen ihn abschotten konnte. Drittens mußte er modernsten Fortschritt repräsentieren und viertens die Potenz in sich tragen, die Bewohner persönlich anzusprechen und herauszufordern. Alle diese Kriterien sind Kennzeichen eines Abschnittes in der Heimatgeschichte, der in diesem Kapitel unter dem Leitthema „Westwallzeit" steht.

b) Bau des Westwalles

Kern des Wortes Westwallzeit ist das Wort Westwall, und indem man dieses Wort ausspricht, ersteht vor dem inneren Auge eine gigantische Bunker- und Befestigungslinie entlang der deutschen Westgrenze von Basel bis Aachen, von dort in verminderter Stärke bis an die Nordseeküste. Westwallzeit bedeutet so zunächst Bauzeit, die Zeit, in der dieser Westwall errichtet wurde. Aber über die Baumaßnahme hinaus umfaßt das Wort Westwallzeit auch alles, was durch das Bauen in anderen Lebensbereichen mit in Gang gesetzt oder auch in Mitleidenschaft gezogen wurde. In unserem Zusammenhang hat diese zweite Seite sogar den Vorrang, der allerdings nur zutage treten kann, wenn man sich zunächst, wenigstens im Umriß, die bauliche Seite vor Augen führt.

Auslösendes Moment für den Bau des Westwalles war die Errichtung der Maginotlinie auf französischer Seite in den Jahren 1929 bis 1932. Die Franzosen bedrückte es sehr, daß der östliche Nachbar Deutschland zweimal - 1870 und 1914 - in ihr Land eingedrungen war. Einer weiteren Invasion sollte nun durch ein gewaltiges System von unterirdischen Bunkern und Festungsanlagen ein für allemal gewehrt werden. Daraufhin kamen ähnliche Erwägungen auch auf deutscher Seite in Gang, wo man

erst seit kurzem das schwerlastende Joch der französischen Rheinlandbesetzung hinter sich hatte. Nach Hitlers Machtübernahme 1933 kam als weiterer Grund ein starker deutscher Expansionsdrang nach Osten hinzu. Hier wollte Hitler „Flurbereinigungen" zugunsten Deutschlands durchführen, die Gewaltanwendung nicht ausschlossen. Dafür mußte er sich im Westen den Rücken möglichst freihalten gegen eventuelles Eingreifen Frankreichs und Englands. Also war ein Befestigungswerk erforderlich, das mögliche Angreifer, wenn nicht von vornherein abschreckte, so doch mit geringen eigenen Kräften abzuwehren verhieß.

Gemäß solchen Zielsetzungen wurden ab 1934 erste Planungen und ab 1936 erste Baumaßnahmen im Rahmen des sogenannten „Bauvorhabens West" eingeleitet. Zu höchster Dringlichkeit gediehen diese Maßnahmen in Hitlers Augen im Frühjahr 1938, als nach dem Anschluß Österreichs an Deutschland die Tschechoslowakei eine Teilmobilmachung verfügte. Jetzt konnte im Osten ein Waffengang erforderlich werden, der gegen zusätzliche Bedrohung im Westen abgesichert werden mußte. So erging am 28. Mai 1938 Hitlers Befehl „zum verstärkten und beschleunigten Ausbau der deutschen Westbefestigung".

Nur wenige Wochen später, um Anfang Juli herum, ergossen sich über das gesamte westliche Grenzgebiet Massen von Arbeitern, Fahrzeugen, Gerätschaften und Baumaterialien, wie von den Einheimischen nie jemand Vergleichbares gesehen hatte. Wohl war aufgefallen, daß schon im Jahr zuvor höhere Bergkuppen militärischen Besuch bekamen. Holzgerüste wurden auf ihnen errichtet mit einem weißen Markierungsstein darunter, der offensichtlich der trigonometrischen Vermessung des Landes dien-

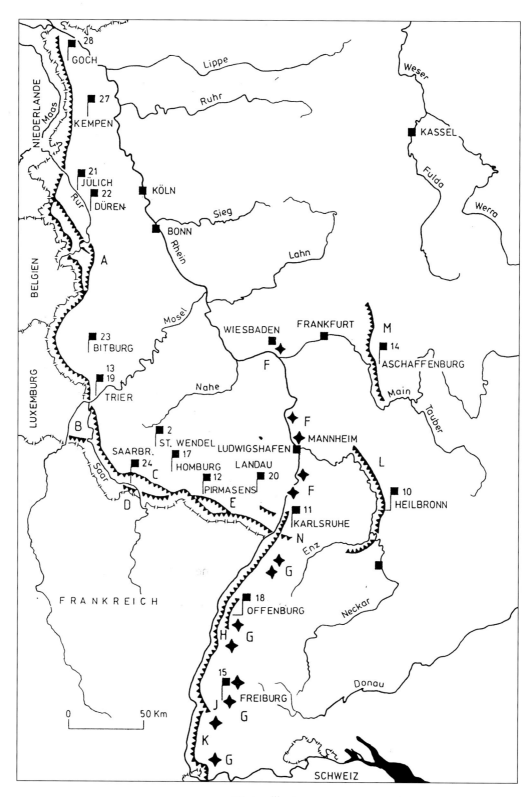

Westwallkarte

te. Standen die Gerüste im Wald, konnten sie beträchtliche Höhen erreichen, um die höchsten Bäume zu überragen. Doch das war noch nicht einmal ein Vorgeschmack von dem Bauboom, der jetzt ausbrach.

Aber was wurde da gebaut? Zunächst war das geheim, so daß man sich als Außenstehender kaum ein Bild machen konnte. Bis allmählich mächtige Betonklötze aus der Feldflur herauswuchsen und kilometerlange Gräben zur Kabelverlegung das Land durchzogen - kein Zweifel, das mußte etwas mit Befestigungsbau zu tun haben.

Am 12. September 1938 lüftete Hitler das Geheimnis in einer Rede auf dem Reichsparteitag in Nürnberg auch offiziell. Das Bauwerk erhielt nun den Namen Westwall und wurde von Hitler mit Zahlen erläutert, die für unsere weiteren Überlegungen wichtige Anhaltspunkte bezüglich Ausmaß des Unternehmens darstellen. Darum der betreffende Redeausschnitt nachfolgend im Wortlaut:

„Ich möchte Ihnen nur wenige Zahlen nennen: An der deutschen Westbefestigung, die seit zwei Jahren an sich bereits im Bau begriffen war, arbeiten nunmehr: in der Organisation Todt zusammengerechnet 278 000 Arbeiter, darüber hinaus 84 000 Arbeiter, darüber hinaus 100 000 Mann Reichsarbeitsdienst und zahlreiche Pionierbataillone und Infanteriedivisionen. Unbesehen des Materials, das durch andere Transportmittel angeliefert wird, schafft allein die deutsche Reichsbahn täglich rund 8 000 Eisenbahnwaggons. Der Gesamtverbrauch an Kies beträgt täglich über 100 000 Tonnen. Die deutsche Westbefestigung wird noch vor Einbruch des Winters vollkommen fertig sein. Ihre Abwehrkraft ist schon jetzt vollen Ausmaßes gesichert. Nach ihrer Vollendung umfaßt sie insgesamt über 17 000 Panzer- und Betonwerke."

In dem Zitat steht das Wort „Abwehrkraft". Die Menschen im Grenzland hörten es gerne, daß die Riesenanlage nur für den Verteidigungsfall gedacht sei. Weil nämlich Verteidigungsbereitschaft Krieg weit eher verhindert als befördert, glaubte man den Kopf in gute Ruhe legen zu dürfen. Und er konnte gar nicht genug verhindert werden, dieser Krieg, da man vom kaum zwanzig Jahre zurückliegenden letzten Krieg noch die Augen voller Tränen und das Herz voller Weh hatte.

Kernstück des Westwalls waren die erwähnten Betonbunker, die mit Stahltüren und zum Teil mit Panzertürmen ausgestattet waren. Sie wurden in dreierlei Größe und Armierung gebaut: mit größtem Aufwand bei den (wenigen) A-Werken, in etwas geringerer Stärke, aber immer noch mit mindestens zwei Stockwerken und Panzerkuppel, bei den B-Werken. In den weitaus meisten Fällen handelte es sich um C-Werke in Kasemattenzuschnitt und mit Maschinengewehr.

Bei allen drei Typen wurde großer Wert auf Tarnung gelegt, so daß z. B. Bunker nach außen als Familien- oder Gartenhäuschen erschienen.

An leicht zugänglichen Geländepartien, die sich für Panzerdurchbrüche eigneten, wurden sogenannte Höckerlinien errichtet, von denen ebenso wie von Bunkern Reste bis auf den heutigen Tag zu sehen sind, z.B. bei Großkampenberg.

Die Bunker boten der Mannschaft weitgehenden Schutz vor Feindeinwirkung. Aber ein Problem waren und blieben die Abwehrmöglichkeiten auf dem Gelände zwischen den Bunkern. Wie sollte man einem Gegner beikommen, der das Bunkervorfeld überwunden hatte und nun in oder

Bunkerbau 1938, hier bei Leidenborn

schon hinter der Bunkerreihe stand, wohin die Besatzung keine Schußmöglichkeiten hatte. Dieses Problem, das bei der Maginotlinie noch stärker zu Buche schlug, trug in der Stunde der Bewährung wesentlich zum Scheitern beider Systeme bei: der Maginotlinie 1940 vor dem deutschen, des Westwalles 1944/45 vor dem amerikanischen Ansturm.

Von Basel bis in den Raum Aachen kontinuierlich verlaufend bedeutet nicht, daß der Westwall überall die gleiche Dichte und Tiefenstaffelung gehabt hätte. Generell stärker bestückt war er in jenem Abschnitt, in dem Frankreich und Deutschland direkt aneinandergrenzen: in der Pfalz und entlang der Saar. Gegenüber dem alten Einfallstor von Frankreich nach Deutschland und umgekehrt bei Weißenburg wurden gleich mehrere Bunkerlinien mit einer großen Zahl von B-Werken angelegt. In der

Eifel hingegen prägten hauptsächlich C-Werke das Bild, weil man davon ausging, daß die Nachbarstaaten Luxemburg und Belgien sich im Kriegsfalle für neutral erklären würden.

Zwei Stellen waren aber auch in diesem Abschnitt stärker ausgebaut: der Raum Brandscheid am Fuße der Schneifel als Zugangsareal nach Prüm und die Talhänge um Irrel zur Abschirmung des Weges nach Bitburg (Panzerwerk Seeckt, heute Katzenkopf). Der Grenzstreifen entlang Schneifelkamm und der Linie Brandscheid Habscheid wurde nicht in die Befestigungszone mit aufgenommen. Aus Gründen einer verkürzten und begradigten Front wurden die hier gelegenen Grenzdörfer zum Westwall-Vorgelände erklärt.

Dem ganzen angefügt war landeinwärts noch eine „Luftverteidigungszone West" mit

Flakbunkern bis zu fünfzig Kilometern von der Grenze entfernt.[35]

Rechnet man in dieses Bild noch die vielen Verwaltungsstellen, „Pionierstäbe", Vorrats- und Ersatzteillager, Werkstätten und Kraftwagenparks mit ein, so kann kein Zweifel daran sein: Es war ein ungeheures Ereignis, ein Schicksal in Großdimension, das mit dem Westwallbau über das Land an der Grenze hereinbrach. Damit eröffnet sich nun der Blick auf das Echo - äußerlich wie innerlich -, das dieses Schicksal bei den in nahezu weltentrückter Abgeschiedenheit lebenden Eifelbewohnern auslöste.

Gesprengtes und zum Museum umgestaltetes „Panzerwerk Seeckt" bei Irrel - heute „Katzenkopf".

c) Schatten

Es darf kein Zweifel daran aufkommen: So wie Hitler den Westwallbau befahl und seinen Zweck bestimmte, war an dem Riesenwerk kein gutes Haar, lagert darauf nur Schatten. Wenn auch noch so sehr als Verteidigungslinie gepriesen, in Wahrheit diente der Westwall aggressiven Zielsetzungen. In den Jahren 1938/39 sollte er Hitlers Zugriffe auf die Tschechoslowakei und auf Polen gegen Entlastungsangriffe der Westmächte Frankreich und England absichern, und 1940 wurde er gar selbst Basis und Rückhalt großer Aggression: beim Schlag im Westen gegen Frankreich und die Beneluxländer. Doch auch unabhängig von solcherart Schatten bescherte der Westwallbau der Grenzregion erhebliches Ungemach.

Bis zum 1. September 1939 waren entlang der Grenze, ohne Luftverteidigungszone West, 14275 Betonwerke erstellt, die Zahl wuchs bis Mai 1940 auf rund 18000 an. Dazu gesellten sich ca. 250 Kilometer Höckerlinie und 90 Kilometer Panzergräben.[36] Das bedeutete einen massiven Eingriff in die Landschaft, legte große Ackerflächen lahm, an Obermosel, unterer Saar und in der Pfalz auch Wingertgelände, und hatte schwere Schäden für die Forstwirtschaft zur Folge. Das Gelände wurde für billiges Geld aufgekauft, bei Widerstand seitens der Besitzer auch kurzerhand enteignet.[37] Siedlungs- und Wohngebiete, alles, was sich an zivilen Einrichtungen und Gegebenheiten vorfand, mußte zurückstehen; viele Betriebsflächen waren überhaupt nicht mehr, andere nur noch unter erschwerten Bedingungen zugänglich, mit Ausfall oder entsprechender Minderung der Erträge für die Eigentümer.

Und diese Befestigungsanlagen blieben Belastung, in vielen Fällen bis auf den heu-

Gesprengter Bunker bei Eschfeld.

Explosionskatastrophe in Prüm, Juli 1949.

tigen Tag. Als 1944/45 die anglo-amerikanischen Invasionsarmeen auf deutsches Gebiet vordrangen, trugen die Bunker dazu bei, daß die Kämpfe länger und heftiger und die Zerstörungen größer waren, als sie es sonst wohl gewesen wären. Gleich nach Kriegsende wurde von den Besatzungsmächten die Sprengung der Bunker verfügt, und das brachte weitere Schäden mit sich: durch die Wucht der Explosionen und vor allem dadurch, daß sich nun Betonbrocken über weite Flächenanteile ausbreiteten. Die zum Teil steil aufragenden Trümmerwände hatten zudem einschlägig mit Landschaftsästhetik zu tun und stellten an eine Beseitigung so hohe Kosten- und Arbeitsanforderungen, daß Reste bis heute erhalten sind. Das trifft vor allem auf die Eifel zu, wo sich bei oft wenig ergiebigen Böden die Rentabilitätsfrage besonders nachdrücklich stellte und stellt.

Besonders tragisch war in diesem Zusammenhang das Schicksal der Stadt Prüm. In einem großen Stellungssystem im dortigen Kalvarienberg wurden riesige Mengen Sprengstoffe für die Bunkersprengungen gelagert, Stoffe, die am 15. Juli 1949 in Brand gerieten und zu einer gewaltigen Explosion führten. Die schon durch den Krieg bis ins Mark getroffene Stadt wurde nun aufs neue mit Trümmern übersät.[38]

Noch fortbestehende Befestigungsabschnitte haben inzwischen eine Art Denkmalcharakter erlangt, sie sind immer wieder Studienobjekte, nicht selten ganzer Schulklassen, zur Spurensuche in die Vergangenheit. Noch positiver klingt die Nachricht, daß gerade in schwer zugänglichen Trümmernischen viele vom Aussterben bedrohte Tierarten Unterschlupf gefunden haben.[39]

Zur Belastung wurde während der Bauzeit insbesondere das Aufgebot an Fahrzeugen,

das einer verkehrsmäßig so wenig erschlossenen Region ganz und gar unangemessen war. Lastkraftwagen und Omnibusse in Stückzahlen und Abmessungen, wie sie beim Straßenbau in diesem Raum nicht entfernt vorgesehen waren, setzten nun den Straßen zu und behinderten den zivilen Verkehr. Da blieb kaum eine Häuserecke oder ein Gartenzaun an der Straße ohne Beschädigung, zumindest trugen sie „Schürfwunden" davon. Zur Abhilfe wurden mancherorts Straßen erneuert oder auch neue angelegt, die dann noch viele Jahre die Bezeichnung „Westwallstraßen" trugen.

Bei allem, was sonst noch zum nachfolgenden Punkt zu sagen sein wird, brachte auch der enorme Arbeiterzustrom Belastungen mit sich, vor allem in Gestalt von Einschränkungen. In Spitzenzeiten befanden sich mehr als eine halbe Million Arbeiter im Einsatz, und diese waren in einem relativ schmalen Grenzstreifen mit nur geringer Aufnahmekapazität unterzubringen.[40] So mußten nicht selten vorübergehend Wirtshaussäle, ja Schulräume herhalten mit entsprechenden Ausfällen im öffentlichen und geselligen Leben, z.B. an Kirmes, an der für den belegten Tanzsaal ein Tanzzelt aufgeschlagen werden mußte. Etwa die Hälfte der Arbeiter, darunter so gut wie alle „gehobenen" Chargen wie Vorarbeiter, Poliere, Schachtmeister usw., wohnten in Privatquartieren, und als solche stellten sich um ein Drittel der Haushalte zur Verfügung.[41] Negativ schlug dabei zu Buche der eingeengte Wohnraum im Haus, ferner daß man nicht mehr so unter sich war, daß für Logis einwandfreie Bettwäsche und für die Beköstigung anspruchsvollere Kochkünste aufgebracht werden mußten.

Dabei durfte man es den Arbeitern nicht nur zum Vorwurf machen, wenn sie nicht immer die freundlichsten waren. Nur ein geringer Prozentsatz von ihnen weilte freiwillig in der Eifel, die allermeisten waren dienstverpflichtet, nicht wenige, die daheim Frau und Kinder hatten. Was konnte ihnen da das Westeifeldorf an Entschädigung oder auch nur an Zerstreuung bieten, verglichen mit den städtischen Lebensräumen, aus denen sie hauptsächlich kamen. Was konnte das Dorf zu ihrer Aufmunterung beitragen angesichts einer Arbeit, die zuweilen schwer, auf jeden Fall für die meisten langweilig und eintönig war.

Andererseits gehörte es zur Identität dieser Menschen, je älter sie waren um so mehr, daß sie festgefügte Einstellungen und Verhaltensweisen mitbrachten, die von denen ihrer Quartiergeber vielfach abwichen, ja nicht selten für diese zum Ärgernis und damit zu einer weiteren Last wurden. So erregte es im Westeifeldorf immer wieder Anstoß, daß im Dorf nun so viele Menschen lebten, die über dienstfreie Sonntagvormittage verfügten und doch an keinem

Angehörige des Reichsarbeitsdienstes (RAD) auf Wache bei Kesfeld.

Höckerlinie zur Abwehr von Panzerangriffen.

Gottesdienst teilnahmen. Erst recht war man befremdet, wenn ebendieselben am Sonntagnachmittag oder -abend bei geselligen Veranstaltungen im Dorf ein Verhalten an den Tag legten, das dem anständigen Betrachter, wie man meinte, die Zornes- und Schamröte ins Gesicht treiben mußte.

In der Tat waren unter diesen „Gästen" nicht wenige aus jenen Gesellschaftskreisen, in denen wie Faust und Messer, auch Trinkfreude und sexuelles Lustbegehren locker sitzen. Eine Quelle dazu: „Gaststätten, die bisher froh waren, hatten sie an einem Tag einen einzigen Kasten Bier umgesetzt, erfreuten sich jetzt eines Ausstoßes von bis zu mehreren Hektolitern im gleichen Zeitraum". „Die Bauarbeiter warfen mit Geld nur so um sich; sie waren ein ganz wildes Volk... , und denen saß die

Faust oft sehr locker. Da war was los hier im Dorf".[42]

In den Augen vieler Pfarrer braute sich hier Gefahr für das Seelenheil der anvertrauten Gläubigen zusammen, die Pfarrer antworteten mit sonntäglichen Buß- und Strafpredigten. Ihre Ahnung trog nicht; so „festgemauert in der Erden" Glaube und Moral bislang zu stehen schienen, im ländlichen Lebensgefüge traten nun an den Rändern und in bis jetzt überdeckten Enklaven auch weiter einwärts Tendenzen zutage, die von den überkommenen Maßgaben abrückten und Leichtlebigkeiten, ja „Gewerbe" förderten, von denen man vor kurzem noch kaum wußte, daß es sie überhaupt gab. Für besagte Pfarrer, aber auch viele andere, die sich für befugt hielten, über Anstand und Sitte zu wachen, handelte es sich hier sogar

Reger Autoverkehr in Prüm schon 1936

91

um einen besonders dunklen Schatten, der seinen Gipfel, wie man es sah, in der sprunghaft ansteigenden Zahl unehelicher Geburten erreichte.

Es hat wahrhaftig an Exzessen nicht gefehlt. Ob diese aber dazu berechtigten, diese Kinder von Westwallarbeitern pauschal als „Westwallkinder" zu klassifizieren und damit für Jahrzehnte ihres Lebens zu stigmatisieren, steht auf einem anderen Blatt und wird uns noch zu beschäftigen haben. Konnte hier nicht in Wahrheit auch die für die „gesamtkulturelle Rückständigkeit" entscheidend mitverantwortliche Moralauffassung von damals einen Gipfelpunkt erreicht haben? Bei der in Anspruch genommenen Sittenstrenge war ohne Zweifel ein gerüttelt Maß eigener Beschränktheit mit im Spiel, ein Vorurteil, das diesen Müttern wie ihren Kindern wichtige Entfaltungschancen vorenthielt.

Doch auch mit solchem Übel noch nicht genug. Schließlich lastete bei allen Defensivbeteuerungen auf dem Westwallbau gleichwohl immer wieder die Angst der Anwohner vor Krieg. Schon im September 1938 schien es im Zusammenhang mit der sogenannten Sudetenkrise soweit zu sein; die Gefahr wurde durch die Münchener Konferenz der europäischen Großmächte vom 29. September 1938 in letzter Minute noch einmal gebannt. Englands Premierminister Neville Chamberlain glaubte gar, daß der Friede „für unsere Zeit" gerettet sei. Doch die Leute von der Grenze sahen Grund zur Skepsis. Wurde doch am Westwall mit höchstem Einsatz weitergebaut. Warum eigentlich, wenn sich die Staatslenker auf Frieden geeinigt hatten! Mit Hitlers Einmarsch in die Tschechoslowakei am 15. März 1939 war die Geduld der Westmächte erschöpft. Zug um Zug wurde das „Bollwerk" entlang der Westgrenze nun

zum Menetekel für Krieg, alles in allem für die Bewohner also nicht zum Quell von Sicherheit und Licht, sondern weit eher zu einer Wand, die dunkle Schatten warf.

d) Technik und neue Arbeitswelt

Doch so erstaunlich es klingen mag, bei näherem Hinschauen zeigt sich: Von niemandem geplant, von niemandem arrangiert, rein als ungewollte Nebenwirkung schimmert für die Westeifel durch die Schatten eine Morgenröte hindurch, die Aufbruch und Hoffnung verheißt. Sie markiert den in unserem Zusammenhang so wichtigen Einschnitt in der Geschichte der Region, der die Bewohner erstmals wenigstens erahnen läßt, was es mit „Fortschritt", besserem Auskommen, höherer Lebensqualität (natürlich noch nicht unter diesem Namen) auf sich hat. Es geht um jenes Ereignis, das im Land an der Grenze die sogenannte Moderne, wenn schon nicht einläutet, doch immerhin anläutet, das den Blick über den Tellerrand hinauslenkt und erste Umrisse von Selbstbestimmung und personaler Eigenverantwortung freisetzt. Das Ereignis auch, das in das eherne Gleichmaß dörflicher Tagesabläufe Spannungsmomente bis zu lokalen Sensationen einfließen läßt. Beispiel dafür ist schon jener mit Kies beladene Schwerlaster, der im „Knieberg" zwischen Neuhaus und Sinspelt gegen einen Straßenbaum fuhr und umkippte. Alle Männer der näheren Umgebung „mußten" das Unfallfahrzeug gesehen haben.

In der üblichen Sichtweise ist von dem so akzentuierten Einschnitt bestenfalls am Rande die Rede. Um so mehr macht die vorliegende Darstellung ernst damit, daß langfristig nicht Betonbunker und Höckerlinien das nachdrücklichste Erbstück der Westwallzeit sind, sondern dieser Sinneswandel der Bewohner, die anhebende Umpolung auf einen umfassenden Neubeginn.

Wir erinnern uns: In ihrer elementaren Schicht sind die Prädikate „fortschrittlich" und „rückständig" an die Frage geknüpft, ob Menschen sich angemessen ernähren können und auch sonst entsprechend örtlichen und zeitlichen Umständen und Möglichkeiten ein optimales Auskommen haben. Um in diesem Punkt mithalten zu können, hätte sich die Eifel - landwirtschaftlich ausgerichtet, wie sie war - von Anbeginn dem Maschinen- und Kunstdüngerzeitalter öffnen müssen. Selbst wo sich Ansätze dazu abzeichneten, waren sie halbherzig, gleichsam mit Vorbehalt versehen. Die Anti-Haltung der katholischen Kirche gegen Wandel allgemein und den durch die „technologische Zivilisation" repräsentierten im besonderen, verbunden mit dem Gedanken eines ehrfurchtgebietenden Widerscheins Gottes in der Natur, behielt die Oberhand. Doch dann geschah es buchstäblich von einem Tag auf den anderen: ohne Vorinformation und ohne daß jemand gefragt wurde, zog mit den Arbeitermassen auch eine bislang nicht erahnbare, hochmoderne Welt der Technik ins Land ein, neben dem erwähnten Fahrzeugaufgebot Schaufelbagger, Förderbänder, Preßlufthämmer und -bohrer, motorgetriebene Betonmischer, Feldbahnen mit Kipp-Loren.[43] Persönlich bekam ich einen ersten Eindruck von dem entfesselten Aufwand an einem Sonntagvormittag Anfang Juli 1938, als mein Vater per Fahrrad mit mir nach Neuerburg aufbrach, um mir dort den Bahnhof zu zeigen, möglichst mit Zug, und anschließend in der Pfarrkirche St. Nikolaus an der Messe teilzunehmen. Kaum daß wir in Sinspelt auf die sogenannte Provinzialstraße nach Neuerburg eingebogen waren, kamen uns Kolonnen schwerbeladener Militärlastwagen entgegen. Mitunter stiegen wir vom Fahrrad ab, weil die Straße zu eng schien. Von „Zügen" war im Bahnhof nur eine kleine Rangierlok zu sehen, dafür aber neben den beiden Gleisen ein aufgetürmter Berg von ausgeladenen und weiterzubefördernden Geräten und Materialien.

Zwar noch Kind, war ich in meiner inneren Einstellung und Gestimmtheit, wie ich glaube, repräsentativ für viele andere. Auf der einen Seite packte mich Angst bis zum bewegenden Westeifeler Flehensruf: „O Härgott, stieh ihrs bei!" (O Herrgott, steh uns bei!). Auf der anderen Seite geriet zugleich mein Blut in Wallung vor solcher Wucht, vor soviel Macht und perfekt organisiertem nationalen Einsatz, der die staunende Frage heraufbeschwor, was wohl noch alles an Großem und Überraschendem auf uns zukommen werde. Besonders beeindruckten mich die zahlreichen Dreiachser unter den Militärwagen, die fürderhin für mich den Gipfel von Lastwagen darstellten. Als Bub kam man nicht daran vorbei, sich die vielen Automarken und Autotypen einzuprägen, die nun plötzlich zwischen Ausladebahnhöfen und Baustellen über die bescheidenen, nur zum Teil asphaltierten, rechts und links mit Apfel- und Birnbäumen gesäumten Landstraßen dahinkrochen: Krupp, Büssing-Nag., Hanomag, Borgward, Mercedes-Benz, Magirus, dazu als wendiger Neuling der Dreitonner-Opel-Blitz. Dann die vielen Omnibusse für den Arbeitertransport, in der Mehrzahl ehemals gelb-, im Dritten Reich rotgestrichene Postomnibusse mit silberfarbigem Reichsadler an den Seiten, dessen Krallen auf einem Lorbeerkranz mit Hakenkreuz aufruhten. Wenige Jahre später, im Krieg, wurden sie mit grauer Tarnfarbe überzogen: die neuen 110-PS-Mercedes-Busse, die großen und schweren Magirusund Büssing-Nag.-Gefährte und die schwerfälligen 90-PS-Exemplare von Krupp.

Solche auf Umbruch und Zukunft ausgespannten Gefühle konnten und sollten die gekennzeichneten Lasten nicht überspielen. Aber sie schufen ein Klima, in dem Wandel und respektloser Eingriff in die Natur nicht mehr so unvermittelt und absolut verwerflich erschienen. Es kam kein Blitz vom Himmel, der diesen Gottesfrevlern und Naturschändern, wie die für den Westwallbau Verantwortlichen nach dem Glauben der Bewohner eigentlich hätten heißen müssen, Einhalt geboten hätte. Im Gegenteil, diese Verantwortlichen waren nicht irgendwelche Privat- oder Geschäftsleute, sondern die Führungsmannschaft einer europäischen Großmacht, deren oberster Führer wenige Monate zuvor durch die Eingliederung Österreichs in das Deutsche Reich eine nahezu hundertprozentige Zustimmung, auch seitens der Bischöfe, erhalten hatte (bei der Wahl im April 1938). Konnte da der

Festungsbau entlang der Grenze nur abwegig sein, auch wenn dunkle Schatten auf ihm lasteten und das Regime überdies wegen seines Kirchenkampfes im Zwielicht stand?

Besänftigenden Erwägungen dieser Art kam gleichfalls entgegen, daß das Gebot zur Bewahrung der Natur nicht auf Argumenten im Sinne heutigen Umweltschutzes beruhte, sondern philosophischer Spekulation und theologischer Glaubensaussage entsprang. Bezüglich der uns heute bedrängenden Sorge, daß die Natur überlebe, galt damals noch der Satz des großen französischen Philosophen und Pädagogen Jean Jacques Rousseau: „Die Natur ist unbesiegbar".[44] Um ihren Bestand zu wahren, brauchte man also aus damaliger Sicht selbst bei Mammutunternehmungen wie dem Westwall auf Naturabläufe keine Rücksicht zu nehmen. Hieß das dann im Blick auf moderne Technik und Industrie nicht, daß sich der positive Wert von soviel Hilfe und Arbeitserleichterung für den Menschen von selbst verstand?

Frische junge Arbeitsdienst-Männer beim Ausmarsch am Westwall.

Besonders hoffnungsvolle Ansätze für einen so ausgerichteten Bewußtseinswandel mit entsprechender Lockerung der Bindung an die bisherigen Maßgaben zeichneten sich in der Berufs- und Arbeitswelt ab. Es war ein für die Region günstiger Umstand, daß erste Adressaten bei der Vergabe von Bauaufträgen die einheimischen Firmen waren, die dadurch buchstäblich noch den letzten Arbeitslosen im Dorf von der Straße weoholen konnten. Und wieviele Firmen wurden damals im heimischen Raum neugegründet: Straßenbau-, Steinbruch-, Fuhrunternehmen, Maurer-, Gaststättenbetriebe. Auswärtige Firmen, die ihre Arbeiter mitbrachten, wurden in dem Maße verpflichtet, wie die ortsansässigen nicht ausreichten, und das war nach Hitlers Befehl zum „verstärkten und beschleunigten Ausbau der deutschen Westbefestigung" vom 28. Mai 1938 von der ersten Stunde an der Fall. Wenn auch landwirtschaftlich orientiert, hatte doch auch das Eifeldorf seine Arbeitslosen. Meist waren es Angehörige der sogenannten unterbäuerlichen Schicht, die bis zu einem Viertel der Einwohnerschaft ausmachen konnte und Leute umfaßte, die noch gerade ein Dach über dem Kopf hatten, oft ohne Schulabschluß waren und als Tagelöhner, Gelegenheitsarbeiter oder auch durch Betteln sich und die Ihren sehr viel mehr schlecht als recht über Wasser hielten. Selbst sie als Ungelernte wurden nun gebraucht, und sie verdienten beim Bunkerbau ein Mehrfaches des Lohnes eines Knechtes auf dem Bauernhof. Das war für viele Knechte das Signal, auch ihrerseits zum Westwall zu gehen, mitunter schlossen sich ihnen sogar mitarbeitende Familienangehörige an, beide Male mit der Folge, daß in den landwirtschaftlichen Betrieben schwer schließbare Lücken entstanden.[45]

Die Einkünfte ließen sich für die Einheimischen weiter steigern durch die Ableistung von Gespanndiensten, etwa mit dem Jauchefaß zum Wassertransport an die Baustellen. Ganz besondere Gewinne winkten denen, die Besitzer eines Lastkraftwagens waren oder den Wagemut hatten, es nun zu werden. Für LKW-Fahrer wurden Preise bezahlt, die in ihrer Höhe bislang kaum vorstellbar waren. Nimmt man da die enormen Umsatz- und Einkommenssteigerungen bei Gastwirten und dörflichen Gemischtwarenhändlern noch hinzu, so ist der Befund eindeutig: Ein bis dahin armes, zurückgebliebenes Land stand im Begriff, mit Macht aufzuholen und ein neues Selbstverständnis zu entwickeln, nicht zuletzt auch durch Herausbildung neuer Gewerbe und Berufszweige, etwa auf dem Sektor Kraftfahrzeugtechnik und Reparaturwerkstätten.

Die langfristig nachhaltigste Akzentverlagerung zeichnete sich aber im Positionsbewußtsein der Frauen ab. Kost und Logis für die Westwallarbeiter waren ihr Zuständigkeitsbereich, und die RM 2,50 pro Mann und Tag als Entgelt dafür durften sie sich zurechnen, zuzüglich in vielen Fällen noch Entlohnungen für Wasch- und Bügeldienste.[46] Erstmalig in dieser obendrein auch noch stark patriarchalisch ausgerichteten Gesellschaft trat die Landfrau nun nicht nur mit eigenem Gesicht, sondern auch mit eigenerbrachter und separat abgerechneter Leistung hervor, erste Anfänge eines auf Fremdenverkehr angelegten Dienstleistungsgewerbes in der Region.

Schlüsselwort für alle diese Umschichtungen und Verlagerungen war das Wort Bargeld. Wenn auch nicht im Sinne von Urheberschaft, so doch aufgrund beherzt ergriffener Chance ließ man das nun fließende Bargeld sich entfalten, insbesondere auf jene schon einmal skizzierten Leistungen hin, die inzwischen kein Treueschwur auf Tradition und veränderungsfreien Bestand mehr als verfehlt oder entbehrlich klassifizieren konnte. Selbst wenn dadurch diese Treue aufgeweicht wurde, man genoß es nun auch in der Eifel, der nächsten Stromrechnung gelassen entgegensehen zu können. Jetzt endlich war eine Frischfleischmahlzeit vom Metzger erschwinglich und konnte man sich Gebrauchsdinge und Gerätschaften zulegen, an die vor kurzem noch kaum zu denken war: ein zweites Fahrrad für die Familie, eine Uhr, Füllfederhalter, Gebetbuch mit Goldschnitt, doppelte Sonntagskleidung, Matratzen fürs Gästebett, vielleicht sogar einen Volksempfänger-Radioapparat von RM 35,- oder RM 62,-. So knapp die Zeit auch war, die noch bis zu den Rationierungsmaßnahmen der Kriegsjahre verblieb, sie reichte aus, um mir drei Erstlingsgenüsse zu verschaffen, mit denen es dann aber auch für lange Zeit sein Bewenden hatte: den Geschmacksgenuß von Speiseeis, Coca Cola und Bananen. Es dauerte volle zehn Jahre, bis ich solche Kostbarkeiten zum zweiten Mal und dann in Folge genießen konnte.

Mit besonderem Nachdruck bleibt schließlich noch der Szenenwandel in der ärztlichen Versorgung zu erwähnen. Es war von einem „ganzen Kosmos von Schutzpatronen" die Rede, die der Bauer als Schutz und Abhilfe bei Krankheit an seiner Seite wußte. Hinzu kamen noch Pakete und Bündel von Heilkräutern, die durchs Jahr hindurch gesammelt und im Bedarfsfall zur Anwendung präpariert wurden, nicht selten in Verbindung mit hausgebranntem Schnaps, dessen hochprozentiger Vorlauf („Vorschuß") bei allen möglichen Molesten als Einreibemittel diente. Auch wenn die Bewohner nicht selbst auf diese Arzneien geschworen hätten, es standen ihnen keine anderen zur Verfügung, für ärztlich verordnete fehlte ihnen das Geld. So erwiesen sich ärztliche Behandlung und erst recht

Krankenhausaufenthalt als kaum lösbare Probleme; der anfallenden Kosten wegen mußte man beides bis zum äußersten Punkt hinausschieben. Krankenversicherung und Gesundheitsvorsorge waren für diese dörflichen „Freiberufler" vorerst reine Utopie. Fielen dann bei längerer Krankheitsdauer unerwartet hohe Kosten an, mußte dafür nicht selten ein Stück Vieh oder gar ein Stück Land verkauft werden, eine Schädigung des Betriebes mit zuweilen ruinösen Folgen. Dabei wäre auch schon der Beitrag zur Krankenversicherung eine finanzielle Überforderung gewesen.

Auch in diesem menschlich so unmittelbaren Bereich zeichnete sich also mit der Westwallzeit eine Morgenröte ab. Wer beim Festungsbau in Dienst trat, wurde krankenversichert, und wer Einkünfte aus Kost und Logis bezog, konnte sich ärztliche Behandlung nun auch in minder akuten Fällen leisten, vielleicht sogar beim Zahnarzt eine Zahnsanierung vornehmen lassen. Dabei dauerten die Gebets-, ja Pilgergänge zu bestimmten Gesundheitsheiligen fort, doch wurde nun im praktischen Verhalten zugleich kundgetan, daß der Wandel zur Moderne keineswegs den ihm unterstellten Abfall bedeutet. Schon der durch moderne Chirurgie von stechendem Schmerz und tödlicher Bedrohung befreite Blinddarmpatient stand dafür, daß aktive Eingriffe in Naturabläufe sehr wohl einen höheren Grad menschlichen Wohlergehens anzeigen können. Bislang blieb in einem solchen Falle nur die Feststellung, daß der von Schmerz Gepeinigte „d'Bußischt" („Bösartigkeit") habe und wohl bald sterben werde.

Es bleibt für uns bei der tiefdunklen Gesamtperspektive schon aus dem Blickwinkel von damals, ganz zu schweigen von den Einwänden, die heute im Namen von

Umweltethik und Friedensforschung zu erheben wären. Selbst wer am Westwallbau reich wurde, war damit keineswegs schon über die Runden. Denn, so eine Quelle, „mancher Geschäftsmann oder Unternehmer legte sein junges Vermögen in Liegenschaften in größeren rheinischen Städten an, nicht ahnend, daß es ihm die Kriegsfurie noch schneller entreißen sollte, als er es erworben hatte"![47]

Aber dadurch werden die dargelegten Einzelaspekte nicht einfach hinfällig. Vielmehr bezeugen sie die Vielschichtigkeit von Lebenssituationen und der darin eingebundenen menschlichen Empfindungen. Da können sich sehr wohl Angst und Trauer mit Hoffnung, wehmütige Endzeitstimmung mit einem „Gefühl des Morgendlichen" (Otto F. Bollnow), krumme Linien mit gerader Schrift verbinden, ohne daß es jemand so geplant und gefügt hätte. Selbst wo der angehäufte Reichtum wieder zerfloß, blieb die Erinnerung an seinen Erwerb ein Kapital, das dazu ermutigte, in ein erfolgreiches Management beim Wiederaufbau nach dem Kriege einzusteigen und damit dem Wirtschaftswunder der fünfziger und sechziger Jahre freie Bahn zu eröffnen.

e) Kulturelle Anregungen

Trotz Kriegsangst, Behinderungen durch den enormen Straßenverkehr und Einschränkungen im Haus durch Zimmervergabe, trotz auch der großen Schäden und Ernteausfälle in der Feldflur gingen von der Westwallzeit auch kulturelle Impulse auf die Grenzbevölkerung aus. Wie es in der Region um das kulturelle Niveau bestellt war, wurde schon ausführlich dargetan mit bedrückenden Befunden insbesondere zu Reinlichkeit und Hygiene. In letzterer Hinsicht spielte das Zusammenleben mit

den Fremden nur insofern eine Rolle, als man an diesen zuweilen eine bewußtere Körperkultur feststellen konnte. Der Schwerpunkt entwicklungsfördernden Geschehens konzentrierte sich darin, daß die politische Führung die Arbeiter möglichst bei Laune halten wollte. Wie schon gesagt, waren weitaus die meisten nicht aus eigenem Antrieb in dieses abgelegene Land gekommen, das an Kurzweil und Zerstreuung von sich aus herzlich wenig bot. Federführend bei diesem Betreuungspart war die von Robert Ley geführte „Deutsche Arbeitsfront", deren Einsatz am 16. Juni bei einer Konferenz auf der Ordensburg Vogelsang in der Eifel geregelt wurde. Es ging um eine ganze Palette von Veranstaltungen, zu denen - und darauf kommt es in unserem Zusammenhang an - auch die einheimische Bevölkerung freien Zutritt hatte.

In den großen Barackenlagern war für diese Veranstaltungen ein riesiger Gemeinschaftsraum eingerichtet, in Pronsfeld zum selben Zweck ein eigenes Zelt aufgeschlagen.[48] An erster Stelle, weil am leichtesten zu arrangieren, standen Filmvorführungen. Heute das Alltäglichste vom Alltäglichen, waren laufende Bilder für die Landleute in der Eifel damals noch eine brandneue Sensation. Ich sah die ersten 1937 als Drittkläßler in der Schule, als dort ein Stummfilm über das Märchen „Von einem, der auszog, das Fürchten zu lernen" geboten wurde. Da waren die Schulkinder fast im Vorteil, denn ich wüßte nicht, wer von den Erwachsenen in der Pfarrei so etwas schon gesehen hatte. Abermals für die Schüler folgte 1938 (genau an Peter und Paul, 29. Juni) der erste Tonfilm, an den ich mich erinnere. Er trug den Titel „Wolkenstürmer" und hatte eine Fliegerkarriere mit eingefügter kleiner Liebesgeschichte zum Inhalt. Letztere ist mir wohl deshalb in Erinnerung geblieben, weil Lehrer und Lehrerin beim

Vorlesen eines einführenden Begleittextes so sonderbar schmunzelnd das Gesicht verzogen, als von einem Kuß die Rede war. An die „Wolkenstürmer" schloß sich noch ein Propaganda-Kurzfilm über die wiedererstandene deutsche Wehrmacht an.

Mit Beginn der Westwallzeit waren dann die Erwachsenen an der Reihe, wobei am Sonntagabend zwischen Wohnort und Ort der Aufführung für sie mitunter sogar einer der vielen Westwallbusse verkehrte. Thematisch wurden hauptsächlich rührende Heimatfilme aus den Bergen geboten, die dann auch entsprechende Tränenströme auslösten. Doch auch das war noch ein Blick über den eigenen Tellerrand hinaus, die Konfrontation mit Lebensumständen und Lebensweisen, die immerhin deutlich machten, daß hinter dem Berge auch noch Menschen wohnten. Bei der geschilderten Notlage auf dem Buchsektor wäre eine solche Botschaft durch Lektüre an so viele Menschen nicht zu vermitteln gewesen. Mochten da die Ansprüche an den Zuschauer noch so bescheiden sein, mit einem Film über Krieg zur See, wie er kurz vor Weihnachten 1938 gezeigt wurde, konnten es die Rührstücke allemal aufnehmen.

Übrigens wurde der Filmdienst für die einheimische Bevölkerung bis weit in die Kriegsjahre hinein fortgesetzt, nunmehr seitens der Kreisleitung der NSDAP durch einen Beauftragten der Gau-Propaganda-Zentrale. Die Filme dienten der Erhaltung und Festigung der Kriegsmoral, selbst da, vielleicht sogar gerade da, wo sie heile Friedens- und Naturwelten vorgaukelten (z.B. "Wetterleuchten um Barbara"). Zwischendurch gelangten aber auch Streifen zur Aufführung, die mir bis auf den heutigen Tag kostbare Vermächtnisse sind: „Dr. Robert Koch", das Mozart-Künstlerporträt

„Wen die Götter lieben", der Märchenfilm „Das tapfere Schneiderlein".

Sehr viel einnehmender und anregender als Kinoprogramme waren für Arbeiter und erst recht für Einheimische Varieté-Veranstaltungen und - so eine zeitgenössische Quelle - „Auftritte bekannter Künstler aus ganz Deutschland, desgleichen Darbietungen von Komikern und Artisten von Weltruf".[49] Wir sahen es schon: Auch das Eifeldorf hatte sein Kulturleben - dank Kirchenchor, Musikverein, Laienspielgruppe. Aber es fehlte dabei der Maßstab künstlerischer Perfektion, der sich nun in diesen Vorstellungen darbot. Nicht als ob man Perfektion hätte nachahmen können oder sollen, dafür reichte nicht die Ausbildung und wohl in den meisten Fällen auch nicht die Begabung. Aber perfekte Darbietung originär miterlebt zu haben, war dazu angetan, eigenem Bemühen die Richtung zu zeigen und zu eigenem Tun zu ermutigen. Auf dem Transfer-Weg konnte dann geistig-künstlerische Horizonterweiterung Befangenheit auch in anderen Bereichen abbauen helfen, Marotten etwa wie die meines Onkels, auf abgeernteten Feldern noch der letzten Ähre nachzulaufen, während durch moderne Ackerbestellung vielleicht eine Ertragssteigerung um die Hälfte möglich gewesen wäre.

Bis zu einem gewissen Grade durchlässig wurden angestammte Meinungsbastionen schon durch Radioempfang, der allerdings - nicht zuletzt aus Kostengründen - nur sehr zögerlich ins Eifeldorf einzog. Mein Elternhaus war im Heimatdorf Niederraden das zweite Haus, in dem die Ätherwellen eingefangen wurden. Just am 20. April 1939 kam mein Vater mit dem Gerät an, Ausgabe letzter Hand des legendären Volksempfängers für RM 62,-, jetzt schon mit Hakenkreuzemblem und Adler auf der dunkel-

Weihnachten 1939
mit einquartierten
Soldaten.
Rechts neben dem
Christbaum der legen-
däre Volksempfänger.

braunen Außenverkleidung, mit beleuchteter Senderskala und drei (nicht mehr nur zwei!) Bedienungsknöpfen. Zum Senderwahl- und Laut/Leise-Knopf hatte sich noch eine sogenannte Antennenkopplung gesellt, durch die sich eine größere Trennschärfe der Sender erreichen ließ. Beim Wort Senderwahlknopf ersteht bis auf den heutigen Tag in meinem Geiste eine rötliche Pappscheibe, die, ab drittem Kriegsjahr an den Knopf geheftet, diese Aufschrift trug: „Wer Feindsender hört, ist ein Volksfeind, er wird mit Zuchthaus, in schweren Fällen mit dem Tode bestraft."

Die ersten Geräusche, die wir bei wunderschönem Frühlingssonnenschein aus dem Lautsprecher vernahmen, waren die Stechschritte und Militärkapellenklänge zur Riesenparade in Berlin zu Hitlers 50. Geburtstag. Doch neben tendenziöser Propaganda gab es ja auch noch Sportfunk, Landfunk, Kinderfunk und ein vorerst noch reichhaltiges Kulturprogramm, das für den aufgeschlossenen Eifelbewohner förmlich zum. Ereignis werden konnte. Ich wurde andächtig bis in die Seele hinein, als ich erstmals den Klang der englischen und französi-

schen Sprache vernahm, und ich mußte große Mühe aufwenden, um die einzelnen Sprachen richtig voneinander zu unterscheiden, vor allem am Abend, wenn die wählbaren Sender zahlenmäßig gewaltig zunahmen und sich ein Stimmenchaos einstellen konnte.

Und dann erst die Musik. Sie klang sehr anders und einstweilen sogar fremd gegenüber den bisher einzig gehörten, meist autodidaktisch erzeugten Klängen von Kirchenharmonium und Musikverein, den Klangfolgen auch beim Gesang des Kirchenchores. Und doch konnte diese Musik schon jetzt den Zuhörer ein wenig in eine andere, geheimnisvolle Welt entrücken, aus der ein begütigendes Licht auf den grauen Alltag fiel.

Das alles war Thema und Frucht eines Rundfunkempfanges, der vielleicht erst durch Bargelderlös aus dem Westwallbau möglich geworden war. Durch diesen Empfang noch verstärkt, entwickelte sich die Westwallzeit für die Westeifelregion nicht zuletzt zur sprachlichen Herausforderung und Anregung. Die Ausgangssituation ist uns bekannt: eine Bevölkerung, die bis auf ganz wenige „Zugereiste" von Hause aus moselfränkische Mundart sprach, erst in der Schule Hochdeutsch lernte, aber mangels Notwendigkeit, ja schon Gelegenheit zum hochdeutschen Sprachgebrauch sowohl in der Sprech- wie erst recht in der Lesefertigkeit vielfach erheblich zurückblieb. Im Radio hatte man nun täglich hochdeutsches Sprechen um sich, gepflegtes Hochdeutsch begegnete einem in den erwähnten Unterhaltungsprogrammen am Westwall, und selber hochdeutsch sprechen mußte man spätestens und auf jeden Fall mit den im Hause einquartierten Arbeitern. Diese wurden um so mehr zum sprachlichen Abenteuer, als sie auch ihrerseits dialektgefärbt sprachen und nicht selten aus sehr verschiedenen Sprachlandschaften kamen, in meinem Elternhaus zeitweilig Herr Feldmann aus Köln und Herr Schwind aus Chemnitz in Sachsen. Auch wenn einem für sich selbst nicht viel daran gelegen hätte, hier blieb den Einheimischen als Verständigungschance nur das Bemühen, über den angestammten „restringierten Sprachcode" hinauszugelangen.

Trotz Lasten also und Befürchtungen: auch bisher nicht dagewesene kulturelle Anstöße stellten sich als unbeabsichtigte Nebenwirkung der Westwallzeit ein. Abermals wurde daraus kein Durchbruch, aber immerhin eine sich andeutende Auflockerung, aus der heraus sich die Einheimischen leichter von Bevormundung aus der Vergangenheit abwenden und entsprechend gelöster neuen Aufgaben in der Zukunft zuwenden konnten. Für die Westeifel war es schon ein Gewinn, daß sie nun überregional zum Gesprächsthema avancierte, z.B. bei den Verwandten und Bekannten der Arbeiter, wenn diese daheim vom Bunkerbau in der Eifel erzählten. Trotz Dienstverpflichtung entwickelte sich bei längerem Aufenthalt sogar Zuneigung zu Land und Leuten bis hin zu dem Punkt, daß der in meinem Elternhaus untergebrachte Johann Backes aus Köln-Nippes uns Kindern aus seinem Weihnachtsurlaub 1938 eine Schienen-Eisenbahn mit aufziehbarer Lokomotive mitbrachte.

In die ganz große Öffentlichkeit gelangte die Westeifel im Mai 1939, als Hitler eine pompös aufgedonnerte Besichtigungsreise an den Westwall unternahm. Am 15. Mai berichtete die Reichspresse in Text und Bild von einer großen Gefechtsübung, die bei Leidenborn im Kreis Prüm vor des „Führers Feldherrnauge" ablief.

6. Kapitel: Aufbruch ohne Durchbruch

a) Moral auf dem Prüfstand

Die vielen Einheimischen, die, wie beschrieben, beim Unternehmen Westwall mitmachten, hatten ihre Bindung an den ihnen zu eigen gegebenen und von ihnen zu eigen genommenen „volksfrommen Katholizismus" schon gelockert. Türspaltweit hatten sie die Moderne bei sich eingelassen, angeregt durch ein Geschehen, wie es ihnen bislang nicht widerfahren war. Ein Bewußtseinswandel, zu dem sich die Menschen entlang der Grenze an Our und Sauer von sich aus nicht aufzuschwingen vermochten, wurde durch den Westwall von außen her initiiert. Dabei waren Einwirkung und Eindruck so nachhaltig, daß die überkommenen Abschottungsmechanismen nicht mehr voll mithielten. Dadurch wurde für die Bewohner ein Handlungsspielraum freigesetzt, in dem sie sich erstmals in dieser Form eine Eigenmaßgabe zuzutrauen begannen. Sie griffen bei dem Arbeits- und Kulturangebot zu und machten sich damit auf den Weg, den Entwicklungsrückstand der Region aufzuholen.

Als höchstes und letztes Ziel eines solchen Aufwärtsstrebens ist an allen einschlägigen Stellen dieses Buches die Erweckung des Menschen zu personaler Mündigkeit hervorgetreten. Begründung dafür: Erst in personaler Sicht enthüllt sich der Würdecharakter des Menschen und gewinnen jene Fähigkeiten Gestalt in ihm, deren die Welt heute mehr denn je bedarf. Und auch die Wegstruktur zu diesem Ziel, zunächst von uns nur im Umriß gekennzeichnet, hat in den vorangegangenen Betrachtungen konkretere Züge angenommen. Vor Augen stand uns das Bild einer seit langem sanktionierten, nicht weiter hinterfragten ländlichen Arbeitswelt, neben der sich nun fast über Nacht neue Arbeitsplätze auftaten.

Fröhliche Runde mit Arbeitsdienst-Männern.

Solches löst eine Relativierung der bisherigen Stellenlage aus, distanziert von ihr und führt zu einer gewissen Verunsicherung, wohin man sich wenden soll. Diese Verunsicherung gilt es zu überwinden, kritisches Abwägen ist gefragt bis hin zum Denkmodell der Gegensatz-Einheit wie wir es oben entwickelt haben. Solcherart selbstvollzogen, kann eine Entscheidung fallen, die relativ frei ist von Voreingenommenheit und Bevormundung, die persönlich erarbeitet und persönlich verantwortet wird. In der Tat, sie wurde genutzt, diese Verunsicherung als Appell an die Freiheit. Wie wir schon hörten, kehrten selbst mitwirtschaftende Angehörige dem heimischen Betrieb den Rücken und gingen am Westwall in Arbeit, trotz aller Engpässe, die der Weggang für Haus und Hof mit sich brachte.

Darin wiederum zeichnete sich ab: Die auf Arbeits- und Kulturleben bezogenen Orientierungen sind nur ein Ausschnitt neben einer Fülle von Leitlinien in den Bereichen Moral und Religion, wie wir sie unter den Themen „Religiöses Leben" und „Dorfpfarrer" kennengelernt haben. Die Reihe reicht von „Gelobt sei Jesus Christus" dem Pfarrer gegenüber bis zum Todsündenbekenntnis in der Beichte wegen sexueller Verfehlungen. Diese Maßgaben haben auch insofern besonderes Gewicht, als sie in andere Bereiche hinübergreifen. Den zu Reichtum gelangten Unternehmer fragen sie, ob er sein Geld redlich verdient hat, den Kinobesucher, ob der Film ihm nicht zur Versuchung geworden ist...

Allen diesen Geboten und Verboten, Anordnungen und Ritualen galt unser Einwand, daß sie „heteronom", fremdbestimmt und fremdbestimmend seien, den Bewohnern auferlegt, ihnen nicht zu eigener „mündiger" Stellungnahme anheimgegeben. Auch in diesem Punkt setzte die West-

wallzeit ein erstes gewichtiges Zeichen. Die vielen Fremden brachten, wie wir sahen, unterschiedliche Denkweisen und Verhaltensnormen mit, die von den Dorfbewohnern keineswegs nur begrüßt und willkommen geheißen wurden. In der Rückerinnerung hört sich das so an: „Freche Städter.... die Eltern fürchteten um die Entwicklung der Kinder..., die in der Eifel traditionelle Unterordnung hätte gefährdet werden können..., Überfremdung..., die Städter stellten zu hohe Ansprüche".[50] Wiederum sollen mit keinem Wort Exzesse gerechtfertigt werden, aber selbst diese trugen dazu bei, waren Impuls, daß neben wirtschaftlichen und kulturellen nun erstmalig in der Region auch religiös-moralische Alternativen zutage traten, und das nicht nur in der Theorie, als Darstellung etwa im Religionsunterricht. Vielmehr handelte es sich nun um ein Gegenüber von Mensch zu Mensch, von Angesicht zu Angesicht. Solche Unmittelbarkeit verleiht dem Aufeinandertreffen immer einen ganz eigenen Herausforderungs- und Verbindlichkeitscharakter, der selbst dann, wenn er formell mit Nein beschieden wird, im Neinsager einen Hauch von kritischer Selbstbesinnung entzünden kann.

„Kontraproduktivität" dieser Art ging nicht zuletzt von den erwähnten Buß- und Strafpredigten der Pfarrer aus. Je heftiger sie ausfielen, um so mehr legte sich beim Zuhörer der Gedanke nahe, daß es da doch wohl um Wichtiges gehe, dem man sich nicht von vornherein verschließen dürfe. Ähnlich verhielt es sich mit denen, die erst durch die Predigt von möglichem Fehlverhalten erfuhren, also gerade durch die Predigt „in Versuchung geführt" wurden. Gewiß lassen sich solche Befunde nur schwer eruieren und bestätigen, aber ich glaube sie aus bestimmten Indizien entnehmen zu können, an die ich mich erinnere, etwa aus Gesprächen über Themen, die bislang mit strengem Tabu belegt waren. Selbst im Kreis meiner Tanten tauchte ein solches Thema auf mit der Frage, wie es denn wäre, wenn es keinen Gott gäbe.

So weit reichte es nach meinem Eindruck allemal, daß Andersartigkeit und Abweichung nicht mehr so unmittelbar, so unbesehen und pauschal mit Minderwertigkeit, Verfehlung und Sünde in Verbindung gebracht wurden. Wenigstens als Frage scheint es in das Bewußtsein eingedrungen zu sein, daß doch nicht so viele Menschen nur auf Abwegen sich befinden könnten. Sollte man da nicht auch eine verengte eigene Sichtweise in Erwägung ziehen mit Hang zu Ideologie und Fanatismus - eine verengte Sichtweise der gesamten Verkündigung und Instruktion, wie sie einem widerfahren war? In der Erinnerung sehe ich mir vertraute Menschen wiedererstehen, bei denen ich sicher bin, daß sie damals erste Impulse auf Toleranz und Ökumene hin in sich verspürten, verbunden mit Respekt vor der Eigenkompetenz anderer Menschen auch dann, wenn man deren Auffassung selbst nicht zu teilen vermag.

Besonders kritisch stand es um solche Perspektiven auf dem Gebiet, auf dem sich die Katholiken schon immer schwer taten, im Bereich der Sexualmoral mit all den Vorschriften und Drohungen, von denen wir gehört haben. Unaufgeklärtheit, Unerfahrenheit, vielleicht auch ein durch Strenge erzeugter Stau wurden nicht eben vielen, aber doch mehr Mädchen vom Dorf, als man vermutet hätte, zur Versuchung, dem Werben der Fremden nachzugeben. Es war nicht immer erbaulich: Man liebte sich, wo immer es ein Plätzchen gab, zur Not auf dem Heimweg von der Tanzmusik im Straßengraben. Die erbarmungslose Reaktion darauf zeichnete sich schon ab:

Bei den Pfarrern war neben Seelsorge auch Humor gefragt.
Er hatte ihn: Pastor Wawer von Auw bei Prüm.

„Bootzig Fraalet" wurden sie genannt, unzüchtiges Frauengesindel, von dem man sich nicht genug abgrenzen konnte. („Bootzig" läßt sich nicht direkt übersetzen). Uneheliche Mütter aus ihren Reihen galten nun erst recht als „gefallene Mädchen", weil sie sich mit Fremden, meist auch noch Andersgläubigen, eingelassen hatten. In aller Regel verschwanden sie vor ihrer Niederkunft in eigens für sie eingerichteten kirchlichen Häusern. Ihre Kinder kamen kaum ans Licht der Öffentlichkeit, sie waren und blieben auf lange Zeit die geschmähten „Westwallkinder", von noch härteren Titulierungen abgesehen. Man darf fragen, ob hier nicht eben diesen Frauen das höhere Ethos vorbehalten blieb, indem sie tapfer trugen, was ihnen aufgebürdet war, und es unterließen, ähnlich selbstgerecht, ja anmaßend über Mitmenschen herzuziehen.

Aus Untertönen mitgehörter Gespräche und mehr noch aus späteren Erzählungen, vor allem seitens meiner Mutter, weiß ich, daß der Stempel der Ehrlosigkeit in den Augen mitfühlender Seelen auch damals schon ein großes Unrecht an diesen Frauen war. Abermals wenigstens als Frage dämmerte die Einsicht auf, daß solche Mütter doch nicht allesamt Huren sein konnten. Vielleicht waren sie sogar diejenigen, die zu prozentual höherem Anteil ihr Kind in Liebe empfangen hatten als die Ehefrauen im Dorf, die bis zur Hochzeit als „wohlachtbare Jungfrauen" galten. Es will schon etwas heißen: Selbst die Kirche hat sich inzwischen von ihrem einstigen Verhalten in diesem Punkt so weit distanziert, daß man ihr nur zurufen kann: Wenn sie es doch schon damals und noch viel früher getan hätte.

b) Hemmnisse

Sogar auf dem düsteren Felde damaliger (offiziell weithin auch noch heutiger) katholischer Sexualmoral glühte also in der Westwallzeit ein bescheidenes „Es werde Licht!" auf. Insgesamt blieb es bei Andeutungen und Ansätzen. Der Durchbruch fand eben noch nicht statt, auch nicht, wie wir noch sehen werden, beim sich anschließenden zweiten Anstoß, der sogenannten Sitzkriegszeit. Das war für alle ein Trost, die von sich den Eindruck hatten, es „zu arg getrieben" zu haben. Sie durften sich sagen, daß im großen und ganzen alles im Lot geblieben sei und daß sie für die ihnen gebotene Gelegenheit zu sündigen selbst

keine Verantwortung trügen, der Bau des Westwalles sei der Eifel ja schließlich von den Machthabern in Berlin auferlegt worden.

Doch was die einen tröstet und erleichtert, ist in den Augen der anderen Fehlentwicklung und Schaden. Für letztere zögerte sich der nach ihrer Ansicht in der Region längst fällige Umbruch nur immer weiter hinaus. Hauptgrund für den Aufschub war der Ausbruch des Krieges, der zunehmend auch die Eifel in eine harte Fron zwang. Je länger er dauerte, um so mehr legte er einen schwarzen Schleier in Gestalt der vielen Todesnachrichten von den Fronten und aus den zerbombten Städten übers Land. Angst und Trauer machten die katholische Kirche, die aus dem Kirchenkampf der dreißiger Jahre in der Eifel eher gestärkt als geschwächt hervorgegangen war, zur hochgefragten Trostspenderin, begünstigt noch durch den Umstand, daß der Druck auf sie seit Kriegsbeginn merklich nachgelassen hatte. Die Kirche nutzte ihre Chance in solchem Maße, daß sie 1945 in der Stunde Null, als sonst alles darnieder lag, einen Gipfel an Einfluß und Macht über ihre Gläubigen erreicht hatte.

Das straft alle fatalistischen Geschichtsbilder Lügen, die dem jeweiligen Zeitgeist die Regie im geschichtlichen Ablauf zuerkennen und dementsprechend jedes Ereignis (nur) aus seiner Zeit heraus verstehen wollen. Hier wird übersehen, daß sehr wohl auch Menschen mitsteuern, oft auf Zwecke hin, etwa die Erhaltung von Macht, die mit historischen „Fälligkeitsterminen" denkbar wenig zu tun haben. Jedenfalls fällt es schwer zu glauben, daß die kirchlichen Instanzen in Unkenntnis gewesen seien über das, was sie taten, als sie noch übers Kriegsende hinaus die Eifel religiös abschotteten und es für angebracht hielten,

Den Heldentod fürs Vaterland starb nach
Gottes hl. Willen am 3. Mai 1917 in der Schlacht
bei Arras unser lieber, unsergesslicher Bruder,
Schwager und Onkel

Joh. Irsch

Landsturmmann der 10. Komp. im Reserve-
Infanterie-Regiment Nr. 65

im Alter von 35 Jahren. Seine treue Sorge für
seine Eltern und jüngern Geschwister und die
vielen Leiden und Entbehrungen von 25 Kriegs-
monaten möge ihm Gott der Herr belohnen
mit den Freuden des Himmels.

Wir empfehlen seine Seele dem hl. Mess-
opfer der Priester und dem Gebete der Gläubigen, auf dass sie

ruhe in Frieden!

Niederraden, Hütten, Outscheid und im
Felde, den 14. Mai 1917.

Die trauernden Geschwister
und Angehörigen.

Mein Jesus, Barmherzigkeit! (300 Tage Abl.)
Süsses Herz Mariä, sei meine Rettung!
(300 T. Abl.)

Paulinus-Druckerei, Trier.

Onkel und Neffe gleichen Namens als Gefallene der beiden Weltkriege.

Du sankst dahin wie Rosen sinken, wenn
sie in voller Blüte steh'n und heiße bittre
Tränen fließen, weil Du so mußtest von
uns geh'n. Wer hätte das von Dir gedacht,
daß Du so früh zur Ruh' gebracht. Wir
durften Dich nicht sterben seh'n und nicht
an Deinem Grabe steh'n. Wie magst Du
Dich in letzter Stund' gesehnt nach Deinem
lieben Heim. Nun ruhst Du schon in fremdem Grund', von uns sollst nie vergessen sein.

Nach Gottes heiligem Willen starb den
Heldentod bei Rschew unser lieber, jüng-
ster Sohn, Bruder, Schwager, Onkel,
Neffe und Vetter

Obergrenadier

JOHANN IRSCH

im Alter von 19½ Jahren.

Er war uns stets ein braver Sohn und guter Bruder und wir hoffen, daß fortan
ewiger Friede ihn umgibt.

Wir bitten um ein stilles Gebet für
unseren lieben Helden.

Die trauernden

Eltern und Geschwister

Niederraden, Oberraden und Berscheid,
17. März 1943.

Bitburger Verlagsdruckerei G.m.b.H. 1206/43

ihre Bewohner zu überwachen und zu kontrollieren. Besondere Instrumente dazu waren Konfessionsschule und Generalbeichte bei Volksmissionen. Die Gläubigen sollten dadurch, wie es hieß, zur Treue gegenüber der Kirche angehalten werden. Aber in Wirklichkeit wurden sie vom eigenen Denken abgehalten und vor Lebensformen 'bewahrt', die in der ganzen übrigen Welt längst als Fortschritt und Zuwachs an Lebensqualität galten.

Hier reicht das Zeitgeistargument nicht aus, hier kommt auch menschliches Verschulden ins Spiel.

Indes birgt auch der Begriff personale Mündigkeit Probleme in sich. Was wir Mündigkeit nennen, ist nie fester und bleibender Besitz. Auch wenn äußere Blockaden, wie sie damals in der Eifel bestanden, beseitigt sind, stellt sich Mündigkeit nicht automatisch ein, sondern muß in jeder einschlägigen Situation als Ermessen und Entscheiden neu aufgebracht werden. Wohl aber läßt sich so etwas wie Bereitschaft auf mündige Entscheidung hin ansteuern, eine „disponibilité", wie es beim französischen Existenzphilosophen Gabriel Marcel heißt. Gemeint ist eine innere Haltung ähnlich derjenigen, die in der klassischen Philosophie des Abendlandes den Namen Tugend trägt. Speziell ein so verstandenes „Paratsein" steht im Blick, wenn von personaler Erweckung, von Erweckung zur Person, die Rede ist.

Aber auch solche Bereitschaft ihrerseits kann noch einmal erschüttert werden, mindestens in drei Richtungen unterliegt sie - und erst recht ihre Umsetzung in die Tat - spezifischen Gefährdungen. In allen drei Fällen geht es um das Offenbarwerden von Alternativen, die den Blick erweitern, aber dadurch auch verunsichern und persön-

lichen Wagemut herausfordern. Die Versuchung ist groß, der Verunsicherungsphase, wie sie sich uns in der Wegstruktur zur Mündigkeit enthüllt hat, aus dem Wege zu gehen und anderweitig Halt zu suchen. Eine erste Irritation betrifft die religiöse Heilserwartung.

Wir haben uns schon einmal vor Augen gestellt, wie sehr sich in Glaube und Religion die Sehnsucht des Menschen nach Heil und Geborgenheit ausdrückt. Nehmen wir nun das Gespräch meiner Tanten hinzu, so war der Gedanke: Es gibt keinen Gott (und somit auch keinen Himmel!), für die strenggläubig Aufgewachsenen erschütternd. Wäre ein überzeugter Atheist dabeigewesen, hätte die Verwirrung noch größere Ausmaße erreicht. Nach allem, was wir inzwischen vernommen haben, besteht kein Zweifel: Eine solche Situation gebietet eine bewußte Entscheidung in Richtung personalen Selbstseins. Doch gerade die erfolgt nicht. In „Ungewißheit und Wagnis" (Peter Wust) hineingestellt, könnte die Entscheidung, wie man befürchtet, vom Heilswege wegführen, also kommt die unter dem Titel „Fremdsteuerung" angesprochene Automatik in Gang: Kaum nachdenklich geworden, tritt der Bedenkenträger den Rückweg in den Schoß der Kirche und in die Obhut des Pfarrers an, um nur ja nichts falsch zu machen und in striktem Gehorsam die von dort zugesagte Heilsvermittlung weiterhin als Heilsgarantie (miß-)verstehen zu können. Es ist wie in Platons Höhlengleichnis beim ersten Befreiungsversuch: Einer, der sich von den Schattenbildern an der Höhlenrückwand schon abgewandt hatte, flieht zu ihnen zurück, weil er den Schritt ins Ungewisse des Lichtes nicht wagt. Wie freudlos auch immer, er will seine Tage in vertrauter Umgebung verbringen, auch wenn diese - was er aber nicht weiß - nur Schein ist.

Mit der Wendung „Rückzug in den Schoß der Kirche und in die Obhut des Pfarrers" verbindet sich die weitere Frage, wie Christsein und Mündigkeit zueinander stehen. Abermals in Anlehnung an den Abschnitt „Fremdsteuerung" dürfen wir Mündigkeit als den umfassenderen Begriff ansetzen: Man kann mündig sein, ohne Christ zu sein. Nimmt man allerdings Christsein, wie umgangssprachlich üblich, als Bezeichnung für die nominelle Zugehörigkeit zu einer der christlichen Kirchen, so gilt freilich auch umgekehrt: Man kann Christ heißen, ohne mündig zu sein.

Mündigkeit bedeutet immer eine vom einzelnen zu erbringende Qualität: den Vollzug der uns bekannten personalen Grundakte bzw. die Bereitschaft dazu im vorhin erörterten Sinne. Entscheidend ist dabei: Diese Bestimmung gilt, ob einer Christ ist oder nicht. Auch und gerade der Glaube an Gott, soll er mündig sein, muß letztlich selbsterworben, spontan und in eigener Zuständigkeit angenommen sein. Ragt also „mündig" über „christlich" hinaus, so sollte „christlich" möglichst intensiv in „mündig" hineinragen und daran teilhaben.

Mit solchem Mündigkeitsverständnis sind die im Blick stehenden heilskalkulatorischen Erwägungen nicht vereinbar. So plausibel und einladend sie zunächst erscheinen, sie laufen allesamt auf Heilsegoismus hinaus. Wer ihnen folgt, will sich ‚finden' (absichern), ohne zu bedenken, daß er sich dazu erst einmal „verlieren" (loslassen, preisgeben) muß. Wagnisscheue Ich-Schwäche und Eigenliebe, religiös interpretiert: mangelndes Gottvertrauen, sind also eine erste Klippe auf dem Weg zum personalen Selbst, ein Hemmnis, das Engagement und Entschiedenheit verlangt.

Eine zweite Fehlform kann unter ein Wort des Philosophen Martin Heidegger (1889-1976) gestellt werden: „Einebnung" im alltäglichen „Man".«[51] Hier geht es um Menschen, die nicht sind, wie sie in Eigenprägung wären, und nicht denken, wie sie es aus sich heraus tun würden, sondern sind, wie „man" ist, und denken, wie „man" denkt. Auch sie sind in die Verunsicherungsphase eingetreten, aus einer Lebenswelt kommend, in der ohnehin schon für sie gedacht und geplant wurde: durch Tradition, Kirche, Pfarrer. Auch sie wagen jetzt nicht den Schritt in die ungewisse Freiheit, kehren aber auch nicht einfach, wie oben, in die alte Position zurück. Vielmehr geben sie dem Werbesog eines ganz anderen Gleichgeschaltet- und Verfügtseins („Einebnung") nach. An die Stelle der in langer, zum Teil ehrwürdiger Geschichte gewachsenen vormaligen Steuerungspotentiale tritt jetzt die Steuerung durch einen mit der Industrialisierung in Gang gesetzten Konsumgütermarkt. Bei unablässig steigender Produktion lautet hier die Devise: möglichst hoher Genuß bei möglichst wenig Verantwortung. Darum das Bestreben, möglichst unauffällig, nicht „feiertäglich", sondern „alltäglich" „man" (französisch „on") zu sein, damit man nicht haftbar gemacht und in Anspruch genommen werden kann. Kurz, um desto freier für Konsum zu sein.

Aber dieses Freisein pervertiert zum Muß. Konsum ‚muß' sein, weil sonst die Kapazitäten und Freiräume für immer perfektere Genußgüter fehlen würden, unter deren Gesetz die ganze Entwicklung angetreten ist. „Konsumintern" wird die Tragödie, die sich um diese Spirale bis zu Überdruß, Erschöpfung, ja Verzweiflung der Konsumenten rankt, nicht bewußt. Aber sie ist das Menetekel der modernen Massengesellschaft mit Interesse am einzelnen Menschen nur noch in dessen Rolle als Produzent und/oder Verbraucher von Konsumgütern. Unter diesem Gesetz sind qualitativ alle gleichgestellt („eingeebnet"), manipulierbar und manipuliert durch Angebot und Nachfrage wie nie zuvor in der Geschichte. „Der Lebensstandard ist der Gott dieses Zeitalters" (H. Freyer), Konsum wird Ersatzreligion.

Genau hier liegt nun die zweite Gefährdung: die typische Problematik des Weges zu personaler Mündigkeit, seitdem sich bei uns eine Wohlstandsgesellschaft etabliert hat: die permanente Suggestion wachsenden Lebensstandards, für den man nicht geradezustehen brauche. In der Eifel verlief die Entwicklung insofern besonders dramatisch, weil dort der Umbruch so spät und dann so abrupt erfolgte. Die Kluft zwischen dem, was die ältere Generation in jugendlichen Tagen noch als Daseinsraum erfahren hatte, und der Lebenswelt, die nun um sie herum erstand, war abgrundtief.

„Heile" Welt: Säen per Hand ...

Ernten per Hand.

Da fehlte es nicht an Menschen, denen in persönlicher Not, etwa durch Unglücks- oder Sterbefall in der Familie, der Aberwitz der Konsum- und Produktionsspirale deutlich wurde. Selbst das Sprichwort: „Not lehrt beten" verlor seinen Sinn nicht ganz. Doch kam und kommt es darauf an, ob mit dem Notgebet nur nostalgisch verklärte Geborgenheitserfahrung beschworen wird, oder ob diesmal der Wagemut ausreicht, die Verunsicherungsphase tapfer zu durchschreiten, „Charakter" zu entwickeln und zum Samaritan für andere und vielleicht auch für sich selbst zu werden. Nur der Samaritan steckt ein Licht der Hoffnung auf.

Hier rückt der andere, der Mitmensch ins Blickfeld. Dieser ist aus dem Kontext menschlich gelebten Lebens nicht hinwegzudenken. Gleichwohl zeichnet sich im Begriff personale Mündigkeit eine gewisse Distanzierung ab. Kritisch abwägen, entscheiden, verantworten, so wurde den ganzen Text hindurch unterstellt, kann ich letztlich nur für mich allein, selbst der mir zuallernächst Stehende kann mich in der äußersten Konsequenz nicht entlasten oder vertreten, auch ihm muß ich noch mit Eduard Mörike sagen: „Laß dies Herz alleine haben/ Seine Wonne, seine Pein".

c) „Denken in Ganzheiten"?

Doch dem steht eine genau entgegengesetzte, sich auf Urgründe berufende Auffassung gegenüber, welche, wird sie nicht kritisch durchleuchtet, ein drittes Hindernis auf dem Weg zu personaler Mündigkeit sein kann. Es ist nicht zu bezweifeln: Die Tiefenschichten unserer Seele durchwohnt ein Urgefühl und Urbedürfnis nach Verbundenheit, ja Einssein mit allem, was lebt, insbesondere mit unsersgleichen, den Mitmenschen. Man möchte sich auf sie einschwin-

gen, sich von ihnen tragen lassen und sie selbst mittragen in einer Gemeinschaft, die sich zu einer bestimmten Aufgabe aufgerufen und in einer gerade ihr zugemessenen Idee verbunden weiß. Daraus können höchste Leistungen erwachsen, im tragischen Fall auch ein gemeinsamer Untergang, den die Nachwelt dann in Mythen und Sagen rühmt. Ein Beispiel dafür sind die Kimbern in der Schlacht bei Vercellae, in der bei sich abzeichnendem Sieg der Römer die germanischen Frauen ihre Kinder getötet und sich selbst an den Deichseln der Wagen erhängt haben sollen. Kommentar dazu aus einem NS-Geschichtsbuch: „Sie wollten lieber sterben als in Schande und Knechtschaft leben. So endete in der Schlacht bei Vercellae im Jahre 101 v. Chr. ein germanisches Heldenvolk".[52]

Etwas von diesem Verbundenheitsbewußtsein ist auch allen Religionen zu eigen und hat ganz gewiß gerade in der so entlegenen Eifel dazu beigetragen, Glaubensbekundungen in eigenem Namen, die das Einheitsband eventuell gefährdet hätten, zu unterlassen bzw. so lange hintanzuhalten. Auch hier waltet eine gewisse Uniformität, aber im Unterschied zur industriellen Massengesellschaft vorhin eine solche, die den einzelnen nicht zur Nummer isoliert und degradiert (zum „Konsum-Atom"), sondern als aktives Glied in ein Ganzes einbindet. Es ist jenes „Nicht-selbst-sein", das einen überkommt, wenn in dichtbesetztem Gotteshaus, vielleicht sogar Dom, das Lied „Großer Gott, wir loben dich" unter Glockengeläut und brausendem Orgelklang aus aller Munde erklingt. Da lautet die erste Seelenregung nicht: „Herr, das will ich", sondern „Herr, da bin ich", noch weniger „ich aber meine", sondern „Herr, wie du meinst". Es kann sogar eine Erhebung im Namen einer bestimmten Region sein: „Wir

Katholiken der Eiflia sacra" mit entsprechender Pietät und Ergriffenheit gegenüber der gemeinsamen Geschichte. In diese Geschichte sind dann alle Institutionen und Traditionen mit - aufgenommen, deren stabilisierende und orientierende Bedeutung wir uns schon an früherer Stelle vergegenwärtigt haben. Vielen Menschen bedeutet es sehr viel, Spuren und Wurzeln dieser Art nachzugehen, darauf bedacht, immer ursprünglichere Formen aufzudecken. Sollte da nicht in der Tat dem „Denken in Ganzheiten", wie wir es nennen wollen, der Vorrang gebühren gegenüber einer Sicht, die den Menschen als auf sich selbst gestellte, oft der Einsamkeit preisgegebene Person sieht?

Als Antwort darauf gilt zunächst der Hinweis, daß dieses „Denken in Ganzheiten" im 19. Jahrhundert gerade in Deutschland auch auf den politischen Raum übertragen wurde. Hier hieß ganzheitliche Verbundenheit bis hin zum Gedanken seelischer Verschmelzung Einssein mit Nation und Volk. Entsprechend lautete die Devise jetzt: Vor aller Konzentration auf das eigene Selbst und vor aller Wahrnehmung von Eigeninteressen steht die Schicksalsgemeinschaft derer, die gleicher völkischer Abstammung sind, auf eine gemeinsame Geschichte zurückblicken und vor allem dieselbe Sprache sprechen. In diesem Volks-„Organismus", so der Gedanke weiter, wächst jeweils der unbewußt von allen ersehnte „Führer" heran, um im schicksalsverfügten Augenblick auch öffentlich hervorzutreten und unter bedingungsloser Gefolgschaft aller seinen Sendungsauftrag für Nation und Volk in der Geschichte zu erfüllen.

Die Welt und vor allem die Deutschen haben es leidvoll erlebt, welches die Endkonsequenz eines solchen „Denkens in Ganzheiten" ist: „Du bist nichts, dein Volk ist alles", „Führer, befiehl, wir folgen dir", eine Konsequenz, die auch auf anderen Feldern nicht ausgeschlossen ist, schon gar nicht bei Religionen und esoterischen Gemeinschaften (Sekten). Als wirksame Gegenwehr bleibt da letztlich nur der Mensch als Person, der zur Mündigkeit erweckte einzelne, der immer von neuem selbst hinschaut, sich nur begrenzt von anderen tragen, noch weniger für längere Zeit mitreißen und eigentlich nie fortreißen läßt. Zwar wirbt auch er um Unterstützung und Mitengagement, aber jeweils nur mit Mitteln, die den anderen nicht überfluten oder überlisten, sondern gerade in seiner Freiheit herausfordern: ihn überzeugen, nicht überreden. So weit hat die dargelegte Theorie dann recht: Völkische und religiöse Zusammengehörigkeitsbande mit ihren vielfältigen Ausprägungen in Überlieferung, Institutionen, Ritualen, Sitten und Bräuchen sind verehrenswürdig, aber das ausschlaggebende letzte Wort steht nicht ihnen, sondern dem Menschen als Person zu.

Entsprechend lautet das Urteil über den Marxismus, bei dem die Ganzheit „Gesellschaft" heißt und der „Führer" als „Generalsekretär des Zentralkomitees" figuriert.

Auch bei dieser dritten Gefährdung ist der kritische Punkt die Verunsicherungsphase. Es spricht vieles dafür, daß das „Denken in Ganzheiten" historisch gesehen tatsächlich überwog, aber für unser heutiges Verständnis gerät diese Form in die Krise, wenn sich der Vergemeinschaftungselan nicht durchhalten läßt, wenn die Hochgefühle absinken, etwa in Krankheit, bei Hunger, Seuchen, in Kriegsnot. Entweder bleibt dann nur Verzweiflung am Sinn des Lebens oder der Glaube an eine noch urtümlichere Bestimmung des Menschen: seine Berufung zum Personsein.

„Denken in Ganzheiten"

Mit dem personalen Selbstsein tritt aber sofort die damit verbundene Einsamkeit und nichtdelegierbare letzte Verantwortung wieder hervor, beides Lasten, die schmerzen können. Also erzeugt man oder macht mit, wenn andere es erzeugen, ein künstliches Wir-Bewußtsein, das außer Angst keine weitere Stütze hat. Ohne es eigentlich zu wollen, wird man dann unter Umständen in blinder Solidarität mitschuldig an großen Katastrophen wie der des Jahres 1945. Auftrieb erhalten dadurch auch Massen-Begeisterungen" wie in Lourdes oder Fatima, die in Kleinausgaben bis in die Eifel hineinreichen. Auch hier handelt es sich oft um einen Mangel an Entschließung,

der die Gefahr in sich birgt, daß auf den Aufschwung ein desto tieferer Absturz folgt, der zu noch radikalerem Einsatz verleitet.

Bei alledem blieb den Eifeler Dorfpfarrern ein Hauch, mitunter auch mehr, von autoritärem Führertum eigen, auch über die Westwallzeit hinaus. Trotz emanzipatorischer Farbtupfer und ebenso trotz Nazi-Agitation stand mit ihnen die Ganzheit „Volksfrommer Katholizismus" nach wie vor im Kern unbeschädigt da. Wer also von den Bewohnern in die autoritäre Hitlerpartei eintrat, wurde dort bezüglich Führen und Geführtwerden kaum grundstürzend überrascht. Zwar im vorgegebenen Rahmen der Kirche gebunden, war der Pfarrer doch sonst niemandem in der Gemeinde über sein Tun und Lassen Rechenschaft schuldig, er blieb einstweilen der „Häär".

Das sind Rahmenbedingungen, unter denen die personale Emanzipation im Land an der Grenze vollzogen werden mußte. Weitere Bedingungen wurden in diesem Kapitel als Hemmnisse und Versuchungen namhaft gemacht, gleichsam als inneres Bedingungsgefüge, das dem Ausgleich des Entwicklungsrückstandes in der Eifel aufgetragen war. Die Lage gestaltete sich noch um so schwieriger, als erst in den fünfziger Jahren personale Erziehungskonzepte vorgelegt wurden, folglich die Eindrücke und Anregungen aus der Westwallzeit weitgehend in „ahnender Eigenregie" verarbeitet werden mußten. Doch rufen wir uns zunächst in Erinnerung, daß es nach der Westwallzeit ja auch noch den sogenannten Sitzkrieg gegeben hat, der Impulse und Perspektiven, die sich bereits angebahnt hatten, vertiefte, zum Teil umakzentuierte und in mindestens einem Punkte der Region auch hoffnungsvolles Neuland erschloß.

7. Kapitel: Der „Sitzkrieg"

a) Beten für den Frieden

In der zweiten Augusthälfte 1939 nahm die Kriegsgefahr nicht nur mehr täglich, sie nahm jetzt stündlich zu. Nur einmal glaubten auch die Menschen an der Grenze noch an einen guten Ausgang: als am 23. August in Moskau - zur Überraschung der gesamten Welt - zwischen Deutschland und Rußland ein Nichtangriffspakt unterzeichnet wurde. Aber die Hoffnungen waren ebenso schnell wieder verflogen. Schon drei Tage später, am 26. August, in aller Frühe, erging der allgemeine Mobilmachungsbefehl. Bis zum Abend, es war ein diesiger Samstag, hatten alle wehrfähigen Männer ihren Heimatdörfern Adieu gesagt, Trauer und Leid hätten kaum größer sein können. Von der vaterlän-

dischen Begeisterung, mit der die Soldaten 1914 zum Kriegsdienst begleitet worden waren, fand sich jetzt nicht die Spur. Der erst zwanzig Jahre zurückliegende (Erste) Weltkrieg mit seinen zwei Millionen gefallener deutscher Soldaten lastete noch schwer auf den Gemütern. Nicht Kampfgeist und Tatendrang beherrschten die Szene, sondern Sorge, Tränen und vor allem - Beten. Die Werktagsmessen füllten die Kirchen fast wie am Sonntag, und viele Gläubige gingen zu Beichte und Kommunion.

Mein Heimatdorf Niederraden wartete noch mit einem zusätzlichen Dienst auf, ab Montag, den 28. August, fand bis auf weiteres allabendlich in der erst 1935/36 neuerbauten Marienkapelle „Op da Ley" (auf

Die 1935/36 erbaute Kapelle in Niederraden, hier: Einweihung 1936.

112

dem Felsen) eine Rosenkranzandacht für den Frieden statt. Wer irgend sich freimachen konnte, nahm daran teil. So lautes gemeinsames Beten hatte ich zuvor noch nie gehört, neudeutsch könnte man fast von einer religiösen „rushhour" sprechen, die da ablief. Unter dem Thema: „Katholizismus-Tradition auf dem Prüfstand" verdient dieses Beten Beachtung als Musterbeispiel für Stellung und Problematik des sogenannten Bittgebetes im „volksfrommen Katholizismus" der Eifel. Zudem schlägt sich auf diese Weise zwanglos eine Brücke von der Westwallzeit zum „Sitzkrieg" hinüber.

Beten ist dem frommen Menschen ein Grundbedürfnis der Seele. Bezüglich Gliederung und Erscheinungsformen war es für uns schon Thema mit dem, was wir „Stufen" des Betens genannt haben. Jetzt geht es um die Grundarten des Betens: Lob-, Dank- und Bittgebet.

Hat man sich einmal für den Glauben an einen allmächtigen Schöpfergott entschieden und zugleich auch dafür, daß es zwischen diesem Gott und seinen Geschöpfen, insbesondere zwischen Gott und Mensch, Kontakte gibt, so bereiten Lob- und Dankgebet keine besonderen Deutungsprobleme. Gebet als „Sprechen mit Gott" hat beide Male Gott als Spender von Gaben und Wohltaten vor Augen, als Urquell alles Guten so sehr, daß es im Gloriatext der Messe heißen kann: „Wir sagen dir Dank ob deiner großen Herrlichkeit". Lob und Dank sind Antwort des Menschen an Gott. Beim Bittgebet hingegen wird Gott nach gängigem Verständnis in gewisser Weise vom Menschen in Anspruch genommen. Aus wie immer als widrig empfundener Situation ergeht das Ersuchen an Gott, er möge aus Gefahr und Not heraushelfen, so wie laut Bibel Jesus selbst zum Vater gebetet hat: „Und führe uns nicht in Versuchung,

sondern erlöse uns von dem Bösen!" („libera nos a malo" - befreie uns vom Übel).

Zu Gottes Allmacht, der die Kraft innewohnt, das Böse zu überwinden, gesellt sich beim Bittgebet als weitere Voraussetzung, daß Gott das Böse überwinden *will*, daß er die Bitten seines mit Vernunft begabten Geschöpfes Mensch vernimmt und bereit ist, ihnen zu entsprechen, kurz, daß er den Menschen liebt. Das wird im Neuen Testament auch ausdrücklich gesagt, so wenn Jesus sich an die Jünger wendet: „Bittet, und es wird euch gegeben werden, suchet, und ihr werdet finden, klopfet an, und es wird euch aufgetan werden" (Lk 11,9). Oder an anderer Stelle: „So sage ich euch denn: Um was ihr immer im Gebete bittet, glaubt nur, daß ihr es schon habt, dann wird es euch zuteil werden" (Mk 11,24).

Hier taucht schon ein erstes Problem auf, das nur eben erwähnt sein soll. Hat es einen Sinn, einen allmächtigen Gott, der den Menschen liebt und überdies als Allwissender um die Bedürfnisse und Nöte eines Menschen besser weiß als dieser selbst, ist es sinnvoll, diesen Gott noch eigens zu bitten? Steckt darin nicht vielmehr ein Mißtrauen gegenüber Gott, das durch die bei den Katholiken übliche Anrufung von Heiligen noch verstärkt wird? Will man durch die Fürsprache dieser Menschen, die nach ihrem Tode von der Kirche „zur Ehre der Altäre" erhoben wurden, der Bitte nicht gleichsam einen Dringlichkeitsvermerk und ein höheres Gewicht vor Gott verleihen? Hat Gott so etwas nötig, ja betreibt er nicht eine Art Selbstdemontage, wenn er den Menschen zum Bittgebet einlädt? In neuerer Interpretation versucht man diese Schwierigkeit mit der These zu entkräften: Gott *läßt* sich nicht nur bitten, er *will* vom Menschen gebeten werden, um in der Annahme der Bitte den Menschen zum Mitvollbringer seines göttlichen Wirkens zu machen. In der Bitte drückt der Mensch seine Sehnsucht danach aus, so daß das dem Menschen von Gott gewährte Bitten zum Signal wird: „Er" - Gott „mutet uns zu, an Seinen Werken mitzuwirken weit über das hinaus, was wir selber können" (Kard. Christoph Schönborn).[53]

Entscheidende Voraussetzung bleibt dabei: Gott erhört die Bitten, die der Mensch an ihn richtet. In der Tat scheint das von den zitierten Schriftstellen her gesehen die eindeutigste Sache von der Welt zu sein: „Bittet, und es wird euch gegeben werden...". Mit entsprechendem Nachdruck wurde das Bittgebet seit jeher von der Kirche propagiert, wurden und werden Prozessionen und anstrengende Wallfahrten als Zeichen für Bitt- und Bußgesinnung unternommen. Ausdruck solcher Gesinnung war also auch das nun tägliche (bis dahin nur sonntägliche) Rosenkranzgebet meiner Heimatgemeinde. Dieses Beten steigerte sich jetzt zu einem förmlichen Gebetssturm, der in mir als Zehnjährigem keinen Zweifel daran ließ: Hier muß Gott aktiv werden, an solcher Gebetswucht kann er nicht vorbeigehen.

Aber es geschahen Dinge, die nicht recht dazu passen wollten. So hatte selbst dieses kleine Dörfchen tags zuvor, Sonntag, 27. August, eine Sanitätskompanie als Einquartierung erhalten und waren die ersten Lebensmittelkarten eingetroffen, die auf lange Vorplanung hindeuteten. Dann schlug am 1. September per Volksempfänger die Nachricht ein: „Seit 5.45 Uhr wird zurückgeschossen" (Hitler vor dem Reichstag zum Einmarsch nach Polen). Und wenig später keuchten die ersten Fahrzeuge mit Zwangsevakuierten aus den unmittelbaren Grenzdörfern (der sogenannten Roten Zone) über

die mit Militärfahrzeugen vollgestopften Straßen. Und die Reaktion der Beter darauf: noch intensiver, noch lauter beten! Wenn denn schon Krieg war, blieb doch die Frage, wie sich die Westmächte dazu stellen würden. Vielleicht, so die Hoffnung, bleibe der Konflikt begrenzt. Doch auch daraus wurde nichts; am Sonntag, den 3. September, nach dem Rosenkranz in der Kapelle (weil Sonntag war, wurde er am Nachmittag gebetet) erfuhr man es: England und Frankreich haben Deutschland den Krieg erklärt.

Gleichsam zur Besiegelung des nunmehr heraufziehenden Unheils legte sich kaum eine Stunde später eine Gewitterfront auf das Land, die zum Heftigsten gehörte, was man in dieser Sparte erleben kann: Sturm, schwefelfahle Luft, Blitz und Donner wie in der Hölle von Verdun 1916. Und wieder wurde gebetet, jetzt in der Stube, zusammen mit den einquartierten Soldaten, zum heiligen Donatus, dem Schutzheiligen in Gewitternot.

Und das weitere Schicksal des abendlichen Rosenkranzes in der Kapelle? Noch gut eine Woche wurde er fortgesetzt mit erheblich abbröckelnder Teilnehmerzahl, bis schließlich keiner mehr da war. Aber der Krieg war da und blieb da - fünfeinhalb Jahre lang mit 60 Millionen Toten in aller Welt, zuzüglich noch fünf Millionen Juden, die ebenfalls in den Kriegsjahren zu Tode gebracht wurden. Welche Gebetsstürme mögen in diesen Konzentrationslagern erst „aus der Tiefe" dem „Herrn" zugefleht worden sein!

Es wäre kaum verwunderlich, wenn diejenigen, die im Vertrauen auf die zitierten Bibelstellen zum Friedensgebet aufgebrochen waren, nun an diesen Texten gezweifelt hätten. Trotz vielstündigen flehentlichen Engagements war der Krieg weder vermieden, noch nach Ausbruch wieder einge-stellt, noch lokal begrenzt worden. In der äußersten Konsequenz können solche Zweifel zum Atheismus führen, etwa mit der Begründung: Ein Gott, der so eindeutig Erhörung zusagt, um sie dann doch nicht einzulösen, ist entbehrlich, auf den kann man verzichten. Erst recht legt sich eine solche Konsequenz nahe, wenn man auf die weitere Entwicklung hinblickt: daß Gott die Konzentrationslager nicht verhinderte und Hitler als Hauptschuldigen an all dem Elend selbst Attentate heil überstehen ließ. Welch ein Segen, so möchte man sagen, wenn doch wenigstens das Attentat am 20. Juli 1944 gelungen wäre, als der Zweite Weltkrieg in die große Vernichtungsphase eintrat. Aber nein, dieser Mann mußte an sich selbst Hand anlegen, damit sein Zerstörungswerk beendet wurde (30. April 1945). Wozu also noch ein allmächtiger und allgütiger Gott, wenn es in der Welt, die ihm als Schöpfungswerk zugeschrieben wird, so zugeht?

Selbst gesetzt den Fall, man hält trotz allem unbeirrt an ihm fest, ist dann nicht wenig-stens Protest gegen diesen Gott angezeigt, so wie im Alten Testament Hiob mit ihm haderte und im Neuen Testament kein geringerer als sein Gesalbter, Jesus, gar nach ihm geschrien hat: „Mein Gott, mein Gott, warum hast du mich verlassen"? (Mt 27,46). Tatsächlich lädt nichts sonst so nachhaltig zur Gottesleugnung ein wie der Abgrund von Not und Elend, der sich in der Welt auftut. Dabei muß man allerdings mit-bedenken, daß mit der Leugnung Gottes jede über das Leben hinausreichende Sinn-deutung des Leides abgeschnitten ist.

Denen, die damals in meinem Heimatdorf um Frieden beteten, kam weder eine Absage an Gott noch eine Anklage gegen ihn in den Sinn. Ich glaube es noch eini-germaßen in Erinnerung zu haben oder aus der Erinnerung heraus schließen zu kön-nen: Nachdem die beiden Kriegserklä-rungen ergangen waren, vollzog sich der Abschied vom abendlichen Beten leise - ohne viel Aufhebens. In den Gesichtern der Beter schien geschrieben zu stehen: Wieder einmal sind wir zu großem Bittgebet aufge-brochen, und wieder einmal haben wir erlebt, wie selten die Bitte erfüllt wird. Weiteres Nachdenken, vielleicht sogar darü-ber, ob nicht im Bittgebet selbst etwas schief liege, galt als verboten. Laut kirch-licher Seelsorgepraxis genügte als Trost der Gedanke: Gott meint es gleichwohl gut! Daß sich bei Betern Gefühle des Scheiterns bis zu Verzweiflung und tiefer Verein-samung einstellten, hatte einfach zu unter-bleiben, selbst beim frühen Tod eines nahen Angehörigen durfte man getrost sein: Gott hat den Verstorbenen besonders geliebt, darum hat er ihn so früh zu sich genommen. Grundformel bei allem sollte sein, sich gegenüber Gott nicht zu wichtig zu nehmen, wie es bis in die Spruchweis-heit hinein bezeugt werde: „Der Mensch denkt, und Gott lenkt"; „Gottes Wege sind nicht der Menschen Wege"; „Herr, dein Wille geschehe, tut es mir auch noch so wehe", diese letzte Sentenz in Anlehnung an Jesu Wort am Ölberg in Vorahnung sei-nes Leidens: „Mein Vater, wenn es möglich ist, so gehe dieser Kelch an mir vorüber. Doch nicht wie ich will, sondern wie du willst" (Mt 26,39).

So war dafür gesorgt, daß in meiner Heimatgemeinde auch das „erfolglose" Friedensgebet still ertragen wurde - in einer Gefaßtheit, die kaum für Hiob, geschweige für den Verzweifelungsschrei des Gekreu-zigten Raum gelassen hätte. Und überdies: So wuchtig und inständig-laut das Beten war, mußte es deswegen Gott auch schon gefallen? Sollte man darum das Beten nicht zuweilen zu einem Beten für das Beten steigern, gleichsam zu einem Beten im Quadrat: daß Gott mithelfen möge, das Beten für ihn akzeptabel zu machen? Daß sich damit eine Betspirale eröffnet, die zum Wahnsinn führen kann, sei nur eben angedeutet.

So weit kam es bei den natur- und erdverbundenen Eifelern nur in Ausnahmefällen, allerdings häufiger, als man gemeinhin annimmt, in Ansätzen schon dort, wo Frauen (meist ältere) klagten, sie hätten „daat gruß Lääd" (das große Leid). Doch auch so war das Ergebnis tief charakteristisch: Selbst die Seelenschicksale bei säkularen Grenzereignissen wie Kriegsausbruch, Kriegsnot und Kriegstod wurden von diesem „volksfrommen Katholizismus" aufgefangen und, statt durchgestanden und aufgearbeitet, so weit wie nur eben möglich paralysiert. Nicht Engagement und Wandel waren angesagt, sondern Bewahrung von Ruhe und Ordnung („contenance") und damit auch der Erhalt bestehender Machtverhältnisse. Es ist genau jene innere Verfassung, wie sie Sabine Doering-Manteuffel in dem von uns schon zitierten Text gekennzeichnet hat, jetzt illustriert am Beispiel Bittgebet: „eine religiös fundierte, stille Selbstaufgabe .... eine tendenziell fatalistische, klaglose Grundeinstellung". Das heißt, es wurde zum Beten aufgerufen in einem Sinne, bei dem Enttäuschungen nicht ausbleiben konnten, die sich dann ihrerseits in um so größere Abhängigkeit, um nicht zu sagen Hörigkeit umbiegen ließen. Das Ergebnis war jene lähmende Gelähmtheit, die der religiös-weltanschaulichen Ausrichtung der Eifelchristen bis an die Schwelle unserer Tage innewohnte und als Glaubenskrise im ländlichen Raum Grundlage weiterer Krisen in der Region wurde.

Der Spannungsbogen zwischen der Freude, erhört worden zu sein, und dem Schmerz, bei Gott keine Gnade gefunden zu haben,

gehört zum Grundbestand gläubiger Existenz. Gleichwohl muß die unmittelbare Verkoppelung von Bitte und Erhörung bzw. Nichterhörung gelöst werden, soll nicht in dem einen Falle Erwähltheitsgefühl und im anderen das Bewußtsein, verloren zu sein, die Oberhand gewinnen. Bleiben wir beim Scheitern, so darf dieses nicht, wie vorhin angedeutet, überspielt und verdrängt, es muß aufgearbeitet werden. Aber diese Aufarbeitung ihrerseits darf sich nicht primär darauf fixieren, daß da etwas versagt wurde und ausgeblieben ist, möglicherweise gar unter Rückgriff auf Nietzsches Botschaft „Gott ist tot". Vielmehr muß das, was gängigerweise nichterhörtes Beten heißt, als Offenbarwerden von Gottes radikaler Andersartigkeit gesehen werden. Gott „enthüllt" sich dann als der Geheimnisvolle, Unfaßbare, eben damit aber auch als der Unbekannte, der den Menschen nicht festlegt, ihm nichts vorschreibt, sondern ihn, positiv ausgedrückt, in seiner Freiheit herausfordert.

Anstatt dann bei sogenanntem Scheitern des Bittgebetes die Hände in den Schoß zu legen und Gott alles richten zu lassen, sollte Frucht des Gebetes der Ansporn sein, um so mehr darauf zu sinnen, was man selbst zur Eindämmung des Übels in der Welt tun kann. Im einzelnen führt das auf die schon dargelegte Gegensatz-Einheit von Hingabe und Selbstsein, Maßnehmen und Maßgeben zurück mit Gipfelpunkt in dem Gedanken, daß Gottes Werk in dieser Welt das Werk des Menschen ist. Es bleibt dann für den Gläubigen wahr, daß an Gottes Segen alles gelegen ist, aber es gilt für ihn nicht minder, daß dieser Segen sich nur auswirken kann, wenn der Mensch vollbringt, was eben er von sich aus zu vollbringen vermag.

Wir wissen es längst: Aufschwung zu einem so gewandten Verständnis von Bittgebet mit Appell an die Eigeninitiative des gläubigen

Menschen war im seelsorgerlichen Konzept der traditionellen Kirche gerade nicht vorgesehen.

Bleibt zum Schluß noch anzumerken, daß das Scheiternsbewußtsein beim damaligen Beten um Frieden auch durch die vielen Siegesmeldungen gedämpft wurde, die inzwischen aus dem Lautsprecher vom polnischen Kriegsschauplatz an Ohr und Gemüt drangen. Auch der Dienst der im Dorf einquartierten Soldaten bot ein Schauspiel, das Abwechslung in den Alltag brachte. Daraus erwuchs das Begegnungsfeld „Sitzkrieg", dem wir uns nun zuwenden, zunächst mit einem Blick auf die militärische Lage im Westen, nachdem seit 1. September im Osten geschossen wurde.

Mit solch unbeschwerten Bildern war es nun im Krieg zunehmend vorbei.

117

b) Strategische Lage

Dieses Mal hatte es also mit dem Westwall nicht mehr „funktioniert". Zweimal hatten sich England und Frankreich - eben auch mit Blick auf den Westwall - unter Druck setzen lassen: in der Sudetenkrise im Herbst 1938 und bei Hitlers Einmarsch in Böhmen und Mähren im Frühjahr 1939. Jetzt im Fall Polen standen sie zu der Garantieerklärung, die sie für Polens Integrität am 31.März und noch einmal am 25. August 1939 abgegeben hatten, das heißt, sie erklärten Deutschland den Krieg. Hitler war darob sehr überrascht; er hatte fest darauf gesetzt, daß die Westmächte des fernen Polens wegen keinen Krieg riskieren, sondern es mit den üblichen Protesten bewenden lassen würden. Als es nun doch anders kam, klaffte entlang der deutschen Westgrenze für einige Wochen eine gefährliche Schwachzone auf. Von den drei Heeresgruppen, über die die Wehrmacht 1939 verfügte, standen nämlich zwei - A und B - in Polen im Einsatz. Im Westen befand sich also nur die Heeresgruppe C, die den ganzen Frontverlauf von der Schweizer Grenze bis zur Nordseeküste abzudecken hatte.

Wichtiger Bestandteil im Verteidigungsgefüge des Westwalles war der sogenannte Grenzschutz, auch Grenzwacht („Grewa") genannt. Es handelte sich dabei um ältere einheimische Reservisten, denen man die Uniform mit nach Hause gegeben hatte und die bei der Mobilmachung als erste, schon am Abend des 25. August, einberufen wurden, und zwar in die Bunkerlinie. Dort erhielten sie Handfeuerwaffen, jedoch kein schweres Gerät, so daß sie größeren Angriffen des Gegners kaum gewachsen gewesen wären. Und alle gegenläufige Propaganda konnte es nicht aus der Welt schaffen: Der Westwall war alles andere als vollendet, es wurde weiter an ihm gearbeitet, wobei

allerdings das Gros der Arbeiter bei Kriegsbeginn abgezogen worden war. Mit der Parole: „Hauruck, der Westwall steht!", mit der Parole allein stand dieser noch lange nicht.

Immerhin erhielten die militärischen Einheiten, die schon seit Sommer in den Bunkern stationiert waren, Verstärkung dadurch, daß nun auch die Stammeinheiten aus den Garnisonen an die Grenze verlegt wurden. Da reichten die Bunkerquartiere nicht entfernt mehr aus, jetzt mußten zunehmend Privatquartiere, vor allem hinter der Westwalllinie, in der sogenannten Grünen Zone, in Anspruch genommen werden. Die Bunkerlinie selbst mit dem Vorgelände bis zur Grenze bildete die schon früher erwähnte Rote Zone.

Wissend um die vorerst schwache Position im Westen, vermied die deutsche Führung alles, was die Franzosen hätte provozieren können. Selbst in den deutschen Luftraum eingedrungene feindliche Flugzeuge blieben zunächst unbehelligt. Die Franzosen ihrerseits erweckten den Anschein, als wären sie zum großen Entlastungsschlag zugunsten Polens bereit. Unter ihrem Oberbefehlshaber, General Gamelin, versammelten sie eine große Streitmacht an ihrer Ostgrenze: im Elsaß gegenüber der Pfalz und in Lothringen auf Saar und Obermosel zu. Schon ab 4. September wurden Nachrichten über bedeutende Erfolge gegen die Deutschen verbreitet, am 14. September gar die Nachricht: „Saarbrücken steht vor dem Fall".

Doch in Wirklichkeit handelte es sich um kaum erwähnenswerte Vorstöße in Westwallvorgelände, von dem einige schmale Streifen besetzt, aber ab Mitte Oktober in den erbarmungslosen Regengüssen dieses Herbstes wieder geräumt wurden. Was blieb, waren Späh- und Stoßtrupp-Unternehmen sowie Artilleriestörungsfeuer - jeweils nur an den südlicheren Frontabschnitten, wo Deutsche und Franzosen sich direkt gegenüberlagen. Entlang der Grenze zu Luxemburg, Belgien und Holland hin geschah zu Lande überhaupt nichts, diese Staaten hatten sich von vornherein für neutral erklärt. Hinter ihrem Sperriegel gab es hüben wie drüben lediglich gegnerische Luftaufklärung, gegen die deutscherseits doch bald Abwehrmaßnahmen ergriffen wurden.

Derweil ging Polen der Katastrophe entgegen. Die Westalliierten waren zwar Polens wegen in den Krieg eingetreten, aber Wirksames zur Entlastung unternahmen sie nicht. Nach drei Wochen lag Polen am Boden und wurde dann auch noch zwischen Rußland und Deutschland aufgeteilt.

Die deutsche Führung hatte fürs erste keine genaueren Vorstellungen, wie es nach der Niederwerfung Polens mit dem Krieg weitergehen solle. Man war ja auf Krieg im Westen gar nicht eingestellt. Eines war allerdings klar: Die Schwachzone entlang der Westgrenze mußte schleunigst aufgefüllt werden, und so kam sofort nach Kriegsende in Polen eine große Truppenverlagerung von Ost nachWest in Gang. Bis Ende Oktober war im Frontabschnitt zwischen Küste und Ahrweiler-Hillesheim die Heeresgruppe B und von dort bis in die Höhe von Mettlach die Heeresgruppe A eingezogen, beide aus Polen kommend, so daß der Heeresgruppe C nun nur noch der Frontbereich Saarpfalz-Oberrhein oblag.

Hitler hoffte, mit den Westmächten Friedensgespräche aufnehmen zu können, nachdem es für sie, wie er meinte, in Sachen Polen nichts mehr zu tun gab. So unterbreitete er ihnen am 6. Oktober in einer Rede vor dem Deutschen Reichstag - allerdings in der Pose des Siegers - in aller Form ein Friedensangebot, das beide Länder aber umgehend ablehnten. Das war nun das Signal für den „Führer", auch im Westen zum Angriff überzugehen, und sogleich wurden diesbezügliche Planungen eingeleitet, bei denen von vornherein ein Bruch der Neutralität der Beneluxländer vorgesehen war. Nicht weniger als 29 mal wurde der Angriffstermin festgelegt und wieder verschoben. Zweimal setzten sich die im Hinterland in der Westeifel einquartierten Verbände schon in Richtung Grenze in Bewegung - Mitte November und Mitte Januar des folgenden Jahres - und kehrten wieder in ihre Quartiere zurück. Vor Weihnachten, als nach wochenlangem Schlamm und Regen eisig-trockenes Frostwetter heraufzog, ließ man gar die Motoren von Lastkraftwagen stundenlang im Stand laufen, um sie sofort startklar zu haben.

Aber es dauerte bis zum 9. Mai des Folgejahres 1940, bis der letztgültige Angriffsbefehl kam, wobei Zivilisten wie Soldaten die ganze Zeit über nur spekulieren konnten, wie sich ihre Lage wohl weiterentwikkeln werde. Doch soviel erfuhr man in der Westeifel buchstäblich am eigenen Leibe, daß die in der Region stationierten Einheiten fortlaufend verstärkt, zum Teil auch verschoben wurden. Das war die Folge des vom späteren Feldmarschall Erich Manstein erarbeiteten endgültigen Angriffskonzepts, des von Winston Churchill sogenannten Sichelschnittplanes, demgemäß der Hauptstoß von der Heeresgruppe A aus der Eifel heraus durch die Ardennen hindurch in Richtung Maas zu führen war. Niemand rechnete auf der Gegenseite damit, daß Panzerdivisionen das Wald- und Berggelände der Ardennen durchqueren könnten. Als es dann doch geschah, war die Überraschung und sechs Wochen später - Ende Juni - die Niederlage perfekt. Dieser Hauptstoß aus der Eifel heraus brachte es mit sich, daß die Eifel zuvor auch am stärksten mit Truppen belegt war.

So blieben volle acht Monate, in denen im Westen kein Friede mehr, aber auch noch kein „richtiger" Krieg, sondern das war, was dann als „Sitzkrieg" in die Geschichte eingegangen ist, so jedenfalls in der deutschen Bezeichnung. Ebenso herrschte auf der Gegenseite, bei den Franzosen und einem in Nordostfrankreich stationierten englischen Expeditionskorps, weithin und weitgehend Ruhe, hier vertraute man offensichtlich auf die Maginotlinie und wollte die Deutschen erst einmal kommen lassen.

Der Ausdruck „Sitzkrieg" erweist sich dann als angelehnt an das Wort „Blitzkrieg" für den Krieg in Polen. Im Unterschied zu diesem blitzschnellen „Feldzug der 18 Tage" lagen sich nun im Westen zwei hochgerüstete Heere gegenüber, die nicht kämpften, sondern den Krieg gleichsam absaßen bzw. im Sitzen führten. Die Franzosen sprachen von einer „drôle de guerre" und die Engländer von einem „phoney war", einem komischen, ja falschen Krieg. Ein französischer Autor beschreibt die Lage treffend so: „Die Hunderttausende zählenden Armeen beendeten ihren Tagesbericht immer so: 'Verluste durch Feindeinwirkung keine. Verluste durch Unfall: soundsoviele' (in der Regel reichlich viele!). Beim Großen Hauptquartier war die betriebsamste Abteilung das Feldtheater! Drôle de guerre!"[54].

Es war eine sonderbare Zeit, dieses Zweidritteljahr von September 1939 bis Mai 1940, zumindest für die Westeifel ein Kurzabschnitt in ihrer Geschichte, der bis heute nicht annähernd angemessen dargestellt und gewürdigt ist. Fragen wir, wie bei der Westwallzeit, weiter zunächst nach Lasten und Gewinnen, ausgenommen die menschlichen Beziehungen, die für uns eigenes Gewicht haben und darum gesondert behandelt werden.

c) Lasten und Zuwächse

Hauptlast für alle, die hier im Blick stehen, war das Faktum, daß nunmehr Krieg war. Wenn dieser sich im Augenblick auch noch verkraften ließ, fehlte doch in fast jedem Haus ein lieber Angehöriger: der Mann, Vater, Sohn, Bruder, und wer wußte auf wie lange Zeit. Weil vorerst kaum Kriegerisches geschah, wollte man die Friedenshoffnung nicht ganz aufgeben, wobei aber die zunehmende Truppenkonzentration und dann am 5. April 1940 vor allem der deutsche Ausgriff nach Dänemark und Norwegen eine andere Sprache sprachen. Daß die Deutschen den Engländern in Norwegen gerade eben noch zuvorgekommen waren, erfüllte Soldaten wie Einheimische auch in der Eifel mit Stolz und Freude.

Sonderschicksal für die Bewohner vor und in der Bunkerlinie war die schon kurz erwähnte Zwangsevakuierung der sogenannten Roten Zone ab 1. September 1939. Bergungsraum für den Eifelabschnitt war das Umland des Harzes. Die unterschiedlichen Menschentypen, die hier aufeinanderstießen, konnten es nur sehr begrenzt miteinander. Für die katholischen Eifeler waren und blieben die protestantischen Niedersachsen fremd. Da fügte es sich gut, daß es entlang der Grenze zu den Benelux-Staaten ruhig blieb und praktisch alle Evakuierten bis um Allerheiligen 1939 wieder zu Hause waren. Die Schicksalsgefährten von der Saar und aus der Pfalz, von dort also, wo sich die gegnerischen Heere direkt gegenüberlagen und wo mitunter auch geschossen wurde, mußten bis Juli/August 1940 auf ihre Heimkehr warten.

Aber auch sonst merkte man, daß Krieg war. Noch in der letzten Augustwoche wurde generelle Verdunkelungspflicht eingeführt und wurden erstmals Rationierungskarten für Konsumgüter ausgegeben. Auch wenn man jetzt über das erforderliche Geld verfügte, konnte man keineswegs mehr nach Belieben einkaufen; man brauchte dazu noch den entsprechenden Abschnitt auf der Lebensmittel- oder sonstigen Karte. Was ihre Anzahl und Mannigfaltigkeit betrifft, hielten sich die Karten auf dem Dorf in Grenzen; bezüglich der Grundnahrungsmittel galten die meisten Familien mit ihrer kleineren oder größeren Landwirtschaft als sogenannte Selbstversorger, für die es zumindest keine Brot-, Fleisch- und Fettkarten gab. Sein volles Gewicht erlangte der Titel „Selbstversorger" übrigens erst in der unmittelbaren Nachkriegszeit, als echter Hunger umging.

Bei allem Positiven, das dazu noch zu sagen sein wird, bedeuteten die nunmehr einquartierten Soldaten doch auch Last, allein schon von ihrer Zahl her, die in der Regel erheblich höher lag als die der mittlerweile abgezogenen Westwallarbeiter. Aber dafür ließ sich bei den meist jungen Leuten vieles leichter regeln und fiel vor allem die Verköstigung weg, für die nun die Feldküche mit ihren sogenannten Küchenbullen zuständig war. Doch Beengung im Hause und das nicht mehr ungeteilte Untersichsein der Bewohner dauerten an oder verstärkten sich noch.

Erheblich verschärft wurde die Situation durch den Umstand, daß damals noch ein Großteil der Truppe bespannte Einheiten waren, also auch die Pferde untergebracht werden mußten. Dafür mußten Schuppen und Scheunen herhalten; nur im Ausnahmefall war im eigenen Stall Platz für die Tiere. Die Folge waren Engpässe beim täglichen Wirtschaften, daß z.B. die Scheune für Drescharbeiten ausfiel. Mit der Versorgung der Pferde hatte es vorerst keine Probleme,

Fürs Essen war jetzt die „Gulaschkanone" (Feldküche) zuständig. Hier: Einquartierung in Sellerich.

*Gutes Einvernehmen:
umschwärmte Mädchen
im Dorf.*

sehr im Unterschied zur Einquartierung beim Krieg auf heimischem Boden 1944/45, als der Hunger so groß war, daß die Tiere das Holz von Leitern und Stützpfeilern in Schuppen und Scheune abfraßen.

Schaden nahm nun neuestens die Feldflur auch dort, wo sie nicht durch Bunker und Gräben geschädigt worden war, jetzt hob man auf ihr Flak- und Scheinwerferstellungen aus mit in den Boden eingelassenen Wohnbaracken. Die Zahl dieser Stellungen wurde beachtlich, weil auf Talwiesen große Treibstoffvorräte und an Waldrändern lange Reihen von Munitionskisten lagerten, die gegen Gefährdung aus der Luft abgesichert werden mußten. Zu ihrer Versorgung setzten die meist auf Bergen postierten Kanoniere Essensträger ein.

Neben solchen Negativposten ließ sich doch auch das eine oder andere Nützliche und Willkommene vermelden, an erster Stelle die Bargeldeinnahmen in Gestalt des Quartiergeldes, aufgestockt in manchen Fällen auch jetzt durch Erlöse aus Wasch- und Bügeldiensten von Frauen und Mädchen. Die Einquartierten revanchierten sich zuweilen durch Mithilfe bei der Feldarbeit, auch unter Mit-

einsatz der Pferde. Die Alarmmeldung am 9. Mai 1940 wurde den in meinem Elternhaus untergebrachten Soldaten aufs Feld übermittelt, wo sie beim Kartoffellegen halfen.

Wie die Straßen - nun durch Militärverkehr - weiter zu leiden hatten, wurden sie hie und da durch Soldaten auch neu instandgesetzt, mitunter durch Bau von Nebenstraßen entlastet. Eine in meinem Heimatdorf einquartierte Sanitätskompanie machte sich dadurch nützlich, daß sie ganze Flächen von lästigen Ginsterbüschen säuberte, die dann zur zeitweiligen Tarnung der Bergstraße Sinspelt - Neuhaus verwendet wurden.

Für uns Kinder wurde nicht selten die Feldküche zum Anziehungspunkt. Dort durfte man Suppen und Speisen, z.B. Pilze, von Soldaten auf den herbstlichen Wiesen gesammelt, kosten, die es daheim nicht gab. Ebenso waren Heringe in Tomatensoße und Ölsardinen Neuheiten, die der heimische Speisezettel nicht kannte, nun aber von Soldaten den Zivilisten zum Probieren überlassen wurden. Das ist schon ein Hinweis auf das gute Verhältnis, das in aller Regel zwischen Soldaten und Zivilisten bestand.

d) Schauspiele

Alle diese Punkte und Begebenheiten sind Mosaiksteine in einem Bild, das mit dem Sitzkrieg einen noch stärkeren Einbruch in den gewohnten Alltagsablauf anzeigt, zumindest in der Westeifel. Ganz neu waren für die Einheimischen, die nicht „gedient" hatten, die militärischen Schauspiele, die nun vor ihren Augen abliefen. Einige Wochen hindurch fing das in meinem Heimatdorf schon früh morgens damit an, daß „op da Ley", neben der Kapelle, ein Trompetensignal ins Tal hinab erging, angeblich auf den Text: „Habt ihr noch nicht lang genug geschlafen?" Nach dem Frühstück mit Kathreiners Kaffeeersatz im Kochgeschirr war Antreten zur Befehls- und Paroleausgabe, dann Dienst, meist mit Ausmarsch ins Gelände und Übungen dort. Solange das herbstliche Regenwetter anhielt, lag darin wenig Reiz, aber um Mitte Dezember herum setzte wunderbares Winterwetter ein, das bis weit in den März hinein andauerte, trockener Frost bis Anfang Januar, danach Schneefälle und Frost bis unter -20 Grad.

Da konnte der morgendliche Ausmarsch der frischen jungen Männer fast erbaulich wirken, je nach Geschmack noch dadurch verstärkt, daß Gassenhauer wie der vom „kleinen Blümelein Erika" oder vom Westerwald, über dessen Höhen der „Wind so kalt" pfeift, abgesungen wurden. Der spätere Nachmittag blieb meist Instandhaltungsdiensten wie Gewehrreinigen und Wäschepflege vorbehalten, und am durchweg dienstfreien Abend erklang um 22 Uhr wieder das Trompetensignal, jetzt als Zapfenstreich.

Buchstäblich sensationell waren für die Land- und Dorfleute die nun einsetzenden Aktivitäten in der Luft. Denn was hatten sie bisher vom Fliegen und von Flugzeugen

Die Kapelle auf dem Felsen, von wo aus das Trompetensignal erging.

123

schon mitbekommen! Im (Ersten) Weltkrieg, wie mir erzählt wurde, einmal Moto-
rengeräusch über den Wolken, danach das
eine oder andere Verkehrsflugzeug auf der
Ost-West-Route, im Sommerhalbjahr 1937
sogar jeden Tag gegen 11 Uhr, in relativ
großer Höhe. Nun aber war der Bann gebrochen. Von ihren vorgeschobenen Feld-
flugplätzen stiegen sie bei gutem Wetter zu
stundenlangen Übungsflügen auf: die
Fieseler Störche und Henschel-Nahaufklä-
klärer. Wohl ab März 1940 gesellte sich für
etwa eine halbe Stunde am Nachmittag zu
ihnen eine zweimotorige Do 17 (Dornier),
die an der Grenze entlang Patrouille flog.

Ein ganz neues Phänomen am Himmel
tauchte an einem strahlendhellen Frosttag
kurz vor Weihnachten in Gestalt von
Kondenzstreifen auf. Es war wohl ein französischer Fernaufklärer, der um die Mittags-
zeit einen mächtigen Wolkenschweif hinter
sich her zog. In Unkenntnis der klimatolo-
gischen Ursachen ging zunächst die Vermu-
tung um, die Flugzeuge nebelten sich ein,
um nicht von der gegnerischen Flak gesehen zu werden. Tatsächlich schwiegen die
Flakgeschütze denn auch. Vier Monate später, am 20. April 1940, waren es deutsche
Flugzeuge, die mit Kondenzstreifen am
wolkenlosen Frühlingshimmel Hakenkreu-
ze zu Hitlers Geburtstag inszenierten.

Während es sich die Franzosen in der Maginotlinie ziemlich bequem machten, wurden
die Einheiten auf deutscher Seite auf hohes
Leistungsniveau gebracht bzw. darauf gehalten. Dazu gehörten Gefechtsübungen
auch im Zusammenwirken mit Luftaufklärung und Luftangriff, manchmal so wirklich-
keitsnah, daß man dadurch aufgeschreckt
und in Angst versetzt werden konnte.

Eine gewisse Angst bemächtigte sich der
Zivilisten auch, wenn Flakbeschuß gegen

eingeflogene Feindmaschinen einsetzte. In
dem Raum, in dem ich es miterlebt habe,
war das während der Sitzkriegszeit fünf-
oder sechsmal der Fall, besonders einpräg-
sam am 6. Oktober 1939, als Hitlers Reichs-
tagsrede im Radio übertragen wurde. Plötzlich gab es zwei lautstarke Explosionen. Die
Zuhörer stürzten vom Lautsprecher auf die
Straße, wo sie dann die kleinen Explosions-
wolken und kurz danach zwei der damals
so berühmten Messerschmitt-Jagdflugzeuge
(Me 109) am Himmel sahen. Doch der
Franzose hatte sich derweil über Luxemburg davongemacht.

In der Nacht von Ostermontag auf Oster-
dienstag 1940 konnte man im Gefolge eines
zur Nacht eingeflogenen Flugzeuges auch
die Scheinwerferbatterien in Aktion sehen,
die ringsum auf den Bergen stationiert
waren. Aber mit Abschuß war es auch diesmal nichts.

Ebenfalls waren ungute Gefühle die Folge,
wenn es hieß, man habe das Artilleriefeuer
von der Front an der Saar oder aus dem
Pfälzerwald gehört. Damit verknüpften sich
sofort schmerzliche Erinnerungen an das
Trommelfeuer von Verdun oder auch an der
Somme im (Ersten) Weltkrieg, als bis in die
Eifel hinein die Fensterscheiben klirrten.
Damit war das Geplänkel im Sitzkrieg nicht
zu vergleichen, wobei zudem noch die
Frage bleibt, ob dieser minimale Kanonen-
donner wirklich so weit zu hören war.

Bis in die Schule hinein wirkte sich der
Sitzkrieg aus, zunächst in dem Sinne, daß
die Schulsäle zwischendurch mit Soldaten
belegt waren und so der Unterricht ausfiel.
Wann hatte es so etwas schon mal gegeben,
gerade zur schönsten Winterszeit! Zweitens
erwuchs aus dem Sitzkrieg den Buben der
Oberstufe in meiner Heimatschule ein besonderes Aufsatzthema: „Besichtigung einer

Kanone". In einem Filialort war schwere Artillerie einquartiert. Der Batteriechef, selbst Lehrer, lud auf Anfrage des Dorflehrers die Oberstufenbuben gern ein und übernahm auch selbst die Demonstration des 21 cm-Geschützes. Seitdem weiß ich, was ein „Rohrrücklaufgeschütz" ist und wozu es die Spiralenvertiefung im inneren Rohr gibt. Der Aufsatz war einer der wenigen, die ich in der Volksschule gern geschrieben habe, und der Hauptmann habe das Ergebnis gelobt, wußte unser Lehrer zu berichten.

e) Begegnungsfeld

Gemäß tief verankertem Wesensgesetz gingen wie in der Westwallzeit auch in den Sitzkriegsmonaten die nachhaltigsten Anregungen für die Bewohner vom unmittelbaren Gegenüber der Menschen aus. Stärker als sachliche Veränderungen forderten und fordern unterschiedliche Normen, Einstellungen und Verhaltensweisen bislang unbekannter Menschen zu Vergleich und kritischem Abwägen heraus. Und je mehr sich davon jetzt zumindest andeutete, um so mehr erhielten, in Korrespondenz dazu, Eigendenken, eigene Entscheidung und Eigenverantwortung eine Chance, jene personalen Vollzüge, auf die unsere Darstellung von Anfang an ausgerichtet war und die nun mit dem Blick auf den Sitzkrieg gleichsam in die Zielgerade einmünden.

Es darf nämlich nicht übersehen werden, daß das Miteinander von Fremden und Einheimischen in diesen acht Monaten zu ganz eigener Qualität gedieh. Selbst wo der Umgang mit den Westwallarbeitern reibungslos verlief und sich über mehr als ein Jahr hinzog, blieb in aller Regel beidseitig ein gewisser Vorbehalt. Die Arbeiter standen durchweg im vollen Mannesalter mit fest-

ausgeprägter Lebensform: fixierten Arten und oft genug auch Unarten. Bei den Einheimischen war es um die Erwachsenen und Älteren ebenso bestellt, wodurch dem gegenseitigen Austausch Grenzen gesetzt waren. Aber nun hatten es die Dorfbewohner mit Soldaten zu tun, jenen frischen, disziplinierten jungen Männern, wie sie vorstehend schon apostrophiert wurden, die noch sehr viel flexibeler und menschlich unmittelbarer waren. Auch sie hatten ihre herkommensmäßige und erzieherische Prägung, aber sie waren zu einem hohen Anteil noch offen für weitere menschliche Zuwendung. Das betraf vor allem das Verhältnis zwischen Soldaten und den Müttern im dörflichen Hausquartier. Wie oft wurden letztere zu Ersatzmüttern, die guten Zuspruch leisteten und mit Bratkartoffeln und Gebäck aufkeimendes Heimweh bei „ihren" erwachsenen Buben dämpften. Sie gaben sich dabei nur zu gern der Hoffnung hin, ihrem eigenen Sohn oder Mann möge in der Ferne gleiches oder ähnliches beschieden sein.

Soldaten helfen beim Einbringen der Ernte (im Drillichanzug).

Und diese jungen Männer erzählten von zu Hause, eine Illustration für so manches, was den Dorfbewohnern an ihnen auffiel. Auf eigenes Miterleben hinblickend, habe ich an erster Stelle erneut die Verwunderung über die Wasch- und Hygienegepflogenheiten zu nennen. Das gab es bislang im Dorf einfach nicht, daß junge Männer sich am Dorfbrunnen mit entblößtem Oberkörper wuschen und in derselben Aufmachung ein Sonnenbad zu nehmen versuchten - von Creme und Duftstoffen, die sie verwendeten, erst gar nicht zu reden. Zudem waren es vorwiegend Sanitätseinheiten, die meinem Heimatdorf zugeteilt wurden, in denen relativ viele Studenten Dienst taten. An ihnen ließ sich ablesen, was eine gute Kinderstube ist mit Höflichkeit im Benehmen und Sprechen, z.B. im Gebrauch der Wörter „bitte" und „danke", für die sich in der Mundart kaum Raum fand. Desgleichen zeigte sich, daß Gespräch auch ohne die im Dorf so geläufigen Fäkalien-Ausdrücke auskam.

Gar nichts war hier geblieben von den Feier- und Trinkgelagen, durch welche die Westwallarbeiter so oft und so unangenehm von sich reden gemacht hatten. Solches ließ schon der stramme Dienst nicht zu, dem die Soldaten unterworfen waren, und sie hätten es wohl in ihrer großen Mehrheit auch von sich aus nicht gewollt. Stattdessen bauten Angehörige des schon einmal erwähnten Krankenkraftwagenzuges aus Sachsen am Dorfrand eine Sauna, in der sie sich gütlich taten.

Und selbst die Tatsache, daß Krieg war, trug in gewisser Weise zum trauten Beieinandersein von Zivilisten und einquartierten Soldaten bei. Krieg bedeutete kollektives Bedrohtsein und damit ein erhöhtes Maß an Schicksalsverbundenheit. Wie es bei Sturm

126

und Kälte draußen in der warmen Stube drinnen um so gemütlicher und inniger wird, verhielt es sich nun auch mit den Soldaten in der herbstlichen und winterlichen Bauernstube, vor allem an den langen Abenden und am Sonntagnachmittag. Zu diesen Zeiten bestanden dienstliche Verpflichtungen nur im Ausnahmefall. Die Abende waren häufig gemeinsamem Spielen gewidmet, und am Sonntagnachmittag schaltete man, falls ein Radiogerät vorhanden war, gern das später zur Legende gewordene Wunschkonzert ein. Darin wurden Musikwünsche von daheim für Soldaten und umgekehrt erfüllt mit Übermittlung auch von Geburtsanzeigen an frischgebackene Soldaten-Väter. Seine eigentliche Berühmtheit erlangte das Wunschkonzert allerdings in der Sendezeit über den Sonntagmittag, die erst später eingeführt wurde.

Übrigens wird von einer solchen Gestimmtheit auch aus der ehemaligen DDR berichtet, wo Grenzbewohner selbst nächste Angehörige nur auf Antrag zu Besuch empfangen durften - wegen angeblicher Bedrohung aus dem Westen. Da hätten sich besonders enge persönliche Verbundenheiten geknüpft, wurde mir berichtet.

Wie schon gesagt, lag das Quartierkontingent jetzt in aller Regel höher als bei den Westwallarbeitern, doch dies tat dem beiderseitigen Geben und Nehmen keinen Abbruch. So verbanden Soldaten des erwähnten Krankenkraftwagenzuges, der von Ende Januar bis zum 9. Mai 1940 im Dorf lag, mit dem Erzählen von daheim auch die Darbietung heimatlicher Lieder. Seitdem höre ich immer gern das sächsische Abendlied: „Sis Feierownd.... s' Tagwerk is vollbracht...". Dieselben Soldaten bereiteten eines Sonntagsvormittags für das ganze Haus original Thüringer Kartoffelklöße mit Götterspeise zum Nachtisch, die ich bei die-

ser Gelegenheit zum ersten Mal schmeckte. Abermals aus dieser Einheit wandte sich ein im Elternhaus einquartierter Gefreiter, seines Zeichens hoher HJ-Funktionär und wegen besonderer Tapferkeit in Polen Träger des „EK-2" (Eisernes Kreuz 2. Klasse),an meine Mutter mit dem dringenden Rat, mit mir wegen Zahnsanierung zum Zahnarzt zu gehen. Diese Sanierung wäre schon früher angebracht gewesen. Einen ähnlich guten Dienst erwies diese Einheit, als sie die zur Pockenschutzimpfung beorderten Kinder und ihre Begleitpersonen mit einem Krankentransportwagen vom Filialdorf in die Schule und zurück brachte.

Höhepunkt des gemeinschaftlichen Zusammenseins mit diesen Sachsen war ein Kameradschaftsabend am Ostermontag, 25. März, im großen Versammlungsraum einer Barackenkolonie, zu dem auch die Dorfbevölkerung eingeladen war. Ein Sanitätsunteroffizier hatte eine Bierzeitung verfaßt, in der zum großen Vergnügen aller auch die Quartiergeber humorvoll aufgezogen wurden.

Der Beschlagmeister mit Ochsengespann.

127

Bei einer früher stationierten Einheit hatten Schuster und Schneider ihre Werkstatt in der Stube, bei der nachfolgenden bespannten Einheit der Beschlagmeister seine Arbeitsstelle im Schuppen meines heimischen Anwesens eingerichtet. Für jeweils gut einen Monat hatte es mit Reparaturen an Schuhwerk und Herrenbekleidung und danach mit neuem Eisenbeschlag für die Vorderhufe unserer Zugochsen keine Not.- Von der gelegentlichen Hilfeleistung der Soldaten bei der Feldarbeit war schon die Rede.

Eine „Zuwendung" besonderer Art erfuhren allerdings die Schulkinder meines Heimatdorfes (darunter auch ich) auf dem drei Kilometer langen Heimweg aus der Schule an einem bitterkalten Januartag 1940. Vier Buben aus der Gruppe zündeten sich je eine „Eckstein-Zigarette" an aus einer Packung, die einer von ihnen seinem Vater stibitzt hatte. Sie pafften ordentlich drauf los, als ihnen ein Soldat mit Fahrrad entgegenkam. Da warfen zwei ihre Zigarette weg, während die beiden anderen nun erst recht blauen Dunst in die eiskalte Luft bliesen. Der Soldat, ein Unterfeldwebel, fuhr auf den einen zu und postierte den anderen gleich daneben, auch die Nichtraucher wurden zum Stehenbleiben kommandiert. Dann schlug der Uniformierte auf das Raucherpaar ein, jeweils auf Backen und Ohren, vier Streiche mit Handschuhen, dann vier mit bloßer Hand, mehrfach im Wechsel. Als einer der beiden den Abhang hinunter über den Bach zu entkommen versuchte, wurden ihm Todesprügel angedroht, woraufhin die ganze Gruppe ihn anflehte zurückzukommen. Mit der Ankündigung, dem Lehrer die Raucheruntat mitzuteilen, ging die letzte Schlagrunde über die inzwischen hochrot geschwollenen Backen und Ohren hinweg, zum Entsetzen auch derer, die das ganze mitansehen muß-

ten. In der Schule erging weiter nichts, aber das Rätselraten, was das für einer gewesen sein mochte, hielt lange an. Sicher verabscheute er jugendlichen Nikotingenuß, aber ob auf solche Weise diesem Übel beizukommen ist, bleibt fraglich. Jedenfalls sind beide Traktierte Raucher geworden, der eine bis auf den heutigen Tag, der andere bis zu seinem „Heldentod für Führer, Volk und Vaterland" in Rußland vier Jahre später.

Aber auch die Zuwendungen der Zivilisten an die Soldaten konnten sich sehen lassen, insbesondere die großherzige Tat eines Zahnarztes aus der Roten Zone, bei dem der Fahrer eines Bataillonskommandeurs einquartiert war. Selbiger war verlobt und hätte so gern Weihnachten zusammen mit seiner Braut gefeiert. Doch er bekam keinen Urlaub, und sie durfte ohne wichtigen Grund nicht in die Rote Zone einreisen. Kurzentschlossen stellte der Zahnarzt die Braut zum Schein als Sprechstundenhilfe ein und nahm auch sie über die Festtage in sein Haus auf. Für den Bräutigam waren es die letzten Weihnachten. Er fiel in den ersten Wochen des Westfeldzuges in Frankreich.

Zuwendung war es für die Einheimischen auch, wenn sie in ihrem Verhalten durch die Soldaten bestätigt wurden. Das geschah in meinem Heimatdorf schon gleich im September 1939 auf hochsensibelem Empfindungsterrain: Eine in den Häusern einquartierte Sanitätskompanie aus dem Münsterland marschierte mehrere Sonntage in Folge nahezu geschlossen zur Frühmesse in die Pfarrkirche. Diese konnte die über hundert Mann nur fassen unter Mitbenutzung von Mittelgang und Altarraum. Das wuchtige Beten und Singen der fremden, aber nun zugleich so verwandten und vertrauten Männer konnte einen seines Glaubens froh, ja stolz machen. Man konnte es nun mit

Händen greifen: Das war ein Glaube nicht nur für das abgelegene Eifeldorf, im fernen Münsterland hatte er mindestens ebenso treue Anhänger.

In den Zuwendungskatalog gehört weiter hinein die Fortführung der in der Westwallzeit entwickelten Kultur- und Unterhaltungsprogramme. Sie lagen jetzt offensichtlich in der Mitregie der Wehrmacht und konzentrierten sich auf Orte mit höheren Kommandostäben. Dafür gingen aber nun die Regimentskapellen aufs Land mit öffentlichen Standkonzerten am späten Sonntagvormittag. In kleinerer Besetzung traten sie auch zum Geburtstagsständchen für den Kommandeur an, in dem von mir miterlebten Fall für einen Major aus Bayern, dem zu Ehren vor dem Quartier im Pfarrhaus zum Schluß der Bayerische Defiliermarsch erklang.

Ebenfalls setzte sich fort die in der Westwallzeit in Gang gekommene sprachliche „Elaboration" der Einheimischen. Wir erinnern uns der Probleme, die es mangels entsprechender Sprechsituationen für die Dorfbevölkerung mit dem Gebrauch des Hochdeutschen auf sich hatte. Günstig war nicht nur, daß man weiterhin mit Auswärtssprachigen im Gespräch stand, sondern jetzt auch hier der Umstand, daß es sich dabei um junge Menschen handelte. Auch in sprachlicher Hinsicht erwiesen sich diese als flexibeler, selbst wenn sie, wie die Sachsen, massiv auch selbst Dialekt sprachen. Nach dreimonatiger Einübung gab es jedenfalls weder hinüber noch herüber mehr nennenswerte Verständnisschwierigkeiten, bei der fundamentalen Bedeutung, die der Sprache für die Welt- und Eigensicht, im letzten für die Menschlichkeit des Menschen zukommt, ein großer Gewinn, vor allem auf die Zukunft der Region hin gesehen.

Diese Verbundenheiten, verglichen mit denen der Westwallzeit schon quantitativ, erst recht in Qualität und Intensität überlegen, führten in vielen Fällen zu Freundschaften, die den Krieg bis an die Schwelle unserer Tage überdauerten. Oftmals führten sie auch zu Liebes- und Ehebeziehungen, von denen noch zu sprechen sein wird. Es geschah jetzt etwas, was in bezug auf die Westwallarbeiter die Ausnahme war: Quartiernehmer und Quartiergeber tauschten Fotos aus und blieben häufig über Jahre hin miteinander in Briefwechsel. Angehörige des 39. Infanterieregiments, das im Raum Irrel stationiert war, schlossen sich nach dem Krieg zu einer Kameradschaft zusammen und feierten über Jahrzehnte hinweg in regelmäßigen Abständen am einstigen Standort mit den Gastgebern von einst Wiedersehen.

f) Begegnungen

Mit dem, was in diesem Zusammenhang Begegnungsfeld genannt wird, ist Begegnung selbst noch nicht gegeben, wohl aber ein Beziehungsgefüge, aus dem sie jederzeit erfüllend, nicht selten auch beglückend aufbrechen kann: die Begegnung, wie sie nach dem Zweiten Weltkrieg über viele Jahre zentrales Thema in Philosophie und Pädagogik gewesen ist. Gemeint ist das Aufeinandertreffen, das „Sichbegegnen" von Menschen, denen das Treffen „zustößt", die es nicht geplant und arrangiert haben, sich aber von ihm bis in die Seele hinein getroffen wissen. Dabei können auch äußere Dinge eine Rolle spielen, in diesem Falle etwa die erwähnten Bratkartoffeln der bäuerlichen Ersatzmutter, aber im Hintergrund gehen allemal Herzen auf, fällt der Blick „ins Herz der Augen", wie es bei Martin Buber heißt.[54] Ein Blick, der auf beiden Seiten Welt- und Lebensperspektive verändert. Es handelt sich um den schon in der Antike gefeierten „erfüllten Augenblick" (kairós), in dem es einem, ähnlich den Emmaus-Jüngern, wie Schuppen von den Augen fällt und der begegnende Andere wie von höheren Orts verfügt, ja als Geschenk des Himmels erscheint. Solche Begegnung ist die höchste Gestalt personaler Wirklichkeit; sie wahrt streng das personale Selbstsein des einzelnen und gewährt zugleich ein Maximum zwischenmenschlicher Erschlossenheit und Mitteilung. Darin setzt sie gegenseitiges Verstehen voraus, lebt aber ebenso wesentlich von der Verschiedenheit der Partner, die sie zu selbstkritischer Besinnung herausfordert. Und darin wieder ist das wagemutige Vertrauen einbegriffen, daß man dem Anderen auf Leben und Tod trauen kann.

Über Begegnung in diesem Sinne läßt sich von außen her nur schwer etwas sagen, sie wohnt ganz tief im gegenseitigen Innen der Menschen. Aber es gibt Anzeigen, „Indikatoren", die auf Begegnungsgeschehen schließen lassen, und an solchen ist gerade für die Sitzkriegszeit in der Eifel kein Mangel. Etwas von Begegnung war schon in den vielen Liebesbeziehungen gegenwärtig, die sich damals zwischen Haustöchtern und einquartierten Soldaten entwickelten. Doch wollen wir zunächst auf begegnungshaftes Zueinander anderer Art hinblicken, an das ich mich aus dem Umkreis meines Miterlebens erinnere.

Es war Begegnung, als mein Onkel zufällig mit dem Chef des nun schon so oft genannten Krankenkraftwagenzuges zusammentraf und beide schließlich ihre abgrundtiefe Gegnerschaft zum NS-Regime bekundeten. Das konnte damals tödlich sein. Der Onkel war unterwegs aufs Feld, der Leutnant, im Zivilberuf Arzt und eine Inkarnation edelster Menschlichkeit, auf dem täglichen Spaziergang mit dem Hofhund der Gastgeber, mit Phylax. Laut Onkels Bericht endete das Gespräch mit einem Hinweis des Leutnants auf eben diesen Phylax: der sei gescheiter und zuverlässiger als die ganze gegenwärtige Reichsregierung und als Gesprächspartner geradezu ideal, weil er absolut verschwiegen sei. - 'Rein zufällig' liefen sich die beiden noch einige Male über den Weg, der Leutnant stets mit einer der rund hundert Zigaretten in der Hand, die er pro Tag rauchte, vor allem aber geprägt von der Bereitschaft, bis zum letzten für seine Leute einzustehen. Das hat ihn zu einem der ersten Gefallenen des Westfeldzuges gemacht.

Begegnung war ebenfalls mit im Spiel, als sich eines Abends das Gespräch mit „unseren" Sachsen, wie von Wunderhand geführt, auf religiöse Themen zubewegte. Die Vorahnung hatte nicht getrogen: Diese Soldaten waren gläubige Protestanten - bis auf den HJ-Führer, der diesmal aber nicht dabei war. Die Männer interessierten sich sehr für die Unterschiede zwischen katholischem und evangelischem Glaubensleben; offenbar lebten auch sie bis zu einem gewissen Grade in konfessionellem Ghetto. Zwei von ihnen äußerten den Wunsch, einmal an einem katholischen Gottesdienst teilzunehmen. Der Onkel nahm sie mit in die Erstkommunionmesse am Weißen Sonntag 1940 (31. März). Sie waren von der Feier beeindruckt und stellten im Anschluß viele Fragen. Vor allem war ihnen der sogenannte sakramentale Segen mit Monstranz aufgefallen - was das für ein Gebilde sei mit so einem kleinen weißen Rund in der Mitte...

Das Wort Ökumene bzw. ökumenisch war den einfachen Gläubigen damals noch unbekannt. Aber in der Lebenswirklichkeit begab sich hier Ökumene im besten Sinne des Wortes, wobei die größere Freiheit und das größere Vertrauen auf evangelischer Seite angesiedelt waren. Katholiken durften damals noch lange nicht an einem evangelischen Gottesdienst teilnehmen, das Verbot scheint formell bis heute zu gelten. Da hatten es die beiden Soldaten als Protestanten schon damals einfacher.

Ereignisse wie dieses setzten Zeichen und hinterließen Spuren. Um es von mir persönlich zu sagen: Das harte Urteil, das ich in Schule und Religionsunterricht über Luther, Reformation und evangelische Christen gehört hatte, verlor seine ätzende Schärfe. Galt „evangelisch" bzw. „protestantisch" bis dahin in der Westeifel fast als Schimpfwort, übertroffen nur noch von „sozialdemokratisch" und mehr noch von „kommunistisch", so wurde nun auf jeden Fall eines für mich zur Gewißheit: Auch Protestanten sind Menschen, die sogar liebenswürdig sein können - und wie liebenswürdig diese Soldaten waren! Am liebsten würde ich heute noch den Kopf etwas höher tragen, weil ich in eben dieser Meßfeier, angeblickt von solchem Besuch, mein Debüt als Meßdiener gegeben habe. Ich kam mir unendlich wichtig vor.

Blicken wir von hier aus auf das Gesamtkapitel Sitzkrieg zurück, so gilt die Feststellung: Wäre nicht Kriegszeit gewesen, könnte man vom Sitzkrieg fast als von einer guten und schönen Zeit sprechen. Ohne Frage gab es vielerorts Probleme und Mißhelligkeiten, aber es gab eben auch das hier dargelegte Miteinander, das von freundlicher Bekanntschaft bis hin zu existentieller Begegnung reichte. Entsprechend schwer war der Abschied am 9. Mai 1940, wie er besonders eindrucksvoll in der Schulchronik von Auw bei Prüm dokumentiert ist:

„Diesmal ist es ernst. Was denn? Wohin denn? So gingen die Meinungen hin und

her. 18 Uhr antreten, Munitionsempfang, Geldabgabe. Abmarsch nachts 0.30 Uhr zur Bereitstellung an der Grenze.

Also doch kein blinder Alarm! (wie vorher so oft - der Verf.). Ernst, furchtbar ernst! Es fiel den Auwern wirklich schwer, als die Abschiedsstunde nahte. Von Oktober ab lagen die Jungen hier. Man hatte sich sehr gut angefreundet. Sie gehörten zu uns. Waren schon Mitbürger geworden. Selbstverständlich dachte kein Mensch an Schlafengehen. Unser Feldwebel, der so lange in meinem Familienhaushalt mitlebte, schrieb noch abends seinen letzten Brief von Auw an seine Frau und seinen Jungen. Es kann auch der letzte Brief überhaupt sein - wer weiß! Es fiel ihm nicht leicht. Auch der Abschied von uns fiel ihm schwer. Soldatenlos! Ernst, aber zuversichtlich und hoffnungsfroh traten die Soldaten nachts um 0.30 Uhr zum Abmarsch an... Licht wurde nur abgeblendet gebraucht. Von allen Seiten hallten Kommandos durch die Nacht. Die Bevölkerung war auch versammelt. Zum Schluß noch einige Worte des Kompanieführers zur freundlichen Aufnahme an die Auwer Bevölkerung. Ein dreifach 'Hurra' der gesamten Mannschaft, und fort ging's in die dunkle Nacht. Ins Ungewisse! Zur Verteidigung des Vaterlandes ziehen sie dahin, zur Verteidigung unserer Heimat."

So ein Abschied war in der Tat denkwürdig; ich habe ihn zweimal miterlebt: jetzt am 9. Mai 1940, und dann noch einmal in unvergleichlich schwierigerer Lage am 15. Dezember 1944, am Vorabend der sogenannten Ardennenoffensive. Mehr noch als sonst erschienen die Soldaten in solcher Aufbruchssituation mit tief zwiespältigem Doppelgesicht. Die einem die Hand zum Abschied reichten, waren Menschen wie du und ich mit Freude, Leid, Sehnsucht und Angst; die dann zum Abmarsch antraten, womöglich noch mit Stahlhelm auf dem Kopfe, schienen aller dieser menschlichen Züge entkleidet zu sein: schon das „dreifach Hurra" klang anders, klang unpersönlich. Die Männer waren in Dienst verwandelt, in dem nur das uns mittlerweile vertraute „Denken in Ganzheiten" galt, sogar für das Sterben, das nun zum „Helden"-Tod führte und über kleinmütiges Klagen erhaben war. Auf dem Soldatenfriedhof in Daleiden kann man sehen, wie entsetzlich viele „Helden" schon der erste Tag der Ardennenoffensive, der 16. Dezember 1944, einbrachte - jener Offensive, mit der Hitler sein sterbendes Reich noch in letzter Minute zu retten versuchte.

Abschied am 9. Mai 1940.

Und wie fühlte man sich, nachdem die Soldaten in „die dunkle Nacht, ins Ungewisse" eingetaucht waren? Man hörte die Zeit förmlich ticken, bis es dann losbrach: in meinem Blickfeld am 10. Mai 1940 mit plötzlich einsetzenden Tiefflügen von Fieseler Storch-Flugzeugen in morgendlicher Frühlingsluft, am 16. Dezember 1944 mit schwerem Artilleriefeuer auf die amerikanischen Stellungen in Luxemburg nach diesig-dunkler Vorwinternacht. Doch selbst jetzt, ein knappes halbes Jahr vor der totalen Niederlage, keimte noch Hoffnung auf, wenn auch nur für wenige Tage.

Mit dem Blick auf den Sitzkrieg münde unsere Darstellung gleichsam in ihre Zielgerade ein, so hieß es vorhin unter der Überschrift „Begegnungsfeld". Dem ist in der Tat so. Zunächst war es unser Anliegen, die globale Rückständigkeit zu verdeutlichen, in die das Land an der Grenze geraten war. In einem zweiten Schritt sollten die ersten wirkkräftigen Impulse zur Überwindung dieses gesamtkulturellen Defizits aufgewiesen werden. Mit den Sitzkriegsmonaten erreichten diesbezügliche Ausgleichsanregungen tatsächlich einen ersten Höhepunkt, jenen Punkt, bis zu dem hin das vorliegende Buch den Entwicklungsgang im einzelnen verfolgen will. Es ist der Punkt, an dem sich den Einwohnern Denk- und Handlungsalternativen darboten, wie es sie in solcher Qualität in dieser Region bislang nicht gegeben hatte. Vor allem hatte es sie nicht in solcher Attraktivität gegeben. Sie kamen nicht aufdringlich und besserwisserisch daher wie häufig selbst noch in der erst kurz zurückliegenden Westwallzeit, sondern angetan mit Freundlichkeit und Respekt vor der Überzeugung des anderen, die nun zu echtem Eigengewicht gedieh.

Freilich fand kein Durchbruch statt, aber es blieb ein Hauch von Ermutigung, nicht zuletzt im Namen jener Kraft, die den Menschen in besonderer Weise zu Offenheit und Engagement anfeuert und der bislang so viele Hindernisse im Weg standen: der Liebe zwischen Mann und Frau. Wie sich das konkret in den Sitzkriegsmonaten gestaltete, wird später darzulegen sein, zunächst haben wir uns das Wesen menschlicher Sexualität und dann deren bis dahin in dieser Region gelebte Art vor Augen zu stellen.

8. Kapitel: Sexualität und Erotik

a) Zur Orientierung

Wenn religiös-weltanschauliche Ausrichtung sich bis in die Bereiche Wirtschaft, Handel und Verkehr auswirkt, wäre es höchst verwunderlich, fände sie nicht auch ihren Niederschlag im sexuellen Leben und Erleben der Menschen. In den zentralen Maßgaben reicht dieser Bereich sogar unmittelbar in das Feld von Religion bzw. Theologie hinein aufgrund der ihm eigenen hohen moralischen Relevanz. Die Antwort darauf ist Moral als Lehre, als Teilgebiet der Theologie, mit dem Anliegen, auf das moralische Verhalten der Gläubigen einzuwirken. Beispiele für solche Prägung durch Moral sind uns in den zurückliegenden Kapiteln zuhauf begegnet, sie bezeugen allesamt ein strenges Regiment der Kirche. Wiederum aus dem Pathos unwandelbarer Geltung heraus nahm die katholische Kirche ihre Gläubigen über Jahrhunderte hinweg gerade auf die geschlechtliche Liebe hin in die Pflicht - mit angeblich zeitlos gültigen Geboten.

In der Tat ist die Liebe zwischen Frau und Mann eine fundamentale Kraft im Menschen. Wie sie eingeschätzt und gelebt wird, ob begrüßt oder mit Argwohn betrachtet, wirkt sich nachhaltig auf die existentielle Befindlichkeit, insbesondere der Zukunft gegenüber, aus. Könnte doch verdrängte, rigoros eingeschränkte Geschlechtlichkeit gerade die Energien lähmen, von denen ein Zuwachs an Lebensqualität abhängt und deren Motivationskraft untrennbar mit der Fortschrittsidee verbunden ist.

Abseitsposition und Entwicklungsverzug der Region also infolge restriktiver Sexualmoral?

Mag es auf den ersten Blick auch überraschen, diese Thematik wiegt so schwer, daß sie eigens und gesondert behandelt zu werden verdient. Dabei eröffnen sich Einblicke in Westeifeler Mentalität und dörfliches Schicksal, wie sie in solcher Intimität meines Wissens bislang nicht ausgesprochen worden sind. Doch als noch weithin Mitbetroffener glaube ich diesen Schritt wagen zu dürfen, ohne in falschen Verdacht zu geraten. Ich wage ihn als Zeitzeuge von damals, der mittlerweile auch den gebührenden zeitlichen und insofern „objektivierenden" Abstand zum damaligen Liebesleben gewonnen hat. Auf jeden Fall würde in der Heimatgeschichte eine tiefe Lücke aufklaffen, wollte man es verschweigen: Noch um 1950 setzte in der Eifel vielen Bewohnern die Gewissensnot um Sexualität, Keuschheit, Ehe härter zu als alle körperliche Arbeit, die sie zu verrichten hatten. Hier hat sich auf unsere Gegenwart hin ein wahres „Epos der Wende" herauskristallisiert, das unwiederbringlich dem Vergessen anheimfiele, würde es nicht in authentischer Zeugenschaft eben jetzt noch dokumentiert. Indem das nachfolgend geschieht, zeigt sich dann auch: Abermals war es vor allem die Sitzkriegszeit, die zum Zeichen wurde. Was bisher in dieser Lebenswelt höchstens sporadisch gedämmert hatte, wuchs nun zum so-und-so-oft aufstrahlenden Licht empor: zu Liebesblick und Liebesglück, die beide ineinander versanken, indes sich um sie herum das „Angesicht der Erde" erneuerte.

Solches Erleben weist zurück auf Hintergründe, die zur Wesensverfaßtheit menschlichen In-der-Welt-seins zählen und dazu legitimieren, in der Darstellung weiter auszuholen. Blieben doch schöpferische Kräfte nicht selten schon von daher blockiert, daß alles, was mit Sexualität und Erotik zu tun hatte, tabuisiert wurde - noch vor jedem weiteren Gedanken oder Wort dazu. Wie weit dann die Enden der Kette zunächst auch auseinander zu liegen scheinen, wir setzen an bei der Sexualität von Mensch und Tier, aus deren Verschiedenheit sich schon Wichtiges zur Thematik der nachfolgenden vier Kapitel entnehmen läßt.

Zum Unterschied von Sexualität und Erotik sei fürs erste gesagt: Sexus meint das Leiblich-Körperliche menschlicher Geschlechtlichkeit, Eros mehr die seelisch-geistige Seite.

b) „Freigelassener der Schöpfung"

Liebe zwischen Frau und Mann ist sexuell-erotische Liebe. Entgegen weitverbreiteter Freizügigkeit und Liberalität wird sie in der anthropologischen Fachliteratur nicht primär unter dem Titel Emanzipation, sondern unter Begriffen wie Lenkung und Beschränkung abgehandelt. Das trägt der Sonderart des menschlichen Geschlechtstriebes Rechnung. Ganz allgemein bildet Sexualität einen Teilstrom in einem urtümlichen vitalen Lebensfluß, den Max Scheler (1874-1928) „Drang" nennt und näher kennzeichnet als „Dampf", der „bis in die lichtesten Höhen geistiger Tätigkeit alles treibt, auch noch den zartesten Akten lichter Güte die Tätigkeitsenergie liefert"[55]. Im Sexualtrieb gewährleistet der Drang für Tier und Mensch die Erhaltung der jeweiligen Art von Lebewesen; hier wie dort ist Sexualität auf Fortpflanzung ausgerichtet. Aber innerhalb dieser Gemeinsamkeit gibt es einen tiefgreifenden Unterschied. Beim Tier ist die Wirksamkeit, der Vollzug der Sexualität, von Natur aus geregelt, das Tier

lebt seinen „jahreszeitlichen Rhythmus der sexuellen Antriebe", es hat seine „Brunstzeit", und damit ist es getan.[56] Beim Menschen gibt es eine solche Regelung nicht.

Der Mensch ist von der Geschlechtsreifung an bis ins hohe Alter prinzipiell immer sexuell-erotisch ansprechbar. Die Natur legt ihn nicht fest, gerade in der Sexualität setzt sie ihn frei. Versteht man Natur als Schöpfung Gottes, so ist der Mensch also auch als Geschlechtswesen der „Freigelassene der Schöpfung", wie es bei Johann Gottfried Herder (1744-1803) heißt. Daraus erwachsen schwerwiegende Folgen, zunächst eine im Vergleich zum Tier große Gefährdung des Menschen. Als erstes gilt da: Sexualität, durch keine Naturregelung gebremst und jederzeit abrufbar, bedeutet sexuellen Antriebsüberschuß. Sich selbst überlassen, würde die überschüssige Energie ihren Träger förmlich überfluten und durch Lustgier davon abhalten, für sein eigenes Überleben zu sorgen - vor allem in Gestalt von Nahrungsbeschaffung. Nahrung kommt einem nicht durch Lust und Genuß, sondern durch Arbeit, Anstrengung und Entsagung zu.

Zweitens gerät der sich selbst anheimgegebene Trieb in Gefahr, sein Ziel zu verlieren. Umhervagabundierend könnte er schließlich die Zeugung von Nachwuchs dem reinen Zufall in die Hände spielen.

Diese Gefahr - und das ist ein dritter Punkt - nimmt weiter zu durch Verselbständigung der Lustempfindung beim Menschen. Für den „Freigelassenen der Schöpfung" ist die „Lustempfindung des Triebverhaltens ... vom Gattungszweck ablösbar"[57]; der Mensch kann sexuelle Lust anstreben und sich an ihr befriedigen, ohne daß daraus Nachkommenschaft erwächst.

Daß die Menschheit trotzdem überlebt hat, liegt darin begründet, daß außer dem „Drang" noch ein zweites Aufbauprinzip im Menschen am Werke ist: der Geist. Als einziges geistbegabtes Lebewesen auf der Welt ist der Mensch fähig und berufen, die ihm von Natur vorenthaltene Wegweisung und darin dann auch die Ordnung seines Sexuallebens selbst vorzunehmen. Und umgekehrt vermag er solches zu leisten, weil die Natur es zu leisten unterließ, weil Raum offen blieb, in den hinein der Mensch sein Werk tun kann. Gegen Naturinstinkte in seiner Ausstattung käme der Mensch mit seinem Geist nicht an.

Es ist die uns schon bekannte These Arnold Gehlens vom Menschen als „Mängelwesen", die hier zur Erörterung steht, einem Wesen, dessen Mängel zugleich und in Wahrheit die Chance seines Menschseins sind. Kann der Mensch doch nun Sicherungen und Orientierungen schaffen, zu denen es die Natur von sich aus nie bringen würde.

Frage also: Was liegt alles an Leistung des Geistes zugrunde, wenn Mann und Frau einander liebend berühren? Im Grobraster ergibt sich vorweg: Kraft seiner Geistbegabung baut das Geschlechtswesen Mensch den sexuellen Antriebsüberschuß ab, indem es sexuelle Energie umlenkt und anderen Zwecken dienstbar macht - der Nahrungsbeschaffung, wie gesagt, aber auch der sonstigen Lebensgestaltung bis hin zum technischen Fortschritt. Auf diese Weise können also auch nichtsexuelle Ziele angegangen werden, kann Leistung erbracht und im umfassenden Sinne das Überleben gewährleistet werden.

Vom verbleibenden sexuellen Potential wird ein Teil gezielt für Fortpflanzung festgelegt und nach Bedarf abgerufen. Lustgewinn ist hier willkommenes Begleitphä-nomen, aber nicht Zweck des sexuellen Vollzuges. In aller Regel bleibt auch jetzt noch ein Restbestand an sexueller Energie, der sich nun, frei „von der Bindung an einen biologischen Gattungszweck", gleichsam hauptamtlich der Lustsuche hingeben kann.[58] Alle drei Formen tragen die Handschrift des Geistes, sind von geistigem Zugriff geformt und geprägt und liefern nun ihrerseits dem Geist die „Tätigkeitsenergie", wie es im obigen Schelerzitat heißt. Am offensten ist das Feld bei der dritten Form, dem nicht mehr generativ gebundenen Luststreben. Hier hakt der Geist gewissermaßen noch einmal nach und erstellt eine Folge von Genußnuancen, angefangen bei der noch unmittelbar leibgebundenen Befriedigung bis hin zur ritterlichen Höflichkeit eines feinen Herrn einer feinen Dame gegenüber. Mit solchen Veredelungen geht Sexualität in Erotik über, die damit im Vergleich zur früheren Kennzeichnung einen differenzierteren Zuschnitt erhält.

Gegenseitige Durchdringung von „Drang" und Geist ist also die vom Menschen zu leistende „Zähmung" und Lenkung der Sexualität, damit diese sie selbst sein kann. Dasselbe ist gemeint, wenn es heißt, der Mensch schaffe Kultur. Auch hier steht eine von sich aus geistfremde Welt im Blick, in die hinein der des Geistes mächtige Mensch eine zweite, eine geistige Welt erbaut. In dieser Sicht eröffnet sich uns eine weiterführende Perspektive. In der Kulturwelt (z.B. Wissenschaft, Kunst, Moral, Religion) läßt der Mensch durch seinen Geist förmliche Steuerungsinstanzen erstehen, allen voran (nach Arnold Gehlen) die uns ebenfalls vom früheren Text her bekannten Institutionen. In ihnen schreibt der Mensch Normenkataloge fest, mit denen er sich beim Verschmelzen von „Drang" und Geist, hier also im Gebrauch seiner Sexualität, selbst führt und überwacht. Besonders deutlich tritt das bei gesetzeerlassenden Institutionen wie Staat und Kirche zutage. Demselben Zweck dienen auch die vielen Sitten und Bräuche. Ihrer aller Wirksamkeit ermöglicht Kultur und ist selbst Kultur, kanalisiert sexuelle Aktivität und macht sie dadurch erst zur Ausübung tauglich. Musterbeispiel ist dafür die Familie. Da bleiben zwei, Mann und Frau, beisammen, wollen und bekommen Kinder. Ihre Sexualität legt sich auf eine bestimmte, von ihnen für verbindlich erachtete Form fest und wird damit zum Praxisfeld anderer, edelster Kulturgüter, z.B. von Fürsorglichkeit, Treue, Heimatverbundenheit, geistiger Erweckung des Kindes durch Erziehung u.a.

Einen ähnlich limitierenden und zugleich stabilisierenden Dienst leisten die Traditionen, und zwar exakt im schon einmal umschriebenen Sinne: Sie bewahren im Bewußtsein der Menschen Erfahrungen und Verhaltensmuster, die dem einzelnen wie der Gesellschaft eine permanente Standortsuche und Standortbestimmung ersparen. Was da tradiert wird, hat sich in der Vergangenheit bewährt und soll von daher Leitlinie auch für die Zukunft werden, Richtpunkt nicht zuletzt für das Gelingen von Sexualität und Erotik.

Aus diesen Ausführungen folgt: Man würde der Liebe von Mann und Frau einen Bärendienst erweisen, wollte man für hemmungslose Libertinage werben. Solcherart hemmungslos gelebte Liebe kann sich nur selbst im Wege stehen, vielleicht sich sogar selbst ruinieren. Was immer demnach im folgenden gegen die „Liebespraxis" damals im entlegenen Eifeldorf einzuwenden sein wird, so muß doch eines von vornherein davon ausgenommen bleiben: daß Lieben und Geliebtwerden in Lebenszusammenhänge eingebunden war, daß es für das Sich-gernhaben Gebote und Regelungen gab.

Aber das heißt nicht, daß Bindungen, indem sie da sind, auch schon den Ausweis ihrer Angemessenheit an sich tragen. Als vom Menschen zu setzende können die Maßgaben so und anders sein, richtig und falsch, besser und schlechter; als Naturformen wären sie hingegen einfach nur da. Veränderbarkeit und Notwendigkeit von Veränderung hebt auch Helmut Schelsky hervor, wenn er Mitte der fünfziger Jahre erklärt: „Wir stehen im Bereich der sexuellen Verhaltensweisen - wie in vielen anderen Gebieten unseres sozialen Lebens - vor einer viel schwierigeren Aufgabe, als über veraltete Traditionen hinaus fortzuschreiten oder umgekehrt, diese zu bewahren, - wir stehen vor der Aufgabe, neue zu begründen".[59]

Wenn diese Feststellung schon von der Entwicklung allgemein galt, wie mußte sie dann erst für die ohnehin zurückgebliebene Eifel gelten. Es wurde schon vorausgreifend angedeutet: In der „gesamtkulturellen Rückständigkeit" der Region war massiv auch Unter- und Fehlentwicklung der Liebesbeziehungen zwischen Mann und Frau eingelagert. Und auch diesmal reicht der „volksfromme Katholizismus" der Bewohner als Erklärungsgrund nicht aus, hier kommt abermals die „Kirchendoktrin" selbst ins Spiel, wie im folgenden weiter zu zeigen sein wird.

c) „Geschlechtliche Liebe"

Als erstes stellt sich die Frage, wie ein solches Nachhinken bzw. bei Schelsky eine Neubegründungsbedürftigkeit in Sachen Sexualität und Erotik ausgemacht werden kann. Wer kann sich anmaßen, Seelenverfassungen längst verstorbener Menschen zu kennen und zugleich einen Maßstab zu besitzen, um sie zu bewerten? Besagte

Kenntnis ist auch hier auf Indizien angewiesen, allerdings diesmal in besonders enger Verbindung mit erinnertem Miterleben, weil erst in dessen Licht manche Indizien überhaupt als solche hervortreten. Und was den Maßstab, das Kriterium, betrifft, bleibt ebenfalls keine Alternative; es kann nur ein weiteres Mal auf das Richtmaß zur Mündigkeit erweckter Personalität zurückgegriffen werden, nun in einer eigens auf geschlechtliche Liebe ausgerichteten Auslegung.

Thema also: Leitlinien geglückter sexuell-erotischer Verbundenheit, um anschließend an ihnen die Verhältnisse in der Eifel bemessen zu können. Als erstes ist da festzustellen: Jede Kritik an bestimmten Formen sexuell-erotischen Verhaltens setzt solche Leitlinien voraus, von denen der Kritiker die kritisierten Formen abweichen sieht. Nach allem, was im vorliegenden Buch schon gesagt wurde, kann Schlüsselperspektive für diese Maßgaben nur der Blick auf die Sonderstellung des Menschen als geistbegabten Lebewesens sein. In diesem Lebewesen bereitet sich das dem „Drang" in ihm entgegengesetzte Geistprinzip ein eigenes Tätigkeits- und Wirkzentrum: eben das Personale als Kern menschlicher Existenz. So fokussiert schlägt der Geist um alles, was im Menschen dranghaft ist, also auch um das Sexuell-Erotische, einen Bannkreis, um es auf Geist und Vergeistigung hinzuordnen. Damit tut sich zu den Tieren hin aufs neue ein unüberbrückbarer Graben auf (nach dem Graben der Instinktreduktion - oder handelt es sich um denselben?). Jedenfalls ist „Drang" im Bannkreis von Geist ein anderer als einer, der, wie beim Tier, außerhalb bleibt.

Daher ist es unsinnig, beim Menschen von tierischem Sexualverhalten zu sprechen oder einen Menschen „tierischer als jedes Tier" zu nennen. Für den Menschen gibt es nur den Spannungsbogen menschlich-unmenschlich. Innerhalb dieses Bogens kann der Liebende allerdings eine Stufung durchschreiten, auf deren unterster Stufe sein Verhalten bzw. Gebaren freilich als tierähnlich zu gelten hat. Es geht um organgebundene Befriedigung und Abreaktion, um eine Verrichtung neben vielen anderen, die, kaum daß sie vollzogen ist, die Partner - fast(!) - tierhaft wieder auseinandergehen läßt, als hätten sie sich nie gesehen, gerochen, gespürt. Sehr vieles, was heute auf dem Sexmarkt angeboten wird, entstammt solcher Sinnesart und richtet sich damit im Grunde selbst. Erst recht gilt das von der großen Zahl derer, die sich heute auf diesem Niveau sexuell „verwirklichen".

Mit all den Abhängigkeiten nämlich, wie sie für diese Stufe kennzeichnend sind: triebhaften, dann solchen, die durch persönliche Eigenart (Individualität) bestimmt sind, zu denen auch die persönliche Lebensgeschichte zählt, schließlich Einflüssen, die aus Werbung und Mode stammen - mit ihnen allen hat es beim Menschen nicht sein Bewenden. Der Mensch, zu mündigem Personsein erwacht, kann die reaktiven Ursachen-Wirkungsketten durchbrechen und zu dem aufsteigen, was eigentlich erst jetzt Liebe, Liebe zwischen Mann und Frau, genannt zu werden verdient.

Es geht um sexuell-erotisches Begehren der Partner, das sich an der Idee des personalen Selbstseins festmacht. Sexueller Vollzug wandelt sich dann vom funktionierenden Lustgeschehen zu liebender Hingabe, bei der das Selbstsein in doppeltem Sinne ins Spiel kommt. Zuerst bedeutet Selbstsein mein *eigenes:* daß das, was ich dem Partner zukommen lasse, wirklich von mir und aus mir herrührt, daß ich ich bin wie sonst nie und nirgends. Oder anders gewandt: daß ich nicht von Fremdem innerlich besetzt, beherrscht, in Beschlag genommen bin, daß ich mit „innerer Anfangskraft" der geliebten Person gegenüberstehe (Romano Guardini).[60]

Zweitens wissen sich die Liebenden dem Selbstsein des *Partners* verpflichtet. Was immer dazu angetan sein könnte, auf den Partner Druck auszuüben, ihn zu beherrschen und für Eigenerwägungen dienstbar zu machen, taugt nicht als Liebeserweis. Der eine darf dem anderen nicht Besitz, er muß für diesen auch selbst eine(r) sein und sein dürfen - beide immer wieder gegenseitig auf die Frage gestimmt, wie das tut, was man sich schenkt bzw. antut.

Beide Aspekte zusammengenommen ergeben ein Verhältnis, das die Liebe zwischen Mann und Frau zu einer Gipfelwanderung geglückten Menschseins machen kann, und zwar aufbauend darauf, daß der Mensch Person ist. Zwischen beiden geschieht nur je Eigenes und gleichwohl nichts auf Kosten des je anderen. Das Verhältnis ist nicht Station auf einem Wege, sondern genügt sich selbst. Es geht nicht um Zielerreichung und entsprechende Strategien, sondern allein um jenes Ziel, das allen Strategien hohnspricht: liebend beisammen zu sein.

Solches Einander-zugetan-sein kann weder beigebracht werden noch stellt es sich durch Wachsenlassen ein, es bedarf der Weckung, wie wir vorhin schon sagten. Der Begriff Erweckung, der in der Pädagogik eine so große Rolle spielt, soll uns im jetzigen Zusammenhang anzeigen,daß der Eintritt in die Sphäre personaler Geschlechtsliebe keine einlinige Angelegenheit ist. Der Erwecker muß auf einen treffen, der erweckbar ist und sich vor allem erwecken läßt. Das setzt Freude an der Sexualität voraus, erfordert ein grundsätzli-

ches Ja der Partner zur Geschlechtlichkeit und eine Anmut, die beide gegenseitig zu Dauerverführern macht. Fernab jeder Angst muß ihnen sexuell-erotisches Erleben als beglückende Lebenserfüllung erscheinen, bei deren Vollzug den Glücklichen keine Stunde schlägt. Alles, was mit Planung und „Tagesordnung" zu tun hat, ist suspendiert, hier gilt nur Verweilen, solange es eben geht. Hatte man im Mittelalter den (allein erlaubten) ehelichen Liebesakt als „remedium peccati", als Heilmittel gegen die Sünde, taxiert, so erscheint er nun weit eher als „remedium tristitiae", als Heilmittel gegen Traurigkeit, als Ermutigung zum Leben.

Darin bleibt voll die Leiblichkeit der Partner einbegriffen, ob sie im Laufe der Geschichte auch für unerheblich bis hin zu verabscheuungswürdig erklärt wurde. Das leibliche Begehren wird förmlich zur Nagelprobe der gegenseitigen Durchdringung von Geist und Drang im Menschen. Sie wird es immer dann, wenn sich das Begehren beim körperlichen Einssein zu selbstvergessener, seligwährender „meditatio in corpore" läutert und steigert. Der Leib des geliebten Partners wird zur Sehnsucht und Verheißung, um schließlich samt Liebhaber(in) in einem Meer des Wunders und der Wonne zu versinken, aus dem man so bald nicht wieder auftauchen möchte.

Hier deutet sich an, daß diese Liebe, gegründet im Selbstsein der Partner, das Selbst sogar noch übersteigen kann. Nicht als ob das Selbst dabei ausgelöscht würde, nein, es erfährt eine Erhöhung, Verklärung und Mehrung bis zu dem Punkt, daß es beiderseits überfließt und gleichsam die Farben von Ich und Du ineinander verschwimmen läßt zu tantrisch-mystischer Vereinigung. Ein Nu der Ewigkeit inmitten der Zeit, eine Oase der Freiheit in einer Welt, in der geplant, produziert und ausgebeutet wird,

Züchtige Verliebtheitsformen im Dorf

eine Wohnstatt, in der nicht Eile und „Erledigung", sondern Weile und Muße gelten, ein personales Selbstsein, das seine höchste Gestalt im Überselbst hat.

Gewiß, so kann es nicht immer sein, der Alltag fordert seinen Tribut. Aber der Alltag sollte sonntägliche Einschnitte haben, sooft sich Gelegenheit dazu bietet. Dabei muß das Überselbst scharf gegenüber dem früher besprochenen „Denken in Ganzheiten" abgehoben werden, das an ein Selbstsein gar nicht erst heranreicht. Suggestiv, wie es hervortritt, ist dieses Denken immer schon in die Ganzheit hinein aufgesogen.

Solchermaßen abgegrenzt, sagt das Wort „Erweckung" dann auch bereits Wichtiges über die Art und Weise, wie solche geschlechtlichpersonale Liebe in Gang kommt. Vergleichbar dem Erwachen aus tiefem Schlaf bricht sich eine neue Daseinsweise

Bahn - wachen Sinnes, ohne Suggestion, spontan aus geheimnisvoller Tiefe heraus, allerdings im Vollzug in unterschiedliche Formen aufgegliedert. Da sprechen die einen von „Liebe auf den ersten Blick", andere von einem langsamen gegenseitigen Sichentdecken und Kennenlernen. Initiierendes Moment kann aber auch Begegnung im oben gekennzeichneten Sinne sein (vielleicht meint auch „Liebe auf den ersten Blick" etwas davon), Begegnung, in der Wesensblick auf Wesensblick trifft. In bestimmten Situationen hat die vorhin verdeutlichte geschlechtliche Liebe begegnungsverwandte Züge, doch ist sie insgesamt mehr auf zeitliche Dauer, nicht auf die Punkthaftigkeit der Begegnung, angelegt. Darin ist sie dann eher der Freundschaft verwandt, die allerdings in der Regel auf sexuelle Beziehungen verzichtet. Ob das auch von erotischen Beziehungen gilt, bleibe dahingestellt.

140

Westeifeler Brautpaar 1919.

Die heilige Familie.

Vorbild für die Familie solte die hl. Familie von Nazareth sein - in dieser „süßen" Aufmachung.

Von allen Formen sich anbahnender Liebe aber gilt, daß sie - paradoxerweise - schon in eine gewisse Liebesaura gehüllt sind. Am einprägsamsten zeigt sich das im Verhältnis zum Kind, dessen Liebe zur Mutter Antwort auf die Zuvor-Liebe der Mutter zu ihm, dem Kind, ist. Bei Mann und Frau dürfte es ein von beiden Seiten ausgehendes Fluidum an Aufmerken und gegenseitiger Anteilnahme sein, das ihre Liebes-Geschichte (Geschichte im wahrsten Sinne des Wortes) in Gang bringt. Darin sammelt sich dann oft so viel rätselhaftes, ja geheimnisvolles Kapital an, daß manche Partner, meist im nachhinein, staunend darüber nachsinnen, was sich denn da mit ihnen begeben hat. So kam wohl das Wort von der Liebe, die eine Himmelsmacht ist, auf („die Liebe ist eine

Himmelsmacht"), nicht mit dem Akzent, daß man überwältigt oder gar überrumpelt worden sei, sondern daß sich an zwei Menschen Großes getan habe, das zu Dank verpflichte. Auch hier bleibt das personale Selbstsein Drehpunkt der Liebesbezeugung, es wird nicht ausgeklammert oder unterschritten, sondern gesteigert zum Überselbst, das die einströmende Himmelsmacht als Gnade, also gerade nicht als entselbstende Fremdbestimmung erfährt.

Natürlich können aus solcher Liebespartnerschaft auch gemeinsame Zielsetzungen und Unternehmungen hervorgehen, die dann gewissermaßen (nicht über, sondern) neben der Liebessphäre anzusiedeln sind. Sie können Liebe weiter beflügeln, aber die

Gefahr ist größer, daß Liebesbetätigung und -bestätigung darunter zu leiden bekommen.

Entsprechungen und insofern Illustrationen zu dem, was auf den vorstehenden Seiten zu sexuell-erotischem Liebeserweis gesagt ist, finden sich im freien Gespräch und mehr noch im Spiel, von dem her ja auch der Ausdruck Liebesspiel genommen ist, freilich wie er gebraucht wird, in verkürzter und verengter Bedeutung. Auch das Spiel kennt keine „Tagesordnung", keinen zu erfüllenden Zweck; aus Freiheit geboren, ist es allein dem Menschen vorbehalten. Wie spielerisch das sexuelle Werben der Tiere auch anmuten mag, es ist nicht aus Freiheit, sondern aus Natur geboren. Ebenfalls genügt Spiel sich selbst, es bedeutet Lebensgenuß auch dann, wenn es anstrengt. Anstrengung im Spiel wird nicht als Last empfunden. Für Friedrich Schiller (1759-1805) liegt im Spiel sogar jenes Kennzeichen des Menschen, das diesen am tiefsten als Menschen ausweist: „Der Mensch ist nur da ganz Mensch, wo er spielt", so Schiller in den „Briefen über die ästhetische Erziehung des Menschen".

Aber auch die andere Seite sexuell-erotischer Liebe hat im Spiel ihre Entsprechung, jene Seite, die uns zum Ausgangspunkt unserer Überlegungen zurückführt: Das Spiel hat Regeln, nur innerhalb dieser Regeln tritt die von ihm gewährte Freiheit hervor. Nur so kann Muße sein und der mit dem Spiel verbundene Genuß des Lebens. Der Spieler akzeptiert diese Regeln, weil es sonst das Spiel gar nicht gäbe.

In Entsprechung dazu steht und fällt auch erfüllte Geschlechterliebe damit, daß sie vor Ausuferung bewahrt bleibt. Kanalisierungs- und Regulierungsmaßnahmen, wie sie sich im Gang der Geschichte angesammelt haben, ist grundsätzlich zuzustimmen. Im

besonderen ist ein Satz von vorhin noch etwas näher zu beleuchten: „Der Alltag sollte sonntägliche Einschnitte haben, sooft sich Gelegenheit dazu bietet". Aus Gelegenheit, die „sich bietet", darf hier nicht Gelegenheit, die „gemacht", „arrangiert" wird, werden. Nur solange im sexuellen Begehren ein „Lassen", ein Hauch von Unverfügbarkeit gegenwärtig bleibt, der als Signal zum „Unter-Lassen", als Grenze, vernommen wird, behält das Liebesbegängnis seinen Glanz, seine verwandelnde Kraft, seinen unsagbaren Zauber. Dieses Tabu „funktionalistisch" zu brechen, wie heute so oft der Fall, ist gleichbedeutend mit Nivellierung, Inflation, Langeweile. Hier zählen schon die Anfänge: Wenn es nicht für beide Partner der rechte Augenblick, der „kairós", ist, sollte man es auch so gut sein lassen.

Keine Frage: Diese Darstellung trägt idealtypische Züge, die Klippen und Enttäuschungen, wie sie der Liebeswirklichkeit doch auch zu eigen sind, teilweise ausblenden. Neben der bereits vermerkten Unstetigkeit zählen dazu vor allem emotionaler Abbruch, einseitiger Entzug oder auch lautloses Verdämmern der Liebesbeziehung. Darin steckt oft tiefe Tragik, die einem Partner, der auf Weiterliebe setzt, großes Herzeleid bereiten kann. Aber selbst wenn beide Partner in neue Beziehungen eintreten, nehmen sie ihre personale Liebesgeschichte mit. Dem neuen Verhältnis wächst personale Qualität nur zu, wenn auf das erloschene hin personale Identität und Kontinuität gewahrt werden. Konkret: wenn die gewesene Liebesgeschichte in der Erinnerung ihren vollen Wunderglanz behält. Es liegt im Wesen der Person, sich Getanes und Vollzogenes weiterhin zuzurechnen. Im Falle gewesener Liebe ist das insofern besonders wichtig, weil nur so die Gefahr innerer Gespaltenheit gebannt werden kann: daß die Liebe von heute die von gestern nicht mehr versteht.

Hier treten selbst eheliche Beziehungen zurück; Ehe kann Liebesschicksal regulieren, vielleicht auch stabilisieren, aber es initiieren und im Scheiternsfalle mit Würde liquidieren kann sie von sich aus nicht. Dazu ist die Offenheit und Souveränität personaler Selbstkonfrontation gefordert.

Wie exklusiv indes Liebessehnsucht und Liebesglück beim Menschen auch sind, was ihre Erfüllung betrifft, spiegelt sich in ihr das Grundmuster von Bedürfnisbefriedigung überhaupt. Das Goethe-Wort aus dem Gedicht „Der Schatzgräber": „Saure Wochen! Frohe Feste!" sagt es ein für allemal: Nur aus dem Kontrast heraus kann Fest- und Feierfreude erwachsen. Doch da tut sich abschließend im Blick auf unsere schon „post"-moderne Gesellschaft noch ein neues Problem auf. Der einzelne unterliegt in dieser Gesellschaft einer sexuellen Dauerberieselung, permanent werden sexuelle Gefühle angeheizt und das von Mal zu Mal stärker. Denn nur so können sie den jeweils eingeschliffenen Gewöhnungs- und Routineeffekt überwinden mit dem „Erfolg", daß am Ende nur noch der schon vor Jahren von Konrad Lorenz beschriebene „Wärmetod des Gefühls" übrig bleibt.[61]

Doch das war für die Eifelaner von damals die geringste Sorge, sie unterlagen einer Bedrohung aus genau entgegengesetzter Richtung, „entgegengesetzt" bezogen auf die mittlere Linie, die sich am Persongedanken orientiert und als Bemessungsgrundlage für sexuellen Aufholbedarf in der Eifel nunmehr vorliegt.

9. Kapitel: Kirche und Sex

a) Im Umfeld der Ehe

Wir wissen es längst: Religion und Kirche, repräsentiert durch den Pfarrer, bestimmten das Leben und Zusammenleben der Menschen in der Eifel bis in den letzten Dorfwinkel hinein. Das galt in vollem Umfange auch, ja sogar in besonderer Weise von der Sexualmoral, deren katholische Grundversion uns ebenfalls schon bekannt ist: Geschlechtliche Beziehungen darf der Katholik erst und nur in einer vor einem katholischen Priester geschlossenen Ehe aufnehmen und unterhalten. Und diese Ehe ist unauflöslich, sie dauert und hat für die Ehepartner zu dauern „bis daß der Tod euch scheidet". „Was Gott verbunden hat, soll der Mensch nicht trennen" (Mt 19,6). Diese Grundformel wurde samt den aus ihr abgeleiteten Richtlinien und Geboten dem Bestand der ewigen Wahrheiten zugerechnet, begründet einmal auf die Bibel: sechstes und neuntes Gebot des Dekalogs, und dann auch auf das schon zu Anfang dieses Buches gekennzeichnete „natürliche" Sittengesetz, vor allem was Zweck und Vollzug der Ehe betrifft. Entsprechend hoch war die Strafe bemessen, die auf Zuwiderhandlungen stand: Verlust der „heiligmachenden Gnade" und ewige Verdammnis, wenn diese „Todsünde" nicht noch zu Lebzeiten bereut und gebeichtet wurde.

Die Kirche legte auf klares Wissen zu dieser Thematik so großen Wert, daß sie es alljährlich am zweiten Sonntag nach Erscheinung, dem Sonntag mit dem Evangelientext über die Hochzeit zu Kana, durch Verlesen eines entsprechenden Bischofswortes aufs neue einschärfte. Und die Gläubigen nahmen die Instruktion ernst, hieß es doch, daß von hundert Seelen in der Hölle mindestens neunzig wegen sexueller Verfehlungen dort seien

Sexualität nur in der Ehe hieß zunächst: keine sexuelle Betätigung *vor* der Ehe. Eine Ehe auf Probe oder dergleichen schied von vornherein aus. Erproben, so die glasklare Entscheidung, kann man Ehe nur in der Ehe. Aber auch sexuelle Reifungsprobleme schieden für die offizielle Seelsorge aus. Der Jugendliche hatte selbst zu sehen, wie er damit zurechtkam. Noch nicht einmal so viel an Aufklärung wurde ihm seitens der Kirche zuteil, daß er im „Gegrüßet seist du Maria" die Wendung „Frucht deines Leibes" und in der Bibel im Lukasevangelium vor dem „Magnificat" den Dank der Elisabeth an Maria verstand: „Sobald der Klang deines Grußes mein Ohr berührte, frohlockte jubelnd das Kind in meinem Schoße" (Lk 1,44). Als Kind und Heranwachsender mußte man das alles auswendig lernen bzw. täglich beten, aber erklärt wurde es nicht. Überhaupt war es um die geschlechtliche Aufklärung im Dorf eine Katastrophe; nur die wenigsten Jugendlichen wußten, was mit der Reifezeit an leiblichen Ereignissen und Veränderungen auf sie zukam.

So verstand es sich ebenfalls von selbst, daß Herangereifte, die sich liebten, mitunter über zwei/drei Jahre „miteinandergingen" (wie es hieß), ohne daß sie Intimkontakte unterhielten. Und wenn sie das sauer ankam, durften sie sich mit dem Wort aus dem für sie gültigen Katechismus trösten: „Die Ehe wird um so glücklicher, je reiner der Brautstand gehalten wird."[62] Aber auch jedwede Form sexueller Selbstbefriedigung war verboten, wobei auf seiten der für das Verbot Zuständigen auch noch erhebliche Kenntnislücken über bereits zu Standardwissen aufgestiegene Einsichten von Biologie und Medizin vorlagen.

Verbote, so undifferenziert ausgesprochen, können leicht zu Verunsicherung führen, wenn es um das Verhalten im konkreten Einzelfall geht. So erinnere ich mich an lebhafte Diskussionen unter Neudeutschen Bundesbrüdern über die Frage, ob man einen Zungenkuß beichten müsse. Ja, es gab sogar die Version, daß man als Neudeutscher „Ritter" das Mädchen, das man als erstes intim geküßt habe, auch zu heiraten habe, wenn diesem der Sinn danach stehe. Solche Eheschlüsse habe es gegeben, wurde von Eingeweihten versichert.

Sexualität nur in der Ehe heißt zweitens: keine sexuellen Aktivitäten *neben* bzw. *außerhalb* der Ehe. In diesem Punkt sind die Menschen bis auf den heutigen Tag moralisch sehr sensibel geblieben, gottlob, denn hier geht es um ein „essential", ein Wesensstück der vom „Freigelassenen der Schöpfung" zu erbringenden Selbstbeschränkung sexuellen Engagements. Die Ehepartner müssen füreinander verläßlich sein, wenn menschliche Erfüllung bei ihnen gedeihen soll.

Ob damit auch schon die Unauflöslichkeit der Ehe angezeigt ist, soll unter dem Stichwort Sexualität und Familie noch im einzelnen bedacht werden. Hier sei zunächst eine andere Frage anvisiert, die in vielfältiger Gestalt auftritt und für den einzelnen großes Gewicht haben kann, aber kaum einmal ernsthaft besprochen wird. Kann Ehe für den jeweiligen Partner bedeuten, daß es für ihn nach der Hochzeit keinerlei Sympathien mehr zu weiteren andersgeschlechtlichen Personen hin gibt bzw. geben darf? Wie, wenn sich Seelenwärme, vielleicht sogar Bewunderungsgefühle in einem Mann gegenüber einer anderen Frau oder umgekehrt

entzünden, Gefühle einem Menschen gegenüber, mit dem man möglicherweise täglich zusammenarbeitet und von dem man sich in als wichtig empfundenen Anliegen besser verstanden weiß als vom eigenen Ehepartner? Bleibt dann nur die Alternative Trennung vom Partner oder „Niedermachen" der Gefühle, sofern ein solcher Zugriff überhaupt möglich ist und nicht mindestens krankmachende Verdrängung zur Folge hat? Und wie nimmt sich die Situation erst aus, wenn man bedenkt, daß seitens der Kirche nicht nur Treue in der Tat, im tatsächlichen Verhalten, sondern schon in Gedanken und im Wort verlangt wird, im „cogitatione, verbo et opere" also des „Confiteor", des Allgemeinen Sündenbekenntnisses der Kirche?

Hier schwiegen Kirche und Pfarrer damals und schweigen die meisten auch heute noch, als wollten sie sagen, daß so etwas einfach nicht vorzukommen habe. Aber sollte man nicht besser darüber nachdenken, wie sich beides miteinander vereinen läßt: daß ein unverletztes „arcanum", ein verschwiegenes Geheimnis ehelichen Lebens, gewahrt bleibt und zugleich Bestätigung durch und für Dritte gewährt wird? Es müßte sich um ein Verhältnis handeln, das nicht neben der Ehe oder gegen sie verläuft, sondern über sie hinaus und das insofern dann auch keine Konkurrenz für die Ehe darstellen würde. Auf jeden Fall sind zum Gelingen solchen Verbundenseins hohes Taktgefühl, Einfühlungsvermögen, Rücksichtnahme, Tapferkeit im Entsagen, hohes Verantwortungsbewußtsein und vertrauender Wagemut erforderlich.

Sexualität nur in der Ehe schloß - drittens - sexuelle Aktivität im Alter zwar nicht förmlich aus, aber wahrhaftig auch nicht ein. Im Gegenteil war eine Tendenz, auch namens der Kirche, unverkennbar, den „nervenden" Stürmen einstigen Liebeslebens die Weisheit und Abgeklärtheit fortgeschrittener Tage entgegenzusetzen. So sah man es als guten Stil an, wenn ältere Ehepartner, falls sie verwitwet waren, keine neue Ehe mehr eingingen. Irgendwie, so die Grundstimmung, gehörte es sich nicht, als älterer Mensch noch einmal verliebt zu sein und bei vielleicht ergrautem Haar das auch noch zu zeigen. Da schien die Würde des Alters Ernsteres und Gewichtigeres zu gebieten. Einer sprach es denn auch offen aus: der seinerzeit sehr bekannte Jesuitenprediger Johannes Leppich in einer von mir mitgehörten Predigt 1953 in Mainz über das Thema „Pansexualismus": Als Mann von 60-63 Jahren sollte man mit dem Sex fertig sein, als Frau noch früher. Dabei weiß man heute, daß häufig erst in dieser späteren Phase, in der „späten Freiheit", wie es bei Leopold Rosenmayr heißt[63], sexueller Genuß und sexuelle Freude zur reifsten Form erfüllten und erfüllenden Schenkens gedeihen.

Und noch eines war im Umfeld der Ehe und im Blick auf sie für den Katholiken zu bedenken: Einen katholischen Partner solle man sich suchen, schärfte der erwähnte Hirtenbrief ein. Andernfalls neben den täglichen Problemen des Zusammenlebens vom nichtkatholischen Partner Einverständnis auch zu katholischer Trauung sowie katholischer Taufe und Erziehung der Kinder zu dokumentieren sei. In der durchweg katholischen Eifel hatte es damit für die Einheimischen kaum Not, aber auch kaum eine Ausweichmöglichkeit, um so mehr für Diaspora-Katholiken, aber auch schon für Eifeler, die auswärts studierten und dort möglichen anderskonfessionellen Partnern begegneten. Nein, man hätte es nicht gewagt, sich auch nur besuchsweise mit einer solchen Begleitung in der eigenen Familie, im Dorf und in der Pfarrei sehen zu lassen. Ein älterer Freund, den ich aus gegebenem

Anlaß einmal an Ort und Stelle um Rat fragte, war gleichfalls der Meinung, daß für einen wie mich nur ein „conubium catholicum" (eine katholische Ehe) in Frage komme. Also sagte ich „Helga" unter Angabe des Grundes schon nach kurzer Zeit ab. Daß das den guten Sinn hatte, für anderes offen zu bleiben, ist ein eigenes Thema, immerhin zeigt diese Episode, wie es noch vor kaum einem Menschenalter in der Eifel um das „Lieben", das - laut Liedtext - „groß' Freud'" bringt, bestellt war.

„Helga" nahm es hin, schrieb aber noch einen Brief, in dem zwei Sterne auftauchen, die in entgegengestzter Richtung aus der Unendlichkeit kommen. Sie berühren sich, glühen auf in hellem Licht und verschwinden wieder in entgegengesetzter Richtung in die Unendlichkeit hinein... .

Es war mit ihr wie mit Goethes „Heidenröslein" im gleichnamigen Gedicht: „Mußt' es eben leiden".

b) Hochzeit

Von Friedrich Schiller im „Lied von der Glocke" als „des Lebens schönste Feier" gepriesen, hatte die Hochzeit als Eingangstor zu geschlechtlicher Liebespraxis für den Katholiken ein kirchliches Vorfeld, das auf dem Dorf sehr deutlich ausgeprägt war. Es fing damit an, daß sich das Paar beim Pfarrer zur Trauung anmeldete und das Eheaufgebot für die folgenden drei Sonntage bestellte. Damit ging eine Anmeldung auch auf dem Standesamt mit Aufgebot zur Ziviltrauung einher, die aber als bloße Erledigungssache behandelt wurde. Innerlich konzentrierte man sich ganz auf den kirchlichen Zuständigkeitsbereich, innerhalb dessen die beiden, er und sie, ab Aufgebot als Brautleute zählten. Eine offizielle Verlobung, wie damals in bürgerlichen Kreisen üblich, fand auf dem Dorf nicht statt. Kirchliches Aufgebot hieß dreisonntäglicher „Ausruf" im vormittäglichen Hochamt nach dem Evangelium und vor den Verkündigungen für die Woche. Der Text lautete (aus dem Gedächtnis zitiert): „Es werden zum ersten Mal (zweiten, dritten Mal) zum Sakrament der Ehe ausgerufen NN, Sohn von AB und AC, geb. AD, aus xy, und NN, Tochter von BC und BF, geb. BE, aus xz". Diese öffentliche Ausrufung hatte den Sinn, mögliche Hindernisse in bezug auf die anstehende Eheschließung abzuklären; wer um solche wußte, sollte sie dem Pfarrer mitteilen. Vielleicht versteht sich von daher der Mundartausdruck „an de Munijen", das Paar xy „as an de Munijen", will wohl sagen in den „Mahnungen", sprich: wird ausgerufen mit der Mahnung an die Gemeinde, Ehewidriges offenzulegen. Über die Art der Ehehindernisse informierte besagter Hirtenbrief.

Die Ausgerufenen vermieden es tunlichst, in diesen Messen persönlich dabei zu sein. Waren sie doch in dieser Zeit ohnehin schon Gegenstand besonderen Interesses, da jetzt, wie früher schon einmal erwähnt, für sie in besonderer Schärfe galt, daß sie (noch) nicht unter einem Dache wohnen durften.

Wenige Tage vor der Trauung waren dann Brautunterricht und Brautexamen beim Pfarrer fällig. Hier wurde, von Fall zu Fall, aber wohl auch von Pfarrer zu Pfarrer verschieden, noch einmal der Kernbestand kirchlicher Ehevorschriften vergegenwärtigt. Daß zweie im Examen durchgefallen wären, hat man nicht gehört, wohl aber, daß sich mitunter bei solchem Stelldichein ergötzliche Dinge zutrugen.

Dann war Hochzeitstag, im Normalfall der Beginn eines bis zu drei Tagen dauernden

Festes mit Verwandten und nicht weniger mit den Nachbarn im Dorf. Höhepunkt war die Traumesse mit der Trauzeremonie, bei der ein Zeugenpaar als sogenannte „Vorhochzeiter", alias Brautführer, hinter dem Brautpaar stand. In der Traumesse ging nicht der übliche Klingelbeutel zur Kollekte um, es fand vielmehr ein eigener Opfergang zum Altar statt, dessen - meist ansehnlicher - Ertrag für den Pfarrer persönlich bestimmt war.

Für den weiteren Rückblick auf den Hochzeitstag gebührt aus heutiger Sicht der Braut besondere Aufmerksamkeit. Da bekam sie zunächst in der Epistel vom Apostel Paulus mit einem Text aus dem Epheserbrief (Eph 5,22) gesagt, welche Stellung sie künftig im Leben einnehmen werde, beginnend in wenigen Minuten, nachdem sie das Traugelöbnis gesprochen habe: „Die Frauen seien ihren Männern so untertan wie dem Herrn, denn der Mann ist das Haupt des Weibes, wie Christus das Haupt der Kirche ist".

Als zweites ist bemerkenswert die Symbolik, die sich um den weißen Brautkranz und Brautschleier rankte. Beides war Symbol für Reinheit, Unschuld, Keuschheit, kurz für Jungfräulichkeit oder, prosaisch ausgedrückt, dafür, daß die Braut noch mit keinem Mann intime Kontakte hatte. Diese Unberührtheit, Reinheit war - auch in den Augen der amtlichen Kirche - der höchste Glanz, der eine Frau umgeben konnte. In inkarnierter Mustergestalt wurde er der „Unbefleckt empfangenen, allerseligsten Jungfrau und Gottesmutter Maria" zugesprochen. Von daher datieren die vielen Jungfrauen, die von der Kirche heiliggesprochen wurden im Vergleich zu den Ehefrauen und Müttern. Von daher auch die Ehrentitel „wohlachtbare" oder „ehrbare Jungfrau" noch für Achzigjährige, wenn sie unverheiratet geblieben waren, ferner die

147

Hochzeit im Dorf.

Anrede „Ehrwürdige Schwestern" bei Nonnen und nicht zuletzt der hohe Respekt, der dem zölibatären Priester erwiesen wurde.

Dieses Lob gerade der weiblichen Unberührtheit machte Brautkranz und weißen Schleier zum Abschiedsdekor, zur zwiespältigen Hypothek für die recht unterschiedlich beleumundete Hochzeitsnacht. Ein Wort aus dem Munde einer hochsensiblen Frau: „Er schlief danach und schnarchte, und ich saß auf der Bettkante, weinte und betete". Dieses Leid läßt sich mit unzureichender sexueller Aufklärung nicht mehr abdecken, hier geht es um das untergründige Gefühl der neuvermählten Frau: Was ich bisher als Gütesiegel hatte, ist nun unwiderruflich dahin - seitdem ich einem Manne untertan zu sein habe.

Natürlich kam es hier sehr auf die gegenseitige Ermutigung des jungen Paares an; aber der bislang dafür durchgemachte Lernprozeß reichte bei dem engen Spielraum, den

die kirchliche Moral offen ließ, oft nicht aus. Also versuchte man, von den vertrauten Verhältnissen vorher so viel wie nur eben möglich in die Ehe mit hinüberzuretten. Ich weiß es aus erster Quelle: Es gibt bis auf den heutigen Tag Ehepaare mit Kindern, wo er sie und sie ihn noch nie ganz nackt gesehen hat und bei denen auch sonst vom Körper nicht mehr entblößt wird, als unbedingt erforderlich ist.

Es ist ein Gefühl der Entweihung durch Sexualität, das hier zugrunde liegt und das sein Gewicht vom hohen Lob auf die unberührte Reinheit bezieht. In den ersten Jahren nach dem Krieg, als so allerlei gedacht wurde, gab es einen Trend, den Entweihungscharakter auf- oder auch einzuholen. Bewußt sollten die Neuvermählten in den ersten Nächten (bis zu einer Woche) auf sexuelle Lust verzichten und Gott bitten, er möge ihnen dafür einen Sohn schenken, der Priester wird.

Liebesseufzer zum heiligsten Herzen Mariä!

Dein Herz, o Maria, eröffne sich!
Deine Macht beschütze mich!
Deine Demut verdemütige mich!
Deine Armut bereichere mich!
Deine Geduld mach' geduldig mich!
Dein Gehorsam unterwerfe mich!
Deine Unschuld verkläre mich!
Deine Liebe entflamme mich!
Deine Barmherzigkeit umgebe mich!
Deine Lieblichkeit entzücke mich!
Deine Schönheit begeistere mich!
Deine Tränen erweichen mich!
Deine Leiden durchdringen mich!
Deine Freuden beseligen mich!
O Jungfrau Maria, erhöre mich!
In dein süßes Herz verschließe mich!
Im Leben und Tod beschütze mich!
Auf daß ich stets mehr liebe dich
Hier zeitlich und dort ewiglich.

Amen.

Mit kirchlicher Genehmigung

So weit ging der Marienkult.

Jefus! Maria! Joseph! Susanna!
„Herr, dein Wille geschehe!"

Zum frommen Andenken
an unsere liebe Schwester, Schwägerin, Tante
und Kusine

die wohlachtbare Jungfrau

Susanna Irsch.

Sie starb heute Nachmittag gegen 4 Uhr, versehen mit den heiligen Sterbesakramenten, im Alter von 60 Jahren.

Ihr arbeitsreiches Leben war treue Pflichterfüllung und stete Aufopferung für ihre Geschwister. 28 Jahre wirkte sie als Haushälterin in einem geistlichen Haushalt.

Die Seele der lieben Verstorbenen empfehlen wir dem heil. Opfer der Priester und dem Gebete der Verwandten und Bekannten, auf daß sie bald

ruhe in Gottes hl. Frieden!

Niederraden, den 8. Oktober 1938.

Die trauernden Angehörigen.

Barmherziger Jesus, gib ihr die ewige Ruhe!
Heiligstes Herz Jesu, rette die Sterbenden!
Unbeflecktes Herz Mariä, bitte für sie!
Süßes Herz Maria, sei meine Rettung!

K. Vogel, Neuerburg.

„Wohlachtbare Jungfrau" noch mit 60 (!) Jahren.

Hochzeitsnacht als Verletzungs- und Abschiedsnacht, den Mann auf Dämonisches, die Frau auf Schmerz hin entbergend, ganz fremd war der Gedanke auch der weltlichen Denkweise nicht. In Goethes „Heidenröslein" geschah es dann doch: „Und der wilde Knabe brach/ s'Röslein auf der Heiden", und in Schillers „Glocke" bricht mit der Hochzeit gar ein „schöner Wahn" entzwei: „Ach! Des Lebens schönste Feier/ Endigt auch den Lebensmai/ Mit dem Gürtel, mit dem Schleier/ Reißt der schöne Wahn entzwei". Auch hier also Hochzeit in einem gewissen Zwielicht.

Bleibt in diesem Zusammenhang noch anzufügen, daß am zweiten Hochzeitstag in der Regel eine Messe für die Abgestorbenen der Familien von Braut und Bräutigam gehalten wurde, Ausdruck dafür, daß sich beide bewußt in die beiden Familientraditionen einreihten.

Das war sozusagen der 'normale' oder auch offizielle, vielleicht gar der Königsweg zum sexuellen Liebesleben: der Weg zur Ehe. Daneben gab es aber noch einen zweiten, sehr viel bescheideneren Weg für die Paare, die Hochzeitskranz und weißen Schleier verwirkt hatten, weil die Braut schwanger war. Standen aber die baldigen Eltern fest zueinander und zum Kind, so kam alles noch einigermaßen ins Lot: Das Aufgebot wurde bestellt auf eine möglichst rasche Hochzeit hin, noch ehe das Kind auf der Welt war. Da konnte es für die drei nacheinander erfolgenden „Ausrufe" knapp werden, also wurden zwei oder, bei noch größerer Eile, alle drei auf denselben Sonntag festgelegt: „Es werden zum ersten, zum zweiten und zum dritten Mal zum Sakrament der Ehe ausgerufen...". Das war eine Verkündigung, die bei bestimmten Hochamtsbesuchern Schmunzeln bis Grinsen auslöste; einmal habe der Pfarrer, wie es hieß, noch die Begründung nachgeschoben: „Die Braut pressiert!"

Auch eine offizielle kirchliche Trauung fand statt, aber nicht in feierlicher Form am Vormittag, sondern, fast unter Ausschluß der Öffentlichkeit, am frühen Morgen. Entsprechend bescheiden war dann auch die nachfolgende Feier im Familienkreis. Irgendwie haftete dem Mini-Fest ein Makelflor an, der einen Priesterstudenten bezüglich seiner

Schwester zu der Äußerung veranlaßte: „Ich wäre lieber auf ihre Beerdigung als auf diese ihre Hochzeit gegangen."

Dabei war auch dieser Weg noch fast ein Spaziergang, verglichen mit dem Schicksal lediger Mütter, deren Kind von einem Westwallarbeiter stammte, oder gar von einem „ehrbaren" Ehemann, in dessen Haus die Geschwängerte als Magd diente. Da mußte geschwiegen werden, niemand durfte erfahren, wer der Vater war. Es war ein Stück Hölle, das diese Frauen zu durchschreiten hatten, sie zählten zu den schon einmal erwähnten „gefallenen Mädchen", die zur Entbindung außer Hauses mußten. Bei ihrer Rückkehr mit Kind waren sie noch nicht einmal der eigenen Familie willkommen. Zu nahezu jedem Heiratsangebot mußten sie ja-sagen, wenn denn nur eines kam. Sie waren in vielen Fällen Opfer eines sexuellen Triebstaus, der sich unter der engen und rigiden kirchlichen Zensur im Dorf bildete und zu einer Stimmungslage führte, die gedämpft und explosiv zugleich war. Davon wird noch zu sprechen sein; hier gilt zunächst: Da die Zensur von der

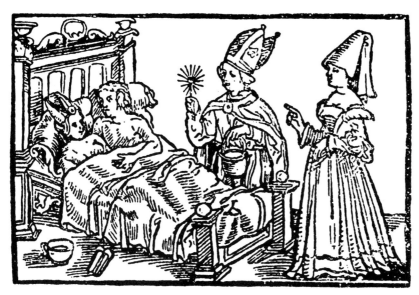

Einsegnung des Ehebettes; das soll es gegeben haben.

150

Kirche ausging, hatten diese Mütter auch von ihr, der Kirche, nichts für sich und ihr Kind zu erwarten.

Relativ glimpflich kamen diejenigen davon, die zwar ebenfalls, wie es hieß, „vorgearbeitet" hatten, aber die Schwangerschaft einstweilen verbergen und so noch „in Weiß" heiraten konnten. Sobald die Täuschung bekannt wurde, gab es heftiges Getuschel und Gerede, aber was sollte es, das Paar war mit seinem Hochzeitsschiff noch eben rechtzeitig in den Ehehafen eingelaufen.

c) „Eheliche" Keuschheit

Sexualität nur in der Ehe bedeutete aber auch für die Ehe selbst keinen sexuellen Freibrief. Auch innerehelich habe sie mitzureden und die Ehepartner zu begleiten, so der in besagtem Hirtenwort dokumentierte und in der Person des Pfarrers inkarnierte Anspruch der Kirche. Erster Punkt war dabei der maßgebliche Zweck der Ehe und die Konsequenzen daraus für das Verhalten der Eheleute. Noch in den dreißiger Jahren hieß es eindeutig:

Erster Zweck der Ehe ist die Weitergabe des Lebens. Diese Weitergabe war also nicht in das Belieben der Eheleute gestellt; nein, was vor der Hochzeit Todsünde gewesen wäre, war nun eheliche Pflicht: sexuell mit dem Partner zu „verkehren". Die Version, daß Verkehr untrennbar an Zeugungswille gebunden sei, ist inzwischen dahingehend abgemildert, daß der eheliche Akt lediglich für Zeugung „offen bleiben" müsse. Aber das besagt umgekehrt, daß der Gebrauch „künstlicher" Verhütungsmittel nach wie vor verboten bleibt. Damit tut sich das weite Feld moralischer Normierung auf, hier zugespitzt auf die Frage: Naturrecht und

natürliches Sittengesetz, ja oder nein - natürliches Sittengesetz mit dem Hintergrund göttlicher Schöpfungsideen. Davon war in diesem Buch schon ausgiebig die Rede.

Festzuhalten bleibt hier also, daß alles, was der unterstellten Natur-Normierung zuwiderläuft, unter ehelich-sexuellen Mißbrauch einzuordnen ist, auch alle Formen eigener und „gegenseitiger" Selbstbefriedigung. Es darf nicht absichtlich männlicher Samen vergossen werden, dem die Chance zur Befruchtung grundsätzlich verwehrt ist. Man darf schon jetzt fragen, ob hier noch Raum für die erotische und damit betont menschliche Dimension der Sexualität bleibt.

In einem anderen Betracht sollte es aber gerade menschlich zugehen, diesmal weniger verordnet als vielmehr hinter vorgehaltener Hand der Seelsorger, insbesondere wohl bei Missionen, auf den Weg gebracht: Das geschlechtliche Zusammenkommen dürfe sich bei anständigen Christenmenschen nicht „viehisch" gestalten (so der Ausdruck in einem mir vorliegenden Katechismus aus dem 18. Jahrhundert), es müsse menschlich vonstatten gehen. Gefordert im Sinne eines miteingeschlossenen Gebotes wird damit offensichtlich die sonst auch „Missionarsstellung" genannte Position beim Geschlechtsverkehr, bei der sich die Gatten ins Gesicht schauen. Missionarsstellung heißt sie deshalb, weil die Missionare die Eingeborenen in den Missionsländern auf diese Stellung „umzuschulen" hatten.

Aber auch sonst durften sich die Eheleute der Begleitung durch die Kirche gewiß sein. Sie wurden zu häufiger Beichte mit Kommunionempfang danach geladen, bei den Männern mit begrenztem Erfolg. Immerhin reihten sie sich zu den großen Beichttagen: Allerheiligen, Weihnachten, Ostern,

Ewig Gebet in die langen Büßerschlangen vor den Beichtstühlen ein. Der Kommunionempfang blieb aber auch jetzt bei ihnen bescheiden, zwei- oder dreimal, dann war wohl wieder etwas „Ehemißbräuchliches" angefallen, das den Weiterempfang verbot - bis zur nächsten Beichte.

Dauerkommunion-Empfänger waren nur einige unverheiratete bzw. verwitwete Frauen, meist im höheren Alter.

Intensivseelsorge, gleichsam ein „crash-Kurs" in Sachen Glaubensleben und darin mit besonderem Akzent keusche Eheführung stand bei der sogenannten Volksmission an, die im Abstand von 10 bis 20 Jahren in einer Pfarrei abgehalten wurde. Zwei Patres quartierten sich beim Pfarrer im Pfarrhaus ein, feierten Gottesdienste, predigten und machten gezielt Hausbesuche. Jedes Pfarrmitglied sollte mitmachen und am Ende, nach zwei Wochen, eine Lebensbeichte ablegen mit Wiederholungsbekenntnis aller im Leben begangenen Todsünden. Einteilungsprinzip war die Gliederung der Gläubigen nach „Ständen": Kinder, Jungfrauen, Ehefrauen; Jungmänner, Ehemänner. Für jeden Stand gab es eine eigene „Standespredigt", die vor allem bei den Ehefrauen einschlägig zu sein schien. Sah man doch dann verweinte Gesichter aus der Kirche kommen, voller Angst vor der Generalbeichte. Der „Erfolg" ließ nicht auf sich warten: Knapp ein Jahr später stellte sich in der Pfarrei ein Geburtenboom ein. - Es konnte schon auffallen, mit welchem Nachdruck gerade auf Kindersegen gedrungen wurde...

Die Standesgliederung spiegelte sich übrigens noch in der Sitzordnung in der Kirche wider: Frauen links, Männer rechts, jeweils vorne die Schulkinder, anschließend Jungfrauen und Jungmänner, zuletzt Ehefrauen und Ehemänner.

Doch bei aller innerehelichen Begleitung war von Teilnahme im persönlichen Sinne, von Interesse am persönlichen Ergehen der Ehepartner kaum etwas zu merken. Einerseits war es sinnvoll, damit aus Pietätsgründen zurückzuhalten, andererseits konnten sich aber gerade im persönlichen Bereich Spannungen entwickeln, die möglicherweise zu großem Eheleid: zu Unverständnis und Unterdrückung eines Partners, meist der Frau, bis zu Gewaltanwendung im Ehebett führten. Probleme wie in der Hochzeitsnacht konnten sich erst recht im Zusammenhang mit Schwangerschaft und Geburt von Kindern einstellen, nicht zu reden von Trinkerelend oder Streit ums Geld. Wie oft erschöpfte sich dann der Beistand des Pfarrers gegenüber gequälten Ehefrauen und Müttern in Trostworten wie diesen: Sie sollten ausharren, seien sie doch gewürdigt, dem Herrn das Kreuz nachzutragen.

Als wichtig erschien dem Pfarrer zuerst, daß alles seine Ordnung hatte: ordentlich verheiratet, zur rechten Zeit das erste Kind, treue Kirchgängerschaft und auch sonst in Haus und Familie kein öffentlicher Eklat. Rechte Ankunftszeit des ersten Kindes besagte: nicht vor Ablauf von neun Monaten nach der Hochzeit zum Beweis vorehelicher Keuschheit, aber auch nicht zu lange über neun Monate hinaus, weil sonst auf sexuelles Unvermögen hätte geschlossen werden können, das in der bäuerlichen Gesellschaft hart zu Buche schlug.

Jeweils fünf/sechs Wochen nach der Geburt eines Kindes wurde die Mutter zu früher Morgenstunde in der Kirche vom Pfarrer bei brennender Kerze „ausgesegnet" (es war schon einmal kurz die Rede davon). In der Zeit nach der Geburt galt die Mutter als unrein und durfte keine Kirche betreten. Die Aussegnung hatte das Fest Mariä

10. Ich will meine Seele retten und darum meinen Missionsvorsätzen **treu bleiben** bis zum Tode. „Nur wer ausharrt bis zum Ende, wird selig werden."

Ablässe vor dem Missionskreuze

I. **Einen vollkommenen Ablaß,** der auch den Verstorbenen zuwendbar ist: 1. am Tage der Errichtung oder Weihe dieses Gedächtniskreuzes; 2. am Jahrestage der Errichtung oder Weihe; 3. am 3. Mai; 4. am 14. September oder an einem der sieben folgenden Tage. Ablaßbedingung: Beicht, Kommunion, Besuch des Missionskreuzes und irgend einer Kirche oder Kapelle mit Gebet nach der Meinung des Papstes.

II. **Einen unvollkommenen Ablaß** von fünf Jahren und ebensovielen Quadragenen, der in ähnlicher Weise den Verstorbenen zuwendbar und einmal im Tage von den Gläubigen gewonnen werden kann, welche wenigstens mit reumütigem Herzen das erwähnte Kreuz mit irgend einem äußeren Zeichen der Andacht begrüßen und ein Vater unser, Ave und Ehre sei dem Vater, zum Andenken der Leiden des Herrn beten.

(Sacr. Offic. 13. Aug. 13.)

Mit kirchlicher Druckerlaubnis.

Hermann Rauch, Wiesbaden.

Rette deine Seele

**+ Andenken +
an die hl. Mission**

(Missions-Erneuerung)

in der

Pfarrei Hümmel

vom 26. Oktober
bis zum 3. November 1924

Volksmission

Meine Missionsvorsätze.

1. **Ich will meine Seele retten,** denn ich habe nur **eine** Seele. Habe ich diese verloren, habe ich **alles** verloren.

2. Ich will meine Seele retten; darum will ich die **Todsünde** meiden. Die Todsünde ist das schrecklichste Uebel und ich fürchte sie so wenig.

3. Ich will meine Seele retten und darum recht oft denken an die **letzten Dinge** des Menschen.

Ich muß **sterben,** aber weiß nicht wann und weiß nicht wo. Das aber weiß ich: Wenn ich in der Todsünde sterbe, werde ich ewig verdammt.

Ich will häufig denken an das **Gericht.** Ich werde einst vor aller Welt stehen und alle Menschen werden erkennen, wie ich bin.

Häufig will ich denken an die furchtbare **Hölle.** Das Leben ist kurz, die Hölle ewig.

4. Ich will meine Seele retten und darum **die freiwillige nächste Gelegenheit** zur schweren Sünde meiden. „Wer die Gefahr liebt, kommt darin um."

5. Ich will meine Seele retten und darum gewissenhaft die **Gebote Gottes** halten. „Willst du zum Leben eingehen, so halte die Gebote." — Ich will den **Sonntag heilig halten.** — „Es gibt zwei Wege zur Armut: Diebstahl und Sonntagsarbeit." (Pfarrer von Ars.)

Ich will die standesmäßige **Keuschheit** treu beobachten. — Es gibt keine schreck-

lichere Sünde als die Unkeuschheit; zeitliche Schande, ewige Pein sind die Folgen.

Niemals mehr eine **Feindschaft,** sonst habe ich Gott zum Feinde.

Kein **ungerechtes Gut** klebe an meinen Fingern.

6. Ich will meine Seele retten und darum meine **Standespflichten** gewissenhaft erfüllen.

Christliche Jugend! Bewahre die Keuschheit! Meide die Gefahren! — Schließe keine gemischte Ehe, sie bringt dir nur Wehe. — **Ehre Vater und Mutter!** Vatersegen baut den Kindern Häuser, Mutterfluch reißt sie nieder.

Christliche Eheleute! Haltet heilig den Ehestand! Erziehet eure Kinder in der Furcht des Herrn! — **Ehestand, Wehestand;** ertragt deshalb die Beschwerden dieses Standes mit Geduld.

7. Ich will meine Seele retten und darum feststehen zu meiner heiligen **Kirche.** Katholisch bin und bleibe ich; katholisch ist gut leben, katholisch ist gut sterben!

8. Ich will meine Seele retten und deshalb mich festhalten am goldenen Stabe des **Gebetes.** „Wer betet, wird gewiß selig, wer nicht betet, wird gewiß verdammt." (Hl. Alphons.) — Ich will häufig und würdig die **hl. Sakramente** empfangen; nur so kann ich beharrlich bleiben.

9. Ich will meine Seele retten und deshalb **Maria** kindlich verehren und ihre Tugenden nachahmen. „Ein echtes Marienkind kann nicht verloren gehen." (Hl. Alphons.)

Lichtmeß (2.Februar) zum Muster, das Marienfest mit den vielen Kerzen, das aber im lateinischen Grundwortlaut „purificatio" = Reinigung heißt. Es geht dabei schlicht und brutal um den nachgeburtlichen Wochenfluß der Frau.

Keinen Pardon gab es in dieser Sexualmoral für Homosexuelle, die als abartig galten und in normalen Sündenkatalogen noch nicht einmal geführt wurden. Kein Pardon wurde aber auch jener Frau aus einer Filiale zuteil, die im Krieg einen Soldaten evangelischer Konfession evangelisch geheiratet hatte. Sie nahm regelmäßig an der Sonntagsmesse teil, war aber vom Sakramentenempfang ausgeschlossen und mußte sich mit einem Platz in der allerletzten Kirchenbank bescheiden. Ihre Leidenszeit endete erst, als sie todkrank wurde und ihr Mann um ihrer Genesung willen zum katholischen Glauben konvertierte - ähnlich, wie es im Roman „Der Kranz der Engel" von Gertrud von Le Fort geschieht.

d) Drohbotschaft

Eines muß man dieser katholischen Sexual- und Ehemoral, wie ich sie in meiner Jugendzeit noch ohne Abstriche kennen und, soweit sie mich betraf, auch leben gelernt habe, zugestehen: Sie war um Grenzziehung gegenüber einem Sexualtrieb, der sonst hätte ausufern können, nicht verlegen. Ja, es kann sich die Frage stellen, ob hier nicht schon in Richtung Triebstau und Triebverdrängung überzogen wurde mit Symptomen wie sexuelle Aggressivität, schwüles sexuelles Lebensklima, sexuelle Ersatzbefriedigung bis hin zu Eruptionen und Vergewaltigungen.

Auf jeden Fall zeigt sich gegenüber der zuvor umrissenen personalen Sichtweise eine tiefgreifende Richtungsdifferenz. Zumal im reinkatholischen Dorf ließ es sich mit Händen greifen: Alles, was mit Sexualität zu tun hatte, war in einen Mantel des Schweigens gehüllt, signalisierte Gefahr und die Präsenz des Teufels in der Welt mit all den Ungereimtheiten, die wir uns bezüglich dieser Präsenz schon verdeutlicht haben. Eben der Teufel war es denn auch, der nach kirchlicher Lehre, im Eifeldorf dramatisierend ausgemalt, beim Ausbruch des Ungemachs entscheidend beteiligt war: indem er nämlich die Stammeltern Adam und Eva im Paradies zu jener Sünde verführte, die seitdem aller nachgeborenen Menschen Anteil ist: zur Erbsünde. Die dadurch aufgehobene Gemeinschaft des Menschen mit Gott ist im Erlösungswerk Christi wiederhergestellt worden, aber geblieben sind die sogenannten „sekundären" Folgen der Erbsünde, einschlägig in unserem Zusammenhang vor allem die „böse Begierlichkeit", die „Augen- und Fleischeslust". In ihr, so der Gedanke, lauert der „Fürst dieser Welt" dem Menschen überall auf, wo Sexuelles geschieht, bis in die Ehe hinein.

Der so schon düstere Hintergrund wird weiter verdunkelt durch bestimmte Philosophien, die auf das werdende Christentum eingewirkt haben: aus der griechisch-römischen Antike der leibabwertende Platonismus und bis zu einem gewissen Grade auch das Gedankengut der Stoiker, für die der Leib mit seinen Lüsten nur etwas Nebensächliches, ein „adiáphoron", ist. Hinzu kommen weitere leibfeindliche Einflüsse aus dem Orient, insbesondere seitens des Manichäismus, - das alles gebündelt und zentriert in der Person und im Werk des heiligen Augustinus (354-430) und von diesem dann weitervermittelt in die nachfolgende Glaubens- und Kirchengeschichte hinein.

ADAM UND EVA Die für das Abendland folgenschwerste Quellenstelle befindet sich im Alten Testament, Genesis III, 1–20 (1. Buch Mose 3). Sie belastet die christliche Ehe mit dem Fluch der Pardiesaustreibung. Das erste Ehepaar der Schöpfungsgeschichte, Adam und Eva, lebte offenbar in dumpfer Unwissenheit, wenn auch in paradiesischer Umgebung. Doch Eva langte nach dem verbotenen Apfel: »... Da gingen beiden die Augen auf und sie erkannten, daß sie nackt waren ...« Immer wieder kommen die Apostel und Kirchenväter auf diese Stelle zurück, wenn sie das Weib veranlassen, in der Stille, in Untertänigkeit zu leben. So Paulus in der 1. Epistel an Timotheus: »Denn Adam ist am ersten gemacht, darnach Eva. Und Adam ward nicht verführt, das Weib aber ward verführt und hat die Übertretung eingeführet.« – »Wäre Adam im Paradiese nicht abgefallen, so gäbe es keine Ehe, und die Fortpflanzung des menschlichen Geschlechts geschähe auf

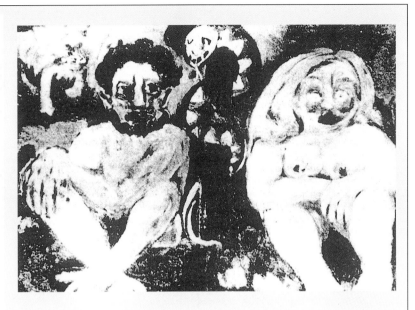

Die Sünde der „Stammeltern"

Ja-sagen zur Geschlechtlichkeit und sich ihrer erfreuen? Vor solchem Hintergrund wohl kaum. Mit keinem Wort ist von Glück und einzigartiger Erfüllung die Rede, weit eher gehen Drohung, Angst, gleichmacherische Regelhaftigkeit, schlechtes Gewissen und der zum Zwang sich steigernde seelische Druck um, Todsünden zu zählen, Reue und Vorsatz zu erwecken und Beichten abzulegen. Zu all den Lasten, die zu dieser Zeit in dieser Region so schon zu tragen waren, gesellte sich nun noch eine sexuelle Not, die lähmte und Verdrängungssiechtum hervorrief, die den Blick nicht nach vorne, sondern selbstquälerisch nach innen richtete. Es war eine Befindlichkeit, die gleichsam das i-Tüpfelchen auf der „gesamtkulturellen Rückständigkeit" der Region abgab. Wozu sollte man in der so eingeschätzten Sexualität persönliches Profil und erotische Sublimierung entwickeln, wo doch der ganze Bereich nur als notwendiges Übel (zur Fortpflanzung) erschien? Da lag es näher, von Verrichtung und Erledi-

gung zu sprechen, um nach deren Vollzug desto mehr für Wichtigeres und Höheres, wie man meinte, frei zu sein: für Zuwendung zu Kindern, Dienst an Armen und Kranken, zuhöchst für den Dienst vor Gott in Gebet und kirchlicher Feier.

Die personale Sicht der Sexualität, wie wir sie als Vergleichsgrundlage für diese nachfolgenden Ausführungen entworfen haben, setzt genau umgekehrt an. Für sie bedeutet Geschlechtlichkeit Leben, für sie sind sexuelle Energien Lebenskräfte, die stimulieren und verheißungsvoll nach vorwärts drängen, - wenn sie denn nur angemessen dosiert, kanalisiert und proportioniert sind. Dabei sind institutionelle und durch Tradition getroffene Regelungen und insbesondere auch Gebote namens der Kirche wichtige Vorgaben, aber - und das führt uns auf das „Heteronomie"-Problem zurück - sie dürfen nicht einfach verordnet, nicht einfach als allgemeines Gesetz auferlegt werden.

Osterbeicht 1913

Wichtige Hilfe gegen Versuchungen: das Gewinnen von Ablässen.

Um der personalen Wesensart und Würde des Menschen willen muß auch jetzt der früher schon eingeklagte Spielraum für Eigenentscheidung gesichert werden, jetzt, um sexuelles Selbstsein zu entwickeln und jeder „Einebnung" zu begegnen. Kurz, es muß Entfaltungsraum für Triebregulierung in personaler Eigenverantwortung bleiben. Dabei zeigt sich: Ordnen und Richten und „Zähmen" müssen keineswegs immer auf Eindämmen und Zurückdrängen hinauslaufen, es kann sich sehr wohl auch um Entkrampfen, Freigeben, einen Weg nach vorne eröffnen handeln. Von daher muß vor allem die Grundformel damaliger kirchlicher Sexualmoral: „Sexualität nur in der Ehe" kritisch überdacht werden.

Und auch das ist eigens zu betonen: Für die personale Sichtweise gibt es kein angeborenes Böses. Entweder geht sie davon aus, daß das, was ist, von sich aus weder gut noch böse ist, daß diese Prädikate vielmehr erst vom freihandelnden Menschen her entspringen. Oder sie bezieht Personalität und Gewissen weiterhin auf Gott, dann hat Gott eine gute Welt erschaffen, in der er - als scheinbar Böses - Lücken und Leerstellen gelassen hat. Aber diese markieren nicht Defekte in der Schöpfung, sondern sind in Wahrheit eine Einladung an den mit Geist und Freiheit begabten Menschen, an Seinem, Gottes, Schöpfungswerk teilzunehmen, ein Gedanke von Kardinal Christoph Schönborn, auf den im Zusammenhang mit

„Beten für den Frieden" schon hingewiesen wurde.[64]

Doch bei dem einen wie dem anderen Ansatz personaler Sehweise stellt sich die Eifel von damals auch, ja gerade unter dem Blickpunkt Sexualität als Entwicklungsland dar, befangen in einer Ideologie, die nicht nur in ihrem eigenen Bereich, sondern auf der ganzen Linie Kräfte lähmte, statt sie zu aktivieren. Da mag es dann auch hie und da gegenseitige Erfüllung gegeben haben, aber die äußeren Bedingungen dafür waren alles andere als günstig.

Für Ehe und Familie konnte man sich gar nicht genug dem Himmel anvertrauen, z.B. dem Herzen Jesu.

10. Kapitel:
Mann und Frau in Ehe und ländlicher Familie

a) Neubeginn?

Personzentrierte sexuell-erotische Selbstverwirklichung als Symbol und Ermutigung für Lebenssinn und Lebenselan, das ist die Botschaft, die es im gegenwärtigen Zusammenhang zu verkünden gilt. An sich von Zwecksetzung frei, kann besagte Selbstverwirklichung doch Atmosphäre und Klima bereiten, darin sich ein Hinauswachsen über den Alltag vollzieht und eine offene Zukunft aufbricht. In diesem Punkt nähert sich unser Gedankengang Autoren wie Herbert Marcuse und Erich Fromm an, überhaupt der sogenannten Frankfurter Schule, wobei man aber nicht unbedingt mit Marcuse bis zu einer „polymorph perversen Sexualität" fortschreiten muß.[65] Um so mehr bleibt zu bedenken: Auch Lebensformen, die im Banne restriktiver-Sexualmoral stehen, können ungebührlich begrenzen und einengen. Als Beispiel greifen wir an erster Stelle jenen Bereich heraus, der dem Katholiken als einziger Entfaltungsraum geschlechtlicher Liebe zugestanden wurde und laut offizieller Kirchenlehre bis heute zugestanden wird: die Ehe und mit ihr zusammenhängend die Familie. Frage also: Wie wurde aus der Tradition heraus bis ins 20. Jahrhundert hinein in der Eifel Ehe und Familie gelebt, verstanden und gestaltet unter dem Blickpunkt personintegrierter sexuell-erotischer Existenz?

Natürlich bietet sich hier dem Betrachter kein einheitliches Bild dar, wir wenden uns dem mit Abstand einschlägigsten Fall zu: daß die Neuvermählten in das Elternhaus eines der beiden Partner einzogen. Hier hatten sie dafür zu sorgen, daß der Wirtschaftsbetrieb, aber vor allem „daat d'Hous

weddergäht" (das Haus - durch Nachkommen - weitergeht). Mit ihnen nicht nur im Haus, sondern auch im Haushalt lebten die Eltern des eingeheirateten Ehepartners, soweit sie noch da waren, ferner unverheiratete Geschwister, ja unverheiratet gebliebene(r) Onkel und/oder Tante. Da mußte sich das neue Familienmitglied erst einmal einfügen und eingewöhnen, wie sich umgekehrt die schon bestehende Gemeinschaft dem Neuzugang zu öffnen hatte. Schon in diesem Punkte konnten Probleme erwachsen, die das nun endlich von der Moral freigegebene Liebesleben - freilich unter Konditionen - nicht gerade beflügelten. Beide Seiten hatten ihre Familientradition mit eigenen Sitten, Bräuchen und Gewohnheiten, die, zusammengebracht, Ärger bereiten konnten. So war etwa der meinem Elternhaus eigene Brauch, von Allerheiligen bis Karsamstag allabendlich den Rosenkranz mit Litanei und noch einigem mehr zu beten, keineswegs jedermann willkommen.

Doch es führte kein Weg daran vorbei: Auch dem Neuankömmling mußte es gestattet sein, seine eigene Lebensgeschichte miteinzubringen. Die Folge war reichlich oft ein Spannungsfeld, das der im Haus aufgewachsenen Ehehälfte eine tragische Doppelaufgabe aufbürdete: für die bisherige Familie der/die Alte zu bleiben und mit dem Partner zugleich einen neuen Lebensweg zu beginnen. Immer wieder mal fehlte es an dem erforderlichen Taktgefühl einer oder auch beider Seiten bis hin zu Tränen und Trennung. So zogen meine Großeltern mütterlicherseits aus dem Haus, in dem sie elf Kinder großgezogen hatten, aus, um nach kaum einem Jahr bei der Schwiegertochter um Wiedereinlaß anzuhalten, weil es ihnen in der Familie einer Tochter noch schlechter ergangen war.

Bitter konnte es indes auch für das zugeheiratete Familienmitglied werden, wenn ihm das sprichwörtliche Los des Eidams („Adem") oder der Schnur („Schnoa") beschieden war: eine Mitläuferrolle in der Familie mit Fremdheits- und Einsamkeitsgefühlen ein Leben lang. An die Stelle hoffnungsvoller Morgenstimmung trat dann unter Umständen schon nach wenigen Monaten die Enttäuschung, die den Volksmund „Ehstand" auf „Wehstand" reimen ließ und eine resolute, betagte Frau aus Daleiden zu der Feststellung veranlaßte: „Eine Frau dreht einen Mann um wie einen Sack." Allerdings gehört dazu dann auch die Gegenweisheit der Frau aus Sinspelt, die auf den Vorschlag, die Männer zu erziehen, lapidar antwortete: „Die sind erzogen, wenn man sie bekommt!"

Komplikationen schlummerten selbst in der Arbeitswelt, die im landwirtschaftlichen Anwesen ressortartig aufgeteilt war. Wer hinzukam, mußte grundsätzlich mit dem vorliebnehmen, was die bereits in Arbeit Befindlichen ihm übrig ließen. Da erging es einer jungen Frau 1956 wie dem Poeten in Schillers Gedicht „Die Teilung der Erde": „... die Welt ist weggegeben", das heißt: Alle Arbeiten, die für Frauen in Haus, Stall und Feldflur anfielen, hatten zwei Tanten und eine Schwägerin unter sich festgemacht, so daß sich die Neuvermählte hauptamtlich zum Kinderbekommen abgestellt sah. Das konnte das Wahre auch nicht sein, also war es ein trauriger und zugleich ein glücklicher Umstand, daß nach relativ kurzer Zeit die „Küchentante" durch den Tod vom Herd weggenommen wurde. Normalerweise hatte es aber mit Arbeitsanfall kaum Not, allerdings lagen die Tätigkeitsarten und Tätig-

keitsorte häufig so weit auseinander, daß sich die Ehepartner bis weit in den Abend hinein praktisch nur bei den Mahlzeiten sahen.

Für sich allein war das Paar nur über Nacht im Schlafzimmer, und selbst das nur vorerst, bis das erste Kind da war. Meist wurde das Schlafzimmer eigens neu hergerichtet, oft mit Möbeln, die zur Aussteuer der Braut gehörten. Auf diese Aussteuer wurde seitens der Herkunftsfamilie der Braut großer Wert gelegt, sollte sie der jungen Frau doch das Gefühl vermitteln, nicht mit leeren Händen dazustehen, das Gefühl, auch von zu Hause aus schon wer zu sein.

Dieses Schlafgemach nun also eheliche Intim- und Gründerstätte! Bis zu einem gewissen Grade schon, doch zugleich mit erheblichen Engpässen, zu nennen die vielen Mitbewohner im Haus, kein Bad, keine Toilette in wünschenswerter Nähe, hellhörige Wände, wo man doch Dinge miteinander zu besprechen haben sollte, die Dritte nichts angingen. Also gewiß ein Stück Neubeginn, aber eines in sehr starker Anbindung und Einbindung in das Bestehende. Für schöpferische Phantasie im Entdecken und Ergreifen neuer Ziele und Wege, wie sie der spielerischen Gelöstheit liebenden Miteinanders entspringt, blieb hier wenig Anreiz und noch weniger eine Chance.

b) „Liebes"-Heirat?

Dieser Eindruck verstärkt sich noch, wenn man auf das Zueinanderfinden der Partner hinschaut. Bis weit ins 20. Jahrhundert hinein dürfte kaum ein Brautpaar in dieser Region vor den Traualtar getreten sein, das sich ganz für sich und allein aus sich heraus zur Ehe entschieden hätte. In der hochgradig ländlichen Gesellschaft kam in allen Angelegenheiten von Haus und Familie den Alten ein hohes Mitspracherecht zu: den Eltern, auch wenn sie schon Großeltern geworden waren, und zudem auch Onkel und/oder Tante im Haus, je nachdem um welches Thema und Anliegen es ging. Letztere hatten in aller Regel Vermögen bzw. Grundstücke auf ihrem Namen, die im gemeinsam angestammten elterlichen Betrieb mitbewirtschaftet wurden, aber bei jeder Veränderung in der Familie auf mögliche spätere Besitzer hin zu bedenken waren.

Dieser Senat, dieser Altenrat, wie ich ihn titulieren will, konnte sich zu seiner Legitimation auf die Bibel berufen, die an nicht wenigen Stellen dem Alter Hochachtung bezeugt, zum Beispiel mit den so oft auf Totenzetteln zitierten Worten aus dem Buch der Sprüche: „Eine Ehrenkrone ist das Alter, auf dem Weg der Gerechtigkeit wird sie gefunden".[66] Oder noch deutlicher im 3. Buch Mosis: „Vor einem grauen Haupte sollst du aufstehen und die Person des Greises ehren".[67] Aber der Altenrat sah sich auch durch einen „Sitz im Leben" gerechtfertigt; man braucht dazu nur in Wilhelm Buschs „Fromme Helene" hineinzuschauen: „Drum soll ein Kind die weisen Lehren/Der alten Leute hoch verehren./Die haben alles hinter sich/ Und sind, gottlob, recht tugendlich".

Sieht man von dem miteingeflochtenen ironischen Unterton ab, so gewahrt man hier klare Perspektiven: Die Alten haben das Ihre getan. Sie sind klug zu Werke gegangen und stehen nun auf der höheren Stufe der Weisheit. Zurückblickend haben sie das ganze Leben vor Augen und können nun und sollen den Jungen ihre Erfahrungen mitteilen. Sie sind die Vorfahren, die, vorfahrend, den Weg geebnet haben, auf dem die Nachfahren, ihre Kinder, nur nachzufahren brauchen.

Totenzettel mit Lob auf das Alter.

Nachdem aus der damaligen statischen Gesellschaft längst eine mobile Industriegesellschaft geworden ist, trifft das Bild ganz und gar nicht mehr zu. Bei den ungeheuren Wandlungsprozessen, die sich mittlerweile in eines einzigen Menschen Lebenszeit abspielen, muß jede Generation ihren Einstieg in den Entwicklungsprozeß neu und in Eigenregie vollziehen. Das heißt aber: Die Weisheit der Alten und mit ihr auch die Alten selbst haben unter dem Gesichtspunkt von Rentabilität und Nützlichkeit ausgedient, und das bei einer kompletten Verdoppelung der durchschnittlichen Lebenserwartung bei uns in den letzten 120 Jahren (Männer von 36 Jahren auf etwa 72, Frauen von 38 auf etwa 78 Jahre). Auf die Problematik, die sich aus dem Gegenüber von „ausgedient" einerseits und „immer älter" andererseits ergibt, ist hier nicht weiter einzugehen. Es soll genügen mit der Erinnerung, daß sich erwähnenswerte Hinweise auf diesen Umschlag in der Eifel erst in der Westwallzeit abzeichneten, als zunächst Gesinde und dann im heimischen Betrieb mitarbeitende Angehörige zum Westwallbau abwanderten.

Insgesamt war das aber nur ein Vorgeschmack auf das hin, was dann in den fünfziger Jahren an Ablösung und Freisetzung vor sich ging. Bis dahin blieb der Altenrat prinzipiell in Kraft, so daß ich noch in reiferen Jahren Nachfolgeregelungen in Betrieb und Familie unmittelbar, in eigener Anschauung miterleben konnte.

Erster Akt war dabei die Entscheidung darüber, welcher Sohn bzw. welche Tochter im elterlichen Haus einheiraten sollte. Sehr oft fiel die Wahl auf den ältesten Sohn, Sohn auch deswegen, weil mit ihm der Familienname in die nächste Generation weitergetragen wurde. War nur ein Kind da, war ohnehin alles klar, bei Kinderlosigkeit ging das Erbe in aller Regel an ein (aus der Verwandtschaft) angenommenes Kind über. Häufig dachte man bei dieser innerfamiliären Regelung auch schon mit über die Zukunft von Geschwistern des zum Verbleib im elterlichen Haus erwählten Kindes nach. Dazu gibt es eine ergötzliche Geschichte einer nach Amerika ausgewanderten Familie aus Preischeid bei Daleiden. Der Vater, so erzählte der mittlerweile auch selbst ergraute Sohn bei einem Besuch in Deutschland vor einigen Jahren, - der Vater habe eines Tages bei versammelter Familie auf ihn, den ältesten Sohn, hingedeutet:

„Dou bleiws am Hous" (Du bleibst im Haus), um dann den Zeigefinger gleich weiterwandern zu lassen zu seinen vier Töchtern hin. Neben sieben Söhnen erschienen ihm diese als Überhang, der ihn seine Rede mit entsprechender Geste wie folgt fortsetzen ließ: „An Dou, an Dou, an Dou, an Dou gähs an d'Kluuster!" (gehst ins Kloster). In der Tat wurden alle vier Töchter Nonne mit Ausbildung zur Lehrerin; das Überhangproblem hatte sich auf elegante Weise gelöst. - Die Mundart war bei den in Amerika Geborenen lupenrein geblieben, Hochdeutsch dagegen verblaßt.

Komplizierter gestaltete sich die Suche nach geeigneten *Partnern* für die heiratsfähigen Kinder, verständlicherweise besonders im Falle des Kindes, das für das Elternhaus bestimmt war. Mitunter hielt man Tadel für angebracht, weil es die Heiratsfähigen mit der Heirat nicht eilig genug hätten, es gehe doch nicht an, mit dreißig Jahren noch nicht „zo de Ledden" (zu Leuten = Ehepartner und Kinder) gekommen zu sein. Soweit es sich bei den so unter Druck Gesetzten um Frauen handelte. wandten sie sich bei der nächsten Wallfahrt nach Klausen an ein steinernes Standbild im hinteren Teil der Kirche, dem der Name „Clamantes" zugelegt worden war („Clamantes" von lat. clamare = rufen, anrufen). Den Clamantes ordentlich auf die Füße zu treten, habe die Wirkung, daß bald ein Freiersmann aufkreuzen werde, sagte man. Aus der Literatur ist zu entnehmen, daß es sich bei der Figur um den in Landsknechtstracht dargestellten Philipp Ottenesch handelt, der auch unter dem Namen „heiliger Kommholmich" (=„nimm mich mit"- wohl zu einem Freier) verehrt wird.[68]

Hier zeigt sich, daß auch Eigeninitiative zur Partnersuche und Partnerwahl gefragt war. Vielleicht sprang der Funke auf einer der wenigen Tanzmusiken, etwa an Kirmes oder am Stephanustag (zweiter Weihnachtsfesttag), über, so daß die beiden den Wirtshaussaal anders verließen, als sie ihn betreten hatten. In solchen Fällen stand seitens Dritter „nur" Ja oder Nein zum Heiratswunsch an, der übrigens noch in den fünfziger Jahren offiziell vorzutragen war in der Form, daß der Bewerber bei den Eltern der Umworbenen um die Hand der Tochter anhielt. Danach zeigte sich allerdings sehr bald, nach welchen Gesichtspunkten Partnertauglichkeit und Partnerwürdigkeit letztlich bemessen wurden. Es waren nicht Aussehen und Liebe, eher schon Unbescholtenheit in religiöser und moralischer Hinsicht, aber dann alles überragend Vermögen und Besitz. War die Familie von vornherein beim Werben miteingeschaltet - mindestens die Hälfte der Fälle gehörte in diese Kategorie -, dann ging es sofort zur Sache im Sinne von Wirtschaft, Besitz und Geld. Wir werden darauf zurückkommen.

Zunächst sei noch angemerkt, daß Mitsprache des Altenrates, insbesondere der Eltern, langer katholischer Tradition entsprach. So kann man beispielsweise bei dem spanischen Philosophen und Pädagogen Johann Ludwig Vives (1492-1540) in seiner Schrift aus dem Jahre 1523 über die „Erziehung der Christin" (einem der ersten Bücher über Mädchenerziehung) lesen: „Die Jungfrau soll, wenn die Eltern über die Wahl eines Gatten für sie beraten, diese mit ihrem Gebet unterstützen. Mit reinem Herzen soll sie zu Jesus beten, daß sie einen Gatten erhalte, der nicht von der Gottesfurcht läßt, sondern fromm ist".[69]

Und warum sollen die Eltern und nicht sie selbst die Wahl treffen? „Eine gute Jungfrau wird bei der Wahl des Gatten sich nicht von der Sinnlichkeit leiten lassen, sondern die Wahl den Eltern überlassen; diese wollen nicht weniger als die Tochter selbst deren Bestes, dazu haben sie eine größere Lebenserfahrung und können auf Grund dieser besser urteilen".[70]

Vor allem gottesfürchtig und fromm sollte der Gatte also sein, darüber ließ sich gemäß äußerem Lebenswandel, der allein Grundlage für die Beurteilung war, noch verhältnismäßig rasch ein Bild gewinnen. Über die wirtschaftlichen Angelegenheiten hingegen mußte man miteinander ins Gespräch kommen. Bevorzugter Weg dazu war: Die Familie mit einem bestimmten Partnerwunsch ließ zu der ins Auge gefaßten anderen Familie „so mir nichts, dir nichts" Kontaktsignale ergehen, nicht zugespitzt auf Sohn bzw. Tochter, um die es eigentlich ging, sondern „nur so", von „Haus zu Haus". In gewisser Weise war dadurch die ganze Familie mit in das Freierunternehmen hineingenommen. Erging darauf ein entsprechendes Echo, oft - um sich „nichts zu vergeben" - durch einen Dritten übermittelt, so trafen sich nach meist kurzer Zeit - immer noch „rein zufällig" - ein Bevollmächtigter der einen und einer der anderen Familie. Jetzt war es mit dem „rein zufällig" und „von ungefähr" vorbei, ein Besuch in einem der beiden Häuser wurde vereinbart, tunlichst zuerst im Hause des weiblichen Teils, wobei eine Gegeneinladung selbstverständlich war, wenn beim ersten Treffen alles nach Wunsch verlief.

Mitunter sahen sich die jungen Leute bei dieser Gelegenheit zum ersten Mal, und nicht sie führten bei der „Besiecht" (Besichtigung von Haus und Hof) das Wort, sondern die Alten. Beim Gegenbesuch lief es ebenso mit dem Ergebnis: Meldeten sich keine schwerwiegenden Bedenken an, wurde ein Hochzeitstermin in nicht ferner Zukunft ins Auge gefaßt. Und ab sofort hatten sich die so aneinander Vergebenen

eines entsprechenden Umgangs zu befleißi-
gen, war der männliche Partner familienof-
fiziell zum Freier ernannt. Es kam vor, daß
sie oder er im stillen schon anderswo
„Feuer gefangen" hatte. Doch das alles galt
nun als suspendiert; vom getreuen Sohn
bzw. der getreuen Tochter wurde erwartet,
daß nun nur noch das getroffene Arrangement galt. Aus Gründen, von denen noch
zu sprechen sein wird, ging diese Erwartung (fast!) immer auf.

Die Mitgift von Ländereien wog besonders
schwer. Mitunter war sie Grund, bevorzugt
Partner aus demselben Dorf oder aus der
unmittelbaren Umgebung zu erwählen. Zur
Bestellung der so zugewachsenen Äcker
fielen dann keine zusätzlichen Wegstrecken
an. Aus diesem Grunde scheint sich in bestimmten Dörfern sogar ein Geburtenrück-
gang bei Zunahme geistiger Behinderungen
infolge von Inzucht ergeben zu haben.
Besonders strenge Maßstäbe legten besser-
gestellte Anwesen an, sofern sie sich als
sogenannte Stockhäuser, als alteingesesse-
ne Bauernfamilien, verstehen konnten. Sie
sprachen sich einen gewissen bäuerlichen
Adel zu, dessen Repräsentanten, wie sie
meinten, bei Heirat und Erbschaft möglichst
unter sich bleiben sollten.

Doch oft genug reichte diese scheinbar
zwanglose Kontaktaufnahme von Haus zu
Haus nicht aus, vor allem bei einem Heirats-
boom wie nach dem Zweiten Weltkrieg war
zusätzliche Vermittlung geboten. Infolge der
kriegsbedingt jahrelangen Abwesenheit fast
aller heiratsfähigen Männer war ein Heirats-
stau aufgelaufen, der nach schnellem Abbau
verlangte. Aber auch sonst schlug immer wieder mal die Stunde eines Direktvermittlers,
des „Hilligmächers" oder „Heiligsmächers",
wie er in der Eifel hieß. Unter seiner Ägide
lautete die Devise erst recht: „Land zu Land,
Acker zu Acker, Wohlstand zu Wohlstand".

„Werk der heil. Kindheit":
Hilfe der Kinder für die Taufe der „armen Heiden-
kinder" in den Missionsländern.

Allem voran zählten „Geld und Ansehen...
Der Heiligsmächer kannte in der ganzen
Gegend die wirtschaftlichen Verhältnisse,
wußte, wo ein Mädchen auf einen Ehemann harrte und hatte über die Dorfgren-
zen hinaus Kontakte... Wichtig für den
Heiligsmächer war, daß er die besonderen
Vorzüge von Karl, Pitter oder Jäb überzeu-
gend darstellen konnte, und hier zählten
vor allem Fleiß und Besitz: die Besitzstände
in Scheune und Stall, auf dem Frucht-
speicher und Futterboden, in Schränken
und Truhen. Man besprach den Vermögensstand beider Teile und redete über Ehe und

Mitgift". Schließlich besuchten sich auch in diesem Falle die beiden Elternpaare und „hielten 'Besicht' des Anwesens und Besitzes".[71]

Elternpaare, die dann später mit „Adem" (Eidam) oder „Schnoa" (Schnur) nicht zurechtkamen, hatten sich auch selbst anzuklagen, sie waren bei der Wahl maßgeblich beteiligt.

Hatte die Vermittlung Erfolg, wurde der Heiligsmächer honoriert mit Getreide, in meinem engeren Heimatbezirk mit einer „sameten Box" („Samt"- = Manchesterhose), Frauen, die ebenfalls bei diesem Gewerbe einstiegen, mit einer warmen großen Unterhose.[72]

Es war ein eigener Menschentyp, der so engagiert in die persönlichste Sphäre anderer Einblick nahm, auch wenn der Dienst erwünscht war. Über Honorar, selbst Nächstenliebe hinaus wirkte in ihm offensichtlich noch eine eigene Leidenschaft, die nach Esoterik und zugleich nach trivialer Kuppelei aussah.

Und das alles unter der Überschrift „'Liebes'-Heirat?" Vielleicht kam die Liebe *in* der Ehe, *aus* Liebe geschlossen wurde sie unter solchen Umständen nicht unbedingt. Selbst im Zusammenhang mit Gottesfurcht und Frömmigkeit war im obigen Zitat von Liebe mit keinem Wort die Rede, wohl aber davon, daß „eine gute Jungfrau... bei der Wahl des Gatten sich nicht von der Sinnlichkeit leiten lassen" wird.

Krönung der Mühen des Heiratsvermittlers: die Hochzeit.

c) Zwischenbilanz

Auf was auch immer Sexualität und Erotik bei dieser Sichtweise ausgerichtet waren, schöpferische Phantasie, spielerischer Lebensgenuß und geistige Flexibilität, wie wir sie mit Geschlechtlichkeit verbunden sahen, standen ganz gewiß nicht zur Debatte. Sexualität, so exklusiv nur auf die Ehe beschränkt, wurde selbst zu einem Mittel, Hörigkeit zu erzeugen, in der Regie nämlich derer, die sowohl bei Gründung wie auch bei Einfügung ehelichen Zusammenlebens in den häuslichen Familienverband ein gewichtiges Wort mitredeten. Durch Mitsprache des Altenrates und der durch diesen verkörperten Tradition blieb dem Paar längst nicht jene Souveränität, die ihm in so gewichtiger Entscheidungssache zugestanden hätte. Hier reicht das Argument, so sei es nun einmal gewesen, nicht aus. Oder anders ausgedrückt: Junge Erwachsene, über die in solchem Maße verfügt wurde und die so über sich verfügen ließen, boten wenig Gewähr, daß mit ihnen eine neue Zukunft beginne.

Hie und da flackerte Widerstand auf, der in diesen Dörfern erstmals in der Westwallzeit ernst genommen wurde aus Gründen, die wir kennen. Aber wo war vorher und blieb auch nachher noch über Jahre hin eine Ausweichmöglichkeit für den „Ausbrecher" und eventuell für seine vom Altenrat nicht akzeptierte Geliebte? Wie bitter, wenn man dann zu böser Letzt, um Gnade bittend, wieder heimkehren mußte! Noch in den fünfziger Jahren wurden „Deserteure" mit Familienbann belegt, untersagte der Vater, als Haupt der Familie, jeden Kontakt mit den Verfemten. Darüber konnten Herzen brechen, doch zu diesem schon fortgeschrittenen Zeitpunkt auch darin erstarken, vom in Liebe erwählten Partner nun erst recht nicht zu lassen.

Es deutete sich schon an: Gerade mit der Liebesheirat war es bei den arrangierten und vermittelten Ehen ein Problem. Die Partner hatten sich ja bis dahin kaum kennengelernt und sollten nun heute sexuelle Beziehungen aufnehmen, wo sich gestern noch alles um Aussteuer und Äckeraufteilung gedreht hatte. Ich glaube Gründe zu haben für die Annahme, daß neben anderen Irritationen sehr wesentlich auch solcherart versäumte sexuelle „Aufbereitung" (um sie mal so zu nennen) zu negativ getönten Eheschicksalen beigetragen hat. Sexualität reduzierte sich auf die Erfüllung der „ehelichen Pflicht" zur Weitergabe des Lebens, und mit der wahrgenommenen Pflicht hatte es sich dann auch. Es ging nicht um Ereignis, sondern um Erledigung und Verrichtung, die unterste Stufe sexuellerotischer Entfaltung.

Auch für eine weitere Annahme glaube ich Gründe zu haben: Aus Enttäuschung und Frustration wurde, gerade bei den Sensiblen, ein Trauma, das aus eigener Kraft zu überwinden sich den Vermählten nur eine einzige Chance bot: das unverhohlen offene, aber zugleich einfühlsame Gespräch. Doch auch, ja gerade damit hatte es seine Not; denn bei allem Reden um Geld und Gut auf die Hochzeit hin, zum gegenseitigen Sichaussprechen über Intimes hatte die beiden niemand angeleitet oder auch nur ermutigt. Im Gegenteil, über derart „obszön-fleischliche" Dinge durfte nur in einer Atmosphäre der Weihe und möglichst auch nur von einem Geweihten, einem Priester, gesprochen werden. Aber auch der schwieg, solange nur alles nach außen hin in Ordnung war. Die Folge: Schweigen, Mißverständnisse und Mißhelligkeiten ohne Unterlaß mit lähmender Rückkoppelung auf die gesamte Lebensbefindlichkeit.

Zu Sexualität und Sprache wird noch weiteres zu sagen sein. Doch dürfen wir hier schon des großen Glückes gedenken, das denen beschieden ist, die sich ihre Sehnsucht, aber auch deren Erfüllung sprachlich mitteilen können, um beides gleichsam doppelt zu genießen. Was als Unkeuschheit in „Gedanke und Wort" so lange als Sünde galt, wird dann zum Angeld, daß des Glückes so bald kein Ende sein wird.

Für Anspruch und Fortbestand der damaligen agrarisch-handwerklichen Gesellschaft, wie die Soziologen sie nennen, mochte mit den gekennzeichneten Zügen und Vollzügen äußerlich genug getan sein, für den „inneren" Menschen reichte das Angebot auch damals schon nicht aus. Erst recht reicht es heute nicht mehr aus, nachdem auf die traditionsbestimmte statische Gesellschaft die mobile Industriegesellschaft, die sogenannte moderne, ja schon eine „post"-moderne Gesellschaft gefolgt ist.

In offeneren Regionen und besonders im städtischen Bürgertum hatte sich schon im 19. Jahrhundert eine neue Gestalt von Ehe und Familie herausgebildet, deren wichtigste Prädikate „privat" und „intim" lauteten. Wie zeitgebunden, korrekturbedürftig, ja utopisch überspannt diese Form sein mochte, mit dem Anspruch auf Privat- und Intimsphäre zielte sie auf personintegrierte Sexualität, die in keinem Entwurf fehlen darf, dem es um die Menschlichkeit des Menschen geht. Sie ist der zeitlose, übergeschichtliche Grundbezug, der in allem historischem Wandel sexuell-erotischer Verfaßtheit dem Menschen erhalten bleiben muß.

Gerade die Kirche, die als erste abendländische Geistesbewegung den Persongedanken aufgegriffen und entwickelt hat, hätte ihn als Kernimpuls auch dem Bereich

Sexualität und Erotik aufbehalten müssen. Aber auch jetzt hatte die Eifel - und nicht nur sie - das Nachsehen.

d) Scheidungsimmun?

Auf Einwände und Ausstellungen der dargelegten Art wird häufig mit zwei Gegeneinwänden geantwortet, die in Frageform so lauten:

1. Wieviel wiegen solche Einwände noch, wenn man sie vor der Folie kaum erwähnenswerter Scheidungsquoten bis in die dreißiger Jahre in der Eifel sieht? Werden sie nicht gegenstandslos, wenn man gewahrt, daß auch in diesem ländlichen Raum die Zahlen sich heute dem großen Trend annähern, wonach jede dritte Ehe geschieden wird?

2. Kann es um sexuell-erotische Erfüllung so defizitär bestellt gewesen sein, wenn man die Kinderzahlen pro Familie von damals mit denen von heute vergleicht?

Wenden wir uns der ersten Frage zu, so kann ich bekennen, daß mir bis zu meinem zwanzigsten Lebensjahr kein Fall bekannt geworden ist, wo eine Ehe förmlich und offiziell geschieden wurde. So habe ich auch keinen Grund, daran zu zweifeln, daß es Musterbilder ehelicher Treue in meiner Eifelheimat gegeben hat; ich denke an meine Eltern, bei denen ich mir eher hätte vorstellen können, daß der Mond vom Himmel fiele, als daß sie auseinandergingen. Es ist ein unschätzbares Glück, wenn Kinder von solcher Gewißheit erfüllt sein können. Hochachtung verdienen auch die damals nicht eben wenigen, die in relativ jungen Jahren ihren Partner durch Tod verloren und dann ausdrücklich nicht wieder heirateten, noch nicht einmal mehr ein Verhältnis eingingen. Darunter befanden sich auch Männer, denen es an Chancen für eine neue Ehe nicht fehlte. Allerdings konnten sie sich Witwertum auch „leisten", weil meist eine unverheiratete Schwester zur Stelle war, die den Haushalt und die Betreuung der Kinder übernahm.

Geradezu Verehrung gebührt denen, die es mit ihrem Partner schwer hatten, aber aus eigenem freien Entschluß die Last auf sich nahmen und so symbolhaft tatsächlich eine Art Kreuzesnachfolge Christi vollbrachten. Ich kann bezeugen, daß es solchen Heroismus des Erduldens und Ertragens gegeben hat, meist bei Frauen ihren Männern gegenüber.

Aber ich kann nicht weniger bezeugen: Da waren auch die vielen Fälle, in denen Ehen nur noch äußerlich Bestand hatten. Zwar blieb hier eine Versöhnungschance, die es bei vollzogener Trennung nicht mehr gegeben hätte, und man kann sich auch denken, wie der Kommentar zu einer solcherart geretteten Ehe gelautet hat: Man muß nur lange genug ausharren und beisammenbleiben, dann... Aber das waren in dieser Gruppe nur seltene Ausnahmen.

Solche Angaben lassen sich im nachhinein natürlich nicht in Zahlen und Statistiken aufrechnen. Trotzdem darf die Darstellung weitergehen, sofern zwei Annahmen als Ausgangsbasis akzeptiert werden, einmal die These: Es kann nicht sein, daß auf Ehe-Engel in der Eifel noch um 1930 herum nun ein Heer von Ehebrechern gefolgt ist. Es kann nur so sein, daß in der verschwindend geringen Scheidungsquote Umstände miteinbegriffen waren, die den Verbleib beim Partner erträglicher erscheinen ließen als die Folgen einer Trennung von ihm. In sogenannter Sekundärmotivation ging es dabei um Zweckmäßigkeiten, die heute so

nicht mehr bestehen, aber damals von großem Gewicht waren. Auf die Art dieser Zweckmäßigkeiten, wie man ihrer ansichtig werden kann, bezieht sich die zweite Annahme, die so lautet: Über diese Antriebe kann (nur) befinden, wem Lebensumstände und Lebensstimmung von damals unmittelbar erinnerte Gegenwart geblieben sind. Das Ergebnis ist dann zwar konstruiert, aber es ruht auf einer Intuition auf, die zumindest als Richtungsanzeige dienen kann. Auf eine solche Intuition glaube ich mich für den nachfolgenden Text, einschließlich des nächsten Kapitels, stützen zu können. Es ist übrigens die gleiche Intuition, aus der heraus geschichtliche Themen künstlerisch bearbeitet werden, die Eifel betreffend beispielsweise das Thema Auswärtsarbeit in Clara Viebigs Roman „Das Weiberdorf".

Im Kontext unseres gegenwärtigen Themas rückt dann eine Gruppe von Ehen ins Blickfeld, die deswegen weniger krisenanfällig waren, weil sie den kritischen Level erst gar nicht erreichten. Man hatte seine Arbeit, vielleicht auch Kinder, man hatte sein mehr oder weniger leidliches Auskommen, aber darüber hinaus kaum weitere Erwartungen an den Partner. Sexuelle Vollzüge waren Erledigungen, nun aber nicht, wie vorhin, aus Enttäuschung, auch nicht auf die Weise heutigen Sex-Managements als exhibitionistische Leistungsakrobatik, sondern aus Primitivität in des Wortes wörtlicher Bedeutung. Es war ein Tun fast noch „diesseits von Gut und Böse", eine Verrichtung, so wie es gerade kam bzw. sich ergab.

Bei einer zweiten Gruppe von Ehen wurden Bedrückung, Demütigung, Gewaltanwendung sehr wohl als entwürdigend empfunden, doch der Ruf nach dem Scheidungsrichter fiel aus, weil diese Menschen im Vergleich zu heute noch sehr viel härter im Nehmen waren. Man litt seine Not meist war es die Frau, aber vielfach hatten Schläge und Zwang den mißhandelten Eheteil schon von Kindsbeinen an begleitet, so daß er keinen Grund sah, jetzt davon besonderes Aufhebens zu machen.

Höchst nachhaltig wirkte gegen Scheidung das Verbot seitens der Kirche, in deren Namen bis auf den heutigen Tag nur eine „Trennung von Tisch und Bett", keine eigentliche Scheidung also, erlaubt ist. Bei solcher Trennung galt und gilt für den Katholiken jede neue Beziehung als Ehebruch mit der Konsequenz ewiger Verdammenswürdigkeit. Vor beiden Alternativen: entweder fortan allein zu sein oder die Hölle zu riskieren (so lange die Dorfchristen an letztere glaubten), konnte es immer noch als das kleinere Übel erscheinen, seinen Ehepart weiterzuspielen, nicht aus Treue oder gar aus Liebe, sondern gemäß handfestem „geistlichem" Kalkül, vielleicht auch noch mit einem teilnehmend gebliebenen Blick auf die Kinder.

Ein solches Arrangement mit sich selbst empfahl sich um so mehr, als einem in dieser Region nicht erst die Scheidung, sondern auch schon besagte Trennung den Geruch, nicht normal zu sein, einbrachte bis hin zur Verdächtigung auf Ehebruch. Die Reaktion der durchweg konfessionsgleichen Glaubens-„Geschwister" war nur zu gern sensationslüsterner Voyeurismus, an dem einem nicht gelegen sein konnte.

Aber auch ohne religiösen Hintergrund stellte sich die Frage nach Alternativen, schlicht bereits im Sinne einfachen Überlebens. Hatte da schon der auf die Ehe erst Zuschreitende seine Probleme, wenn er an Ausbruch dachte, so noch viel mehr der eheüberdrüssige Verheiratete mit Kindern, Vermögen

und Wirtschaft, Haus und Hof, angestammter Familie hier, angeheirateter dort. Alles war so eng miteinander verknotet, daß ein Sichherauslösen einem familialen Erdbeben gleichkam. Und das bei einer Arbeitsmarktlage, die in dieser Region erst in der Westwallzeit Ausweichmöglichkeiten bot, von denen ja dann auch Gebrauch gemacht wurde. Besonders die Frauen sahen sich an Händen und Füßen gebunden. Sie waren zwar alle im heimischen Betrieb mitverdienend berufstätig, aber ohne jedes Einkommen, über das sie von sich aus hätten verfügen können. Gerade ihnen eröffnete die Westwallzeit einen Ausblick auf größere Unabhängigkeit, deren Vollgestalt wir heute vor uns sehen: daß auch die Frau auf Scheidung setzen kann, ohne für sich und eventuell für Kinder den Ruin befürchten zu müssen. Aber es hatte keine Eile damit, wie wir wissen; der Krieg setzte aufs neue Grenzen. So mußten bis weit in die Nachkriegszeit hinein nicht wenige Frauen selbst zum Einkauf beim fliegenden Straßenhändler den „Herrn des Hauses" um Geld bitten. Es gab Tränen und Demütigungen und das erschütternd ohnmächtige Wort einer Frau mir gegenüber, die sechs Kinder großgezogen hatte: „Wenn ich gekonnt hätte, wie ich wollte, oder es jetzt noch könnte, dann...

Unter solchen Umständen schlich sich leicht eine distanzierte Umgangsart ein oder blieb es bei einem kühlen Ton von Anfang an etwa dergestalt, daß man sich kaum einmal mit Vornamen anredete. Die Frau hieß „Fra", in indirekter Rede „séi" oder „hatt", der Mann hieß „Boua" (Bauer), neuerdings auch „Chef", indirekt „heen" (=er), Titulierungen die selbst in den Wortgebrauch der eigenen Kinder übergingen.

Und - fast makaber: niedrige Scheidungsquoten schließlich auch noch aufgrund der vielen verwitweten bzw. verwitweten

Ehen. Meist handelte es sich um den frühen Tod der Frau und Mutter, dahingerafft im Wochenbett (Wochenbettfieber), nicht selten auch durch die Volksgeißel „Schwindsucht" (Tb), der die Frauen, wenn sie durch kurz aufeinanderfolgende Geburten geschwächt waren, besonders leicht zum Opfer fielen. Die Ehe war dann - ungeschieden - schon zu Ende, bevor das scheidungskritische Stadium erreicht war. Zu dem kritischen Zeitpunkt „schaltete" an „verwaister Stätte" oft schon eine Andere, eine „Fremde" (Fr. Schiller), mit allen Problemen, die für die Kinder aus erster Ehe daraus erwuchsen und bis auf den heutigen Tag erwachsen. Das Stiefmuttermotiv hat die ihm eigene zwielichtige Einfärbung nicht von ungefähr.

So bleibt es dabei: Die Scheidungsrate lag, verglichen mit heute, tatsächlich extrem niedrig. Doch waren die Ehen deshalb moralisch besser? Ist die heutige Situation nicht gerade in moralischer Hinsicht ehrlicher? Ein Segen für Kinder, hieß es vorhin, wenn Ehen und Familien Dauer und Bestand haben. Nunmehr ist hinzuzufügen: wenn denn beide ihren Namen verdienen. Auch in der agrarisch-handwerklichen Gesellschaft gab es genug Eltern, die schon um ihrer Kinder willen besser geschieden worden wären. Wenigstens der Anblick täglicher häßlicher Konfrontation wäre den Nachkommen erspart geblieben. Ich möchte in der ehedem so friedlich anmutenden Eifel nicht die Häuser gezählt haben, in denen Enttäuschung und Streit, Haß und Gewalt bis aufs Sterbebett den Ehe- und Familienalltag vergifteten.

Ergebnis also: Das Thema Ehescheidung kann Defizite in der geschlechtlichen Gemeinschaft von Mann und Frau in dem durch Rückständigkeit geprägten Grenzland nicht aufwiegen, jedenfalls nicht in dem

Umfang, wie es zunächst den Anschein hatte. Vielmehr verbirgt sich hinter einer für heutige Augen erstaunlich heilen Fassade eine Wirklichkeit, in der auch früher schon das Ja zum Partner oft genug Vorbehalte einschloß bis hin zur Verkehrung in ein Nein - nur blieb das alles nach außen hin verdeckt.

Ein eigenes Thema ist in diesem Zusammenhang natürlich der Problemkreis kirchliche Scheidung: ja oder nein, bejahendenfalls unter Freigabe einer Wiederverheiratung ohne Sündendeputat und Ausschluß vom Sakramentenempfang. Himmelschreiende Ehenot und jahrelange „Unehe"-Qual Unschuldiger sollten das kirchliche Lehramt immer von neuem zum Nachdenken darüber verpflichten, ob die Unauflöslichkeit der Ehe nicht doch einen Spalt offen läßt für die, die guten Willens sind.

e) Kinder-„Segen"?

Aber vielleicht ergibt sich ein positiveres Bild, wenn man laut vorstehend schon mitformulierter zweiter kritischer Rückfrage auf die Kinder hinschaut, die aus diesen Ehen hervorgegangen sind. Zumindest was ihre Zahl betrifft, schien die Eifeler Dorfwelt sexuell-erotisch in Ordnung zu sein. Galten doch hier noch vor kaum hundert Jahren Kinderzahlen unter vier als Ausnahme und solche um zehn bis zwölf noch als normal, wohingegen heute auch in diesem ländlichen Raum der Trend zur höchstens noch „1,3-Kind-Familie" sich durchgesetzt hat. Doch so bemerkenswert das ist, es geht im folgenden nicht primär um Quantitäten, sondern um Lebensgefühl, existentielle Grundeinstellung, seelische Verfassung, aus der heraus und mit der Kinder auf den Lebensweg gebracht wurden. Es geht um die Frage, welcherart oder eine wie qualifizierte Sexualität sich in der Nachkommenschaft in der Eifel damals widerspiegelte.

Hier hat schon der Prolog des Johannes-Evangeliums unterschieden zwischen Nachkommen, die aus dem Blute, aus dem Willen des Fleisches, dem Wollen des Mannes und solchen, die aus Gott geboren sind (Joh 1,13). In unserem Sinne wäre noch hinzuzufügen die Sexualität des Lebensmutes und der Lebensfreude, wie wir sie oben im 8. Kapitel als Leitlinie entwickelt haben. Doch wie will man einem Kind ansehen, welcher Schattierung von Sexualität sein Werden zuzuordnen ist? Hier bleibt nur ein indirekter Weg offen, der bei der Frage ansetzt, wie die Menschen damals in ihrer Lebenswelt ihrem Nachwuchs gegenüber eingestellt waren, etwa ob sie ihn willkommen hießen oder als Last empfanden. Richtig plaziert führt diese Frage zum Thema Sexualität zurück mit Einblicken in das dörfliche Leben von einst, die kaum härter sein könnten. Als besagter „Insider" darf ich auch diese, meist mit Schweigen übergangene Seite Eifeler Geschlechtslebens zur Sprache bringen, darauf vertrauend, daß meine aus persönlicher Erinnerung gespeiste Intuition die richtigen Akzente setzen wird.

Vom Grunde ihres Herzens her waren (und sind) die Eifelaner ein kinderfreundlicher Menschenschlag. Zur hier im Blick stehenden Zeit schätzten sie Kinder um so mehr, als sich an sie der Fortbestand von Haus und Hof, das Überdauern des zu treuen Händen übernommenen vorväterlichen Erbes knüpfte, wie bescheiden dieses auch sein mochte. Kinderlosigkeit war in dieser bäuerlichen Welt ein herbes Schicksal. Dem ersten Kind eines Paares wurde buchstäblich entgegengefiebert - nur durfte es sich nicht zu früh einstellen (s.o.). War dieses erste Kind dann auch noch ein Sohn, so konnte sich die Freude zum Fest steigern.

Und es wurde gefeiert - im Nachgang zur schon nach wenigen Tagen gespendeten Taufe. Dabei handelte es sich um den sogenannten Mohnenkaffee, eine reichlich gedeckte Kaffeetafel, zu der sich die Nachbarsfrauen nebst Patenonkel und Patentante einfanden. Der Patenonkel war der einzige Mann in der Runde, er sorgte dafür, daß auf den Abend hin auch Alkoholisches, mit Vorliebe süßer (mitunter auch gesüßter) Wein, bereitstand. Das Fest galt als gelungen, wenn am Abend die Frauen von ihren Männern nach Hause geleitet werden mußten.

Mit von der Partie war auch die Hebamme, die, wie es den Kindern gegenüber hieß, das Neugeborene in ihrer großen Tasche gebracht hatte. Noch in den dreißiger Jahren mußte sie über Berg und Tal große Strecken zu Fuß zurücklegen, ihr aufopferungsvoller Dienst bis in die ersten Nachkriegsjahre hinein sollte eigens und gesondert gewürdigt werden.

Die frühe Taufe möglichst kurz nach der Geburt ist nicht christliches Gemeingut. Zur Zeit des heiligen Augustinus (354-430) wollte man möglichst in der Taufgnade sterben und zog darum den Taufakt hinaus, solange es eben ging.

Auch zweites, drittes, selbst noch viertes Kind waren willkommen, weil viele Häuser und Familien ohne Mitarbeit und Mitverdienst von Kindern nicht auskamen. Das war Mitarbeit im eigenen Betrieb, konnte aber auch Dienstleistung in anderen Anwesen sein, wobei Bargeldentlohnung an die Eltern ging. Schulkinder wurden gegen Kost und Logis zum Viehhüten eingestellt, Schulentlassene als Magd oder Knecht gegen Bargeld.

Gegenseitiges Sich-Suchen und -Finden von Mägden und Knechten einerseits und den

Im Sommer für viele Schulkinder eine tägliche Fron: Viehhüten.
Verantwortung und Einsamkeit auf der Wiese waren groß.

Hier konnte sich das Hütekind noch nicht einmal frei bewegen.

171

künftigen Herrschaften andererseits wickelte sich um Nikolaus (6. Dezember) herum auf dem sogenannten „Dengmoart" ab, z.B. in Neuerburg (dengen=dingen, in Dienst nehmen, Moart=Markt). Nicht selten wurden auf solchen Gesindemärkten junge Menschen traktiert und taxiert wie auf dem Viehmarkt Gespannochsen oder trächtige Rinder. Vertragliche Besiegelung erfuhr die mündliche Absprache durch ein vom Dingherrn spendiertes Glas Bier im Wirtshaus nebenan.

Ernst wurde es für die so auf Dienstleistung Verpflichteten am 28. Dezember, dem Tag der Unschuldigen Kinder, der allgemein als sogenannter „Plenerschens-Dag" (=Umzugstag) galt (plenern von plündern, hier: sich mit Sack und Pack fortbegeben). Knecht und Magd gingen zuweilen harten Zeiten entgegen, ohne den begehrten Familienanschluß, d.h. ohne Teilnahme an den gemeinsamen Mahlzeiten und ohne Aufenthaltserlaubnis für die Stube. Bei minimaler Entlohnung (vielleicht 10-15 RM pro Monat) sahen sie sich dann fürs Essen auf eine Ecke in der Küche und sonst auf eine manchmal sogar außerhalb des Wohnbereichs gelegene ärmliche Kammer verwiesen. Und welche Arbeiten ihnen mitunter zugemutet wurden, abgesehen von Diensten, für welche die Magd gegebenenfalls dem Hausherrn noch darüber hinaus verfügbar sein mußte. Gleichwohl lautete die Maxime durchhalten, solange es eben anging, stand doch nicht nur das eigene, sondern das Wohl der Familie auf dem Spiel. Im großen und ganzen waren solch krasse Fälle aber die Ausnahme.

Schon die Abstände, in denen diese drei/vier Kinder geboren wurden, erlaubten Vermutungen. Waren die Zwischenzeiten kurz - ein Jahr oder wenig darüber, gelegentlich auch noch unter einem Jahr, so

setzte sich in der Regel die Reihe fort, vorausgesetzt, die Frau war den sich mehrenden Schwangerschaften gesundheitlich und kräftemäßig gewachsen. Waren erst einmal sechs bis acht Kinder da, konnte Nachdenklichkeit aufkommen, auch wenn aus schon genannten Gründen darüber nicht eigentlich gesprochen wurde.

Da reichte der Platz im Haus, vor allem die Anzahl der Betten, nicht aus, um noch alle Familienmitglieder zu beherbergen. Das eheliche Schlafzimmer, dem anfänglich wenigstens ein Schimmer von Intimität eigen war, mußten die Eltern - nun zu zweit in einem Bett liegend - längst mit zwei Kindern im anderen Bett teilen. Ja, zeitweise kam die Wiege mit dem jeweils zuletzt Geborenen noch hinzu. Bei Anlässen die, wie Kirmes, Hochzeit, Beerdigung, die ganze Familie zusammenriefen, mußten immer wieder Söhne im Heu oder im Stall schlafen.

Zumal in den vielen Häusern der unterbäuerlichen Schicht reichten auch Nahrung und Kleidung nicht entfernt mehr für die ganze Familie aus. Auch aus diesem Grunde mußten bis zu vier und mehr Kinder in fremde Dienste gehen, um zuweilen auch dort Schmalhans als Küchenmeister zu erleben. So präsentierte sich über weite Strecken eine unterernährte junge Generation, die einen für junge Menschen hohen Tribut an Kranken und früh Verstorbenen zahlen mußte; auf Infektionskrankheiten wie Tuberkulose und Wochenbettfieber wurde schon einmal hingewiesen. Durch die Umstände erzwungen, scheinen diese Menschen noch ein anderes, vertrauteres Verhältnis zum Tod gehabt zu haben. Ist es doch von unserer heutigen Einstellung her kaum noch zu fassen, wie Eltern verkraften konnten, was in der Schulchronik meiner Heimatpfarrei aus dem Jahre 1908 vermerkt ist: daß in nur einer Woche einer Familie Koos vier Kinder an Keuchhusten in Verbindung mit Grippe wegstarben, davon eines schulpflichtig. Noch weniger als für Wohnraum, Nahrung und Kleidung konnten diese Familien für die Zukunft ihrer vielen Kinder aufkommen. Längst nicht jedem stand eine Chance im Handwerk offen, von Studium ganz zu schweigen, und ebenfalls nur wenige kamen durch Zuheirat in anderen Anwesen unter. Weitaus die meisten mußten sehen, wie sie sich als Tagelöhner und durch Gelegenheitsarbeit über die Runden brachten mit nur äußerst geringer Aussicht, daß sich daran etwas ändern werde.

Konnte sich da für Eheleute, die mit vielleicht sechs Kindern ihrer „ehelichen Pflicht" schon genügt hatten, nicht der Gedanke nahelegen, es reiche mit dieser Kinderzahl, trotz fortbestehender Nachwuchsfähigkeit? Eheliche Pflicht hieß hier: Für einen Katholiken wird die bei der Trauung geschlossene Ehe erst durch Geschlechtsakt gültig, und solche Akte sind zu vollziehen, um dem Schöpfungsauftrag „Wachset und mehret euch!" (Gen 1,28) gerecht zu werden. Den Eifeler Familien kann im großen und ganzen bescheinigt werden: War ein Kind erst einmal da, wurde es angenommen und betreut, so gut es die Verhältnisse zuließen. Aber mußte eheliche Fruchtbarkeit bis zu ihrem natürlichen Ende durchgehalten werden, auch wenn die genannten Leistungen schon erbracht waren und vielleicht sogar ein Bevölkerungsstau bestand?

Kinderreichtum im Grundschulalter, hier in Schwirzheim.

Herangewachsene Kinderschar (1939).

Wo immer sich diese Frage in der Eifel erhob, wurde sie bei der damaligen Mentalität der Bewohner zur bereits angedeuteten schweren Bedrückung. Und wie sie sich erhob, diese Frage! Ich denke an den älteren Herrn, der befreit bekannte, daß seine Frau und er endlich nicht mehr alle vier Wochen Angst haben müßten (ob die Frau wohl ihre Periode bekäme); ich denke an einen aus der Westeifel stammenden Chefarzt in einem Eifeler Krankenhaus, dem eine alte Frau gestand - vom Chefarzt i.R.in Reim und Vers gebracht:

„Ä Kand as du nom anaren kommen,
Ma kruch kan Zeijt mäh, Loft ze hollen.
D'Hevann kom 14 mol an d'Hous,
Är beij ies war den Owen ous.
Schod, dat kan Pill miar wa bekant,
Eijch hät sa grappeweis vawandt".[73]

Vierzehnmal kam die Hebamme ins Haus, zu vierzehn Geburten also, und dazu nun das Schlußurteil der Patientin: „Schade, daß mir keine (Antibaby-)Pille bekannt war, ich hätte sie mit vollen Händen verwandt" (=eingenommen).

Weiter denke ich an grausige Fälle von Abtreibung, über die in der Öffentlichkeit nur gemunkelt wurde, von denen mir aber meine Mutter noch kurz vor ihrem Tode (1962) eingehend erzählte. Quacksalber und sogenannte Engelmacherinnen (Frauen, die unschuldige Kinder töten und sie damit zu Engeln im Himmel machen) boten ihre finsteren Dienste an, zu oft mit Tod für Mutter und Kind. Wie verzweifelt muß jene Frau gewesen sein, die nach zehn Geburten die elfte mit Seifenlauge verhindern wollte, sich dabei vergiftete und fünf Jahre später an Tuberkulose starb. Viele dieser Frauen hatten nicht einmal an ihrem Mann eine Stütze, für den es sich allein um eine Angelegenheit der Frau handelte. Nein, die vielen Kinder waren längst nicht alle Wunschkinder, von einem bestimmten Punkt an schlug für die Eltern Kinder-„Segen" in Kinder-„Last" um. Fragte sich nur, wie man bei fortdauernder Zeugungs- und Gebärfähigkeit der Last entgehen konnte. An dieser Stelle beginnt nicht nur eine Reihe, sondern gleich ein ganzes Feld von Problemen.

f) Lähmungseffekte

Erste Auskunftsinstanz war auch in dieser Frage - wie hätte es anders sein können! - die Doktrin der katholischen Kirche, in ihrer konkreten Ausgestaltung durchsetzt mit Eifeler Volksfrömmigkeit. Bei fortdauerndem grundsätzlichen Ja zum Kind durften Eheleute das Fruchtbarkeitsgebot über kürzere oder längere Zeitabschnitte ruhen lassen, im Falle einer Josephs-Ehe gar auf Dauer. Josephs-Ehe nach dem Vorbild von Maria und Joseph als Ehe ohne Sexualität. Damit ist es im wichtigsten Punkt schon gesagt: Grundbedingung eines Verzichts auf weiteren Nachwuchs war sexuelle Enthaltung. Wer keine Kinder mehr wollte, mußte mit seinem Partner so weit zölibatär leben, daß nicht eigene Maßnahmen zur Nachwuchsverhinderung erforderlich wurden. Denn Eingriffe solcher Art, so die uns seit unseren ersten Kapiteln geläufige Kernaussage, sind dem Menschen streng verboten, sie stellen Todsünden dar mit der Gefahr ewiger Verdammung.

Doch soviel und solange solche Askese schon gerühmt und gepredigt wurde, die ihr folgten, hatten es stets schwer, die Balance zu halten: Die Vorsätze wurden gebrochen. Und just da schnürte sich nun das nach allen Richtungen hin lähmend wirkende Stolperpaket zusammen. Die einen gewannen überhaupt keine Distanz und setzten nach kurzer Nachdenklichkeit den alten Lebensstil mit weiteren Geburten fort, scheinbar unbekümmert, welches Schicksal die Kinder erwartete. Es waren häufig dieselben, deren Ehen hielten, weil selbst der Scheidungslevel ihnen zu hoch hing. Doch wie sehr oder wie wenig sie dem Zynismus des Sprichwortes huldigten: „Wem Gott schenkt Häslein, dem schickt er auch Gräslein", ganz an der Last ihrer Verantwortung kamen diese Menschen nicht vorbei, dafür starrte sie zu oft blanke Angst, bohrender Hunger und schleichende Krankheit aus den Gesichtern ihrer Kinder an. Für die Frauen wurden Schwangerschaft und Wochenbett zur dumpfen Schicksalsfolge über ein Vierteljahrhundert hin, über die besten Jahre ihres Lebens hinweg, ein Schicksal, das selbst in den beiden Weltkriegen, als die Väter an der Front standen, nicht gänzlich abriß. Viele Kinder wurden geboren zu einem Zeitpunkt, da ihre Väter nach dem letzten Urlaub schon gefallen waren.

Drängender Trieb und Verantwortung für Menschen hießen hier die Belastungsfaktoren. Bei einer zweiten Gruppe war es derselbe Drang, verbunden mit dem Bewußtsein, vor Gott und seinem Gebot zur Verantwortung gerufen zu sein. Hier sollte weitere Schwangerschaft definitiv ausgeschlossen bleiben, aber zugleich eine Grauzone wahrgenommen werden, in der sexuelle Lust „irgendwie" mit dem noch fest für gültig erachteten Verbot manipulierender Eingriffe vereinbar wäre. Ein Ja also zur Sexualität, aber unter Ausschluß dessen, was mundartlich „fouteln" (fauteln, von frz. „faux"= falsch) hieß, nicht zu reden von Gewalttaten wie Abtreibung, die mit Mord gleichgesetzt wurden.

Aber tat sich hier nicht die Quadratur des Kreises auf? Im Bann eines Triebes, der bei gleichzeitiger Reduktion schwerer zu ertragen sein konnte als Triebverzicht, auf der anderen Seite permanente Zweifel, ob die Todsündengrenze nicht doch überschritten wurde, und schließlich die trotz allem nicht gebannte Gefahr abermaliger Schwangerschaft, vielleicht gar mit Abtreibung als Verzweifelungstat - welches Ehepaar wurde damit fertig? Und aus dieser Zerrissenheit wiederum erwuchs ständiger innerer Beichtzwang, zwar auch mit Kommunionempfang nach der Beichte, aber nur bis zur nächsten, meist baldigen moralischen Niederlage. Ein Teufelskreis an Bedrückung und moralischem Kräfteverschleiß, der durch kirchlichen Dauerdruck auf mehr Nachwuchs noch weiter angeheizt wurde. Offensichtlich hielt man kirchlicherseits nicht viel von Askesebemühungen, jedenfalls wurde die größere Heilschance in der Bereitschaft gesehen, weitere Geburten anzunehmen.

Wie gesagt, das alles war nicht offenes Gesprächsthema doch in der Wirkung auf die Betroffenen lähmender als schwere körperliche Arbeit. Zu tun hatte man es mit einem massiven Hemmfaktor für die Entwicklung von Kreativität, Lebenselan und Offenheit für Fortschritt sowohl des einzelnen wie einer ganzen Region. Abhilfe ließ sich um so schwerer arrangieren, als die Ehepartner über den einzuschlagenden Weg häufig uneins waren, aber aufs neue auch unfähig, sich im einzelnen darüber auszusprechen. Generell scheint auf seiten der Frauen ein gewisser Vorbehalt den Männern gegenüber bestanden zu haben des Inhaltes, daß die Männer mit ihrem sexuellen Stürmen und Drängen nun einmal seien, wie sie seien, und man als Frau sehen müsse, wie man sie einigermaßen im Rahmen halten könne. Damit reimte sich die seelsorgerliche Empfehlung, die Frau solle in sexuellen Dingen möglichst zurückhaltend sein und keine Freude daran zeigen. Um so eher werde sich auch der Mann, wenn denn schon weitere Kinder nicht erwünscht seien, auf Behutsamkeit und Zurückhaltung umstimmen.

Hier deutet sich wieder der leise Zug von Dämonie an, der den Männern zugeschrieben wurde und für den ja auch manches zu sprechen scheint, solange das Stürmen und Drängen in ihnen nicht „personalisiert" ist. Da konnte und kann der Trieb sogar seinem eigenen Träger Rätsel aufgeben, damals vor allem in der Art, daß der Mann bei erneuter Schwangerschaft ratlos und schockiert war, wie er seiner Frau gegenüber (wieder) so „unbeherrscht" und „aufdringlich" sein konnte. Der Trieb scheint eine eigene Souveränität zu besitzen, von der schon der römische Dichter Vergil (70-19 v.Chr.) in seiner 10. Ekloge ein Lied zu singen wußte: „Omnia vincit Amor; et nos cedamus Amori" (alles besiegt die Liebe; lasset auch uns der Liebe weichen).

Es hat seit eh und je Männer gegeben, die, wie einer es mir gegenüber formulierte, nur „ihr 'Sach" haben wollten, um im übrigen möglichst unbehelligt und ungeschoren davonzukommen. Aber es gab auch meinen Großvater mütterlicherseits, den wir von seinem langen Marsch zur mißglückten Kaiserbegrüßung her schon kennen. Er hatte mit seiner Frau in 24 Jahren 12 Kinder und war bestimmt nicht eines Mangels an Feinsinn oder an gutem Willen verdächtig. Mit nur siebenjähriger Volksschulbildung wurde er zeitweilig als Hilfslehrer eingesetzt und schrieb vor allem ein entzückendes Büchlein über seine Erlebnisse im Krieg 1870/71. Zudem zeichnete ihn eine glänzende Erzählgabe aus, die ihm im Wirtshaus immer wieder mit Freibier honoriert wurde. Doch hier folgte die Strafe auf dem Fuße, in Gestalt nämlich

Die Großeltern mütterlicherseits.
Weder sie noch die Großeltern väterlicherseits hat Verf. persönlich kennengelernt.

erheblich gesteigerter und daheim laut beklagter Prostatabeschwerden. Als seine Frau 1913 den Tod einer Heiligen starb, wie mir erzählt wurde, habe sie jedes ihrer fast vollzählig anwesenden Kinder eigens gesegnet, um dann zuletzt die Hand ihres Mannes zu ergreifen zu diesem einen Satz: „Deetz, t'as alles goot" (Theodor, es ist alles gut).

Die Frau, meine Oma also, wußte offensichtlich, was sie mit diesem Wort meinte, und ihr in Tränen ausbrechender Mann ebenfalls - ein Gut-sein-lassen des unbekömmlichen und deswegen ärgerlichen Biergenusses, aber vermutlich auch ein Hinwegsehen über intime Beanspruchung, die noch im Rückblick der Sterbenden nach mehr Entdämonisierung rief, doch nun verziehen und vergessen sein sollte. Nicht den beiden ist es anzulasten, wenn selbst zwischen ihnen ein Rest unbewältigter Distanz offenblieb.

Insgesamt ergibt sich so ein Bild von Ehe, das alles andere als einfach ist und Paare, die unfreiwillig kinderlos sind, als so mancher Sorgen und Sünden enthoben erscheinen läßt. Indes haben die Probleme bis zur Stunde kaum etwas an Schärfe verloren, wie unser Blick auf die Diskussion um Naturrecht und natürliches Sittengesetz schon angezeigt hat. Dabei bleibt miteinbegriffen, daß gerade im Bereich Sexualität Barrieren erforderlich sind, wenn geschlechtliche Liebe sich nicht ins Kontur- und Uferlose verströmen soll. Das gilt nun auch bezüglich unserer schlußfolgernden Frage, wie sich der seinerzeitige Kinderreichtum in der Eifel zu unserem Leitbild von Sexualität, zur Sexualität der Personalität und Kreativität, verhält.

Grundsätzlich bleibt es bei dem Eingangsbefund, daß man es einem Kind nicht ansieht, aus welcher inneren Verfassung heraus es auf den Lebensweg gebracht wurde. Unsere spezielle Fragestellung hat aber nun deutlich gemacht: Jene Leitlinie für geglückte und erfüllte Sexualität hatte in der Eifel ihre größten Chancen im Zusammenhang mit den ersten Kindern. War ein kritisches Limit überschritten, schlugen Freude und Hoffnung mehr und mehr in Angst und Belastung um - jedenfalls sehr häufig. Dabei standen auch bei den ersten Kindern schon Zweckerwägungen im Raum (z.B. Hofweitergabe), die einer spielerischen Grundverfassung abträglich sein konnten. Der Entschluß, auf eigenmächtige Schritte zur Begrenzung der Kinderzahl zu verzichten, entsprang vor allem der Konfrontation mit den kirchlichen Maßgaben, die noch Jahre nach dem Zweiten Weltkrieg auf diese Logik zugeschnitten waren: Die Gläubigen bedürfen der Führung, damit sie nicht aus der angestammten Ordnung ausbrechen. Und brechen sie aus ihr nicht aus, um so mehr können sie geführt, will sagen: bevormundet werden.

Bezogen auf dieses Machtgefüge, in dessen Namen die Dorfkatholiken also in Zucht genommen wurden, ist es schon grundsätzlich die Frage, ob hier die personale Dimension geschlechtlicher Liebe überhaupt ins Blickfeld tritt. Was die offizielle kirchliche Doktrin betrifft, ist diese Frage auch heute noch zu stellen, da die Kirche von dem damaligen Ordnungsbild noch nichts widerrufen hat. Gewiß löst eine personale Sichtweise nicht alle Probleme, Abtreibung und was mit ihr zusammenhängt, bleibt nach wie vor eine schwere Last. Aber in einem Punkte ist tiefgreifender Wandel in der neuen Einschätzung angesagt: Als erlaubt darf nun alles gelten, was menschliches Leben nicht sowohl beseitigt, als vielmehr nur verhindert. Menschlich-personales Leben ist nicht, was zu ihm hinführt: hier Ei, dort Sperma, sondern erst das, was durch beider Vereinigung entsteht.

Daher sollten sich die Liebenden, die genug Kinder zu haben glauben - sei es vorerst oder überhaupt -, *auch durch die Seelsorge* ermutigt fühlen zu erkennen und es zu vollbringen: Es gibt ein reiches Feld geschlechtlicher Liebe, das über den unmittelbaren Organkontakt hinausreicht, eine Glücksoase, in der sich das „sei' Sach' haben wollen" von vornherein als primitiv entlarvt. Solche Seelsorge darf sich außer auf die Personalität sogar auf eine Naturgrundlage berufen, die den Argumenten der Naturrechtslehre in nichts nachsteht: auf die Sonderart des Menschen, seine Sexualität vom Gattungszweck loslösen zu können, wie wir es schon bedacht haben. Das Argument lautet dann so: Ist die Natur des Menschen so geartet, daß dieser eine solche Loslösung vollziehen kann, dann sollte er sie auch vollziehen dürfen.

Also kann und sollte sich tapferes Absehen von unmittelbarem Organsex, der Schwangerschaft bewirken könnte, zum eigenen neuen Geschenk wandeln, zur großen Chance der Zärtlichkeit. Es geht dabei um eine Kultur sexuell-erotischen Lebens, welche Aufbereitung und entdämonisierende Aneignung zugleich bedeutet; die nicht auf zielgerichtete Eindeutigkeit, sondern auf phantasievolle Vielgestaltigkeit aus ist. Hier ergeben sich fraglos Bezüge, die auf Herbert Marcuse und über diesen auf Sigmund Freud zurückweisen. Besagte Kultur bis hin zum personalen Überselbst kann durch die Antibaby-Tablette, jenen Hoffnungsanker im obigen Chefarztgedicht, sowohl erleichtert als auch erschwert werden, erleichtert durch Befreiung von äußerem Druck, erschwert dann, wenn der Aufschwung zu leicht veranschlagt wird. Denn die „Pille" schafft gleichsam nur einen freien Raum, der von den Liebenden in Eigeninitiative ausgefüllt werden muß.

Kinderreichtum und Entwicklungsdefizit im sexuell-erotischen Bereich schließen sich also keineswegs aus, kirchliche Morallehre hat in der Eifel gleich beiden Vorschub geleistet. Zwar ist seit der Enzyklika „Casti connubii" von Papst Pius XI. aus dem Jahre 1930 außer von der Weitergabe des Lebens auch vom Glück der Ehegatten als Zweck der Ehe die Rede, aber ein Durchbruch blieb hier ebenso aus wie bei Erwägungen im Zusammenhang mit der später so genannten Knaus-Ogino-Methode zur Empfängnisregelung. Bezüglich dieser Methode scheint es bei den Frauen im Dorf auch noch Mißverständnisse, vielleicht sogar Falschinformationen gegeben zu haben. Hieß es doch irgendwann irgendwo, die Empfängnisbereitschaft sei am größten unmittelbar vor der Periode der Frau. Der Ertrag davon waren die Kinder, die mit ironischem Unterton Knaus-Ogino-Kinder genannt wurden, auch sie Folge jener Bewahrungsstrategie, die, anstatt Kräfte freizusetzen, diese eher dämpfte, nicht selten in sich selbst verglühen ließ.

11. Kapitel: Sexualität und Öffentlichkeit

a) Ordnungen

Dieses den geschichtlichen Teil unserer Darstellung abschließende Kapitel trägt dem Umstand Rechnung, daß der Mensch nicht nur als einzelner für sich lebt, sondern immer auch vergesellschaftet ist. In eine ganze Reihe sozialer Lebenskreise wächst er hinein, angefangen von der Familie über Gemeinde, Verbände, Kirche bis hin zum Staat. Für den ländlichen Raum der Eifel war zwischen Familie und Gemeinde noch besonders typisch und wichtig die Nachbarschaft. Ursprünglich nur die Nächstwohnenden umfassend, später auch auf andere Häuser im Dorf ausgeweitet, stellte die Nachbarschaft eine auf Gegenseitigkeit gegründete Hilfs- und Notgemeinschaft dar. Sie wurde formell vereinbart und war dann absolut verläßlich. Sie kannte keine Bargeldentlohnung, wohl aber den Ehrentitel „guter Nachbar", der mit Geld nicht aufzuwiegen war.

Wichtig ist nun, daß jeder soziale Lebenskreis so etwas wie einen eigenen Geist hat. So gibt es schon einen Familiengeist, der von den einzelnen Mitgliedern getragen und geprägt ist und doch mehr als die Summe der Einzelbeiträge darstellt. Der Sohn des Hauses bietet z.B. eine Geliebte an, die mit dem Selbstverständnis und der Tradition der Familie nicht vereinbar ist. Selbst Glied der Familie, soll der Sohn die Geliebte dann gleichwohl verabschieden.

Alle diese sozialen Umfelder zusammen machen die öffentliche Seite menschlicher Existenz aus, sie zeigen den Menschen in Beziehungsgefügen mit anderen und damit auch unter deren Einfluß. Aber dieser Einfluß ist nicht mehr ein individuell-persönlicher, sondern geht auf das, „was *man* denkt" und „was *man* tut". Es handelt sich also um einen Allgemeingeist, seit Georg Friedrich Hegel (1770-1831) „objektiver Geist" genannt, der gleichsam die Grundausrichtung bestimmter Menschen zu einer bestimmten Zeit repräsentiert. Insofern heißt er auch Zeitgeist, der zwar in allem mitwirkt, aber nicht alles bestimmt, wie schon einmal betont wurde.

Erst wenn also nun zum Abschluß wenigstens im Umriß auch noch gefragt wird: Wie wurde seinerzeit Sexualität in der Eifel öffentlich eingeschätzt?, kann unsere Darstellung als umfassend gelten. Dabei reicht Öffentlichkeit hier kaum über Dorf- und Pfarreiöffentlichkeit hinaus, schon eine Heilig-Rock-Wallfahrt nach Trier überschritt die Grenzen damals üblichen Verkehrs und des Öffentlichkeitsbewußtseins im Eifeldorf, wie wir bereits sahen. Teilaspekte des damit anstehenden Themas kamen auch in Zusammenhängen wie „Religiöses Leben" und „Westwallzeit" schon zur Sprache, doch soll das Thema jetzt direkt angegangen werden.

Da ist als erstes zu vermerken, daß Sexualität für die Dorfbewohner von Kindsbeinen an öffentliches Thema war, in Gestalt nämlich sexueller Anblicke bei Tieren. Da berochen und leckten sich Hunde in freier Landschaft, war die läufige Hündin tagelang von Freiern umlagert, mußte man nachts das schrille Geschrei liebeswütiger Katzen ertragen, sah man, wie sich der Hahn im Hof blitzschnell eine Henne vornahm, wurde die „spielische" Kuh zum Bullen, die „bierische" Sau zum Eber (beide Mundartausdrücke = brünstig) und die rossende Stute zum Hengst geführt. Bei Kuh, Stute und Sau war überdies auch noch Geburtshilfe zu leisten.

In der dörflichen Denkweise erschien das alles gewissermaßen als Teil eines großen Lebenskreislaufes, den man hinzunehmen hatte und über den nach Bedarf auch gesprochen wurde. Die Redeweise war grobschlächtig und streckenweise Fäkaliensprache. Insgesamt wurde aber tierischem Sexualverhalten gegenüber eine sachlich-objektive Einstellung praktiziert.

Mit dem Übergang zum Menschen setzte dann das schon erwähnte Schweigen ein, das noch näher zu besprechen sein wird. Hier gilt zunächst, daß auch auf nicht-sprachlichem Felde, bei Gesten und Berührungen, namens öffentlicher Meinung Zurückhaltung bei Liebesbekundungen in der Öffentlichkeit angeraten schien. Ich zählte volle dreizehn Jahre, als ich zum ersten Mal sah, wie zwei sich küßten. Ein bald danach aus Rußland auf Urlaub kommender Soldat und seine junge Frau taten es zur Begrüßung auf der Straße ebenso - und hatten dann für den Spott bei einer Reihe von Dorfbewohnern nicht zu sorgen. Wenige Monate später fiel der Soldat, auch er Vater eines Kindes, das erst nach seinem Tod geboren wurde. Ein anderes Liebespaar ging sonntagsmorgens per Arm zur Frühmesse und wurde darob mit „minderer Sehfähigkeit" gehänselt; da habe wohl einer geführt werden müssen.

Andere Liebes-„Symptome": daß zwei sich länger anschauen, anlächeln, miteinander ringen, hecheln (mundartlich „rolzen"), als Erwachsene „Fangerles" spielen usw., alle Bekundungen dieser Art wurden der Sparte „nicht recht bei Sinnen, einstweilen nicht für voll zu nehmen", zugeordnet. So, als wäre man selbst über derartiges erhaben, wurde dann der nüchterne Ernst des Le-

bens beschworen, der doch in allem das letzte Wort haben müsse. Zumindest in Gegenwart Dritter, so wollte es die ungeschriebene Dorfmoral, sollte von sexueller Nähe oder Annäherung tunlichst nichts zu merken sein, schon gar nicht in Gegenwart von Kindern.

Dem entsprach die Forderung nach sittsamer Kleidung, vor allem bei Mädchen und Frauen. Entblößte Arme oder Beine bei ihnen, ein etwas tieferer Kleiderausschnitt, nicht über die Knie gezogener Rock im Da-Sitzen - das alles galt als anstößig und wurde indirekt, mitunter sogar direkt angemahnt. Dahinter verbarg sich natürlich die rigorose katholische Sexualmoral, aber indem diese dörfliches Gepräge annahm, wurde sie in der Handhabung womöglich noch strenger, auf jeden Fall kleinlicher, man denke an die entblößten Oberkörper der Soldaten aus Sachsen zurück.

Das führte gar dahin, daß sogenannte öffentliche Sünder: randalierende Trinker, Diebe und vor allem „in flagranti", auf frischer Tat ertappte Sexualstraftäter auch öffentlich beichten und büßen mußten. Ich kann mich noch so gerade eben daran erinnern, daß eine schwer erkrankte, reichlich asoziale Frau vor meinem Onkel als Ortsbürgermeister und einem Gemeinderatsmitglied ein Geständnis ihrer Vergehen ablegte.

Drastischer noch ging es bei Bestrafung zu, jetzt allerdings nur auf männliche Delinquenten bezogen. Man lauerte mit ortspolizeilicher Genehmigung dem Sünder hinter einer Hecke an der Straße auf und schlug dann mit rutenartigen buschigen Zweigen, sogenannten Reisern, auf ihn ein: Er wurde „gereisert" (Reis Sproß, Zweig). Bei solchem Strafwerkzeug waren keine ernsten Verletzungen zu befürchten, aber Schmerz zufügen, das wollten die Sauberfrauen und Saubermänner mit gutem Gewissen. Ob daraus Umkehr erwuchs, stand auf einem anderen Blatt und hat eigentlich auch niemand mehr interessiert, Hauptsache,man hatte eine Lektion erteilt.

Schonungslos war auch der andere Brauch, über Nacht im Dorf vom Haus eines Mannes zum Haus einer bestimmten Frau ein Pfädchen mit Sägemehl oder auch Kalkmehl zu streuen. Das sollte verbotene oder nicht tolerierte Liebesbeziehungen brandmarken und Sünder wie Sünderin bloßstellen. Feine Unterscheidungen oder Rücksicht auf tieferliegende Gründe waren dabei nicht gefragt.

Doch bei allem Rigorismus kam man an einem nicht vorbei: Junge Leute brauchten einen gesellschaftlichen Rahmen, in dem sie sich kennen und vielleicht auch lieben lernten. Die Häuser mußten ja „weddergohn" (weitergehen), und da war ohne Paarbildung nichts zu machen. Keine Frage, wichtigster Treffpunkt war dafür der Tanzboden, und zwar ein solcher, bei dem und auf dem auch Ältere noch mitmachen konnten - unter Einschluß der Möglichkeit, zwischendurch unbemerkt ein Auge auf den eigenen Nachwuchs zu werfen. Insbesondere die Töchter mußten in guter Hut bleiben, erst mit 18 Jahren waren sie „beijm Muusik" zugelassen, mindestens beim ersten Mal in elterlicher Begleitung auf Hin- und Rückweg, so wollte es die gute Sitte.

Schon der Anfang konnte zum Schlüsselerlebnis einer Dorfschönen werden. Nur aus Anstand zum Tanz aufgefordert zu werden und im übrigen Mauerblümchen zu spielen, wie sollte daraus nicht ein Teufelskreis entspringen, in dem jede weitere Enttäuschung das so begehrte Engagement weiter in die Ferne rückte. Und wie sonderbar: Auffallend „reiner" Lebenswandel einer Jungfrau und deren Chancen, zum Tanz erwählt zu werden, standen offensichtlich umgekehrt proportional zueinander. Und warum schielten junge Leute, die sonst die Biederkeit in Person waren, auf einmal so gierig auf den Heimweg in Dunkelheit, wo dieser doch den Eltern und vor allem dem Pfarrer ein Dorn im Auge war!

Aber solche Unstimmigkeiten blieben vorerst - bis zur Westwallzeit - und danach noch einmal fast zwanzig Jahre lang unter ungebrochener Kontrolle, unter Kontrolle damit auch das Tanzvergnügen selbst, das sich auf gut ein halbes Dutzend Veranstaltungen im Jahr beschränkte (außerhalb der „geschlossenen Zeiten" Advent und Fastenzeit): zweiter Weihnachtstag (Stephanus), Neujahr, vielleicht Dreikönig, Karnevalssonntag, Ostermontag, Kirmes an zwei Abenden, oft in einem Zelt. Weil die Gelegenheiten so rar waren, hatten die Tanzabende großen Zuspruch und oft einen rechten Festcharakter.

Ausufernde Sexualität war also auf dem Dorf nicht zu befürchten. Bis an die sechziger Jahre heran blieben geschlechtliche Beziehungen streng dosiert nach Anweisung der ehebegleitenden Seelsorge. So fielen auch Protestaktionen wie die für „Saubere Leinwand" als Antwort auf die Filme „Die Sünderin" und „Das Schweigen" auf fruchtbaren Boden. Für die Jugend ragte beonders der Dreifaltigkeitssonntag als „Bekenntnissonntag" hervor mit immer neuen Variationen auf das Wort von Walter Flex in „Der Wanderer zwischen beiden Welten": „Rein bleiben und reif werden".

Erstmals erschüttert bis ins Eifeldorf hinein zeigte sich die überkommene Ordnung 1968 in der Diskussion um die Enzyklika „Humanae vitae" von Papst Paul VI.

Die Enzyklika „Humanae Vitae" - ein Zeichen des Widerspruchs

von

Dietrich von Hildebrand

VERLAG JOSEF HABBEL · REGENSBURG

Die Enzyklika in heftigem Meinungsstreit.

Vor allem auf dem damaligen Katholikentag in Essen, aber nun eben auch auf dem Lande bildete sich Kritik gegen das Papstwort zur Empfängnisverhütung heraus, nach Eifeler Art besonders schlicht ausgesprochen von einem Mittfünfziger, der sich gerade von seinem Sonntagmittags-Schlaf erhob: „Den heilige Vater, den as weijt fot zu Rom" (der heilige Vater ist weit fort in Rom).

Zu diesem Umschwung hatte das Zweite Vatikanische Konzil beigetragen, aber gewiß nicht minder der Umstand, daß sich nun selbst in so abgelegener Provinz, wie die Eifel es war, der Informationsfluß kirchlicherseits nicht mehr kontrollieren und in „Zucht" nehmen ließ. Für die einen war das ein erschütternder säkularer Einbruch, für

In der Tat blieb unter dem Thema Sexualität und Öffentlichkeit einiges zu bedenken. Schon die Freude junger Leute gerade auf den dunklen Heimweg von der Tanzmusik verrät: Nicht erst heute, schon in der angeblich so guten alten Zeit klafften zwischen Sein und offiziellem Sollen Lücken auf, die nicht einfach mit böser Begierlichkeit als Folge der Erbsünde abgetan werden konnten. Eher hat man an die radikale Offenheit menschlicher Sexualität zu denken, die bei zu enger Einschnürung von Zeit zu Zeit ihren Tribut fordert. Es ist ein Protest, der deutlich macht, daß Liebesspiele alles andere als bloßes Amüsement sind, daß sich in ihnen vielmehr die ganze Wucht menschlicher Existenz zu Wort meldet. So ist es auch nicht verwunderlich, daß das zur Schau getragene saubere Outfit nach innen hin nicht hielt, was es von außen her versprach. Da gab es, mehr oder weniger verdeckt, obskure Beziehungen unter den zahlreichen Unverheirateten im Dorf, manchmal auch über Ehegrenzen hinaus, es gab Gruppen von Homosexuellen, die auch vor Kindern nicht haltmachten, einmal mit einem Pfarrer als Initiator, dem dann 1936 in Trier ein NS-Schauprozeß gemacht wurde. Und wieviel zweideutiges Getuschel ging hinter vorgehaltener Hand von Mund zu Mund, Ausdruck und zugleich Quell einer sticksigen Atmosphäre, die sogar zu Gewaltsamkeit führen konnte, z.B. des Hausherrn gegenüber der von ihm abhängigen Magd. Deren Los war um so härter, weil im Falle von Schwangerschaft über den Vater geschwiegen werden mußte und sie, die Magd, den Hof zu verlassen hatte, als wäre sie die Hauptverantwortliche für die anstoßerregende Situation. Bereits unter dem Titel Westwallzeit wurde auf die

Arroganz und Geschmacklosigkeit hingewiesen, solchen Mädchen gegenüber den - vorgeblich - so viel besseren eigenen Lebenswandel herauszustreichen.

In Wahrheit war dieses zwielichtige sexuelle Binnenklima, meist verdeckt, der „kontraproduktive" Ertrag der rigorosen Strenge, der die Eifelbewohner in Sachen Sexualität so überaus lange unterworfen waren. Speziell auf die Ehe bezogen heißt es dazu bei Helmut Schelsky: „Gerade daß die Partner an den ursprünglichen Liebeserwartungen der Einehe festhalten, führt dann zu dem Bedürfnis nach erotischen Erlebnissen außerhalb der Ehe, zum Wechsel des Liebespartners und zu ehelicher Untreue". „Indem die strenge Einehe die Geschlechtsbeziehungen der Partner auf die ehelichen Beziehungen zu konzentrieren und beschränken versucht, erzeugt sie gerade ganz neue Motivschichten des Ehebruchs".[74]

Keine Spur also davon, daß kreativer Sexualität in der Öffentlichkeit beschieden gewesen wäre, was ihr sonst verwehrt war. Auch hier sollte niemand übermütig werden, will sagen: Die Beschränkung ging über das erforderliche Maß hinaus und erzeugte in einem ohnehin schon zurückgebliebenen Landstrich weitere resignative Passivität. Selbst bei hohen Nachwuchszahlen konnte von Aufbruch keine Rede sein.

b) Sexualität und Sprache

Wenn Öffentlichkeit zum Thema wird, fällt der Blick mit an erster Stelle auf die Sprache. Sprache ist Öffentlichkeitsmedium schlechthin. In ihr wird die Verbundenheit mit dem Mitmenschen im Unterschied zu jedweder Form non-verbaler Kommunikation sich selbst durchsichtig. Gestützt auf freiverfügbare Symbole (Wörter) kommt Sprache auch für Abwesendes, bloß Erfragtes, mit den Sinnen nicht Wahrnehmbares auf. Alle Kultur und Zivilisation und damit auch jeder Fortschritt aus gesellschaftlicher Rückständigkeit ist an sprachliche Emanzipation gebunden, wie wir an früherer Stelle schon sahen.

Hier soll nun Sprache daraufhin bedacht werden, welcher Stellenwert der Liebe zwischen Mann und Frau in ihr zukommt. Schon wie häufig oder wie selten und wenig ein solches Thema in einer Sprache zur Sprache kommt, und erst recht die Art, wie das geschieht, sagt Gewichtiges über die geistige Ausrichtung der betreffenden Sprachgemeinschaft. Da kann Nichtgesagtes unter Umständen genau so viel sagen wie das, was gesagt wird. Im Blick steht in unserem Zusammenhang selbstverständlich die Eifeler, genauer die Westeifeler Mundart, der moselfränkische Dialekt, der bis auf den heutigen Tag von der Hochsprache hinreichend verschieden ist, um ein eigenes Bild abgeben zu können.

Zunächst trifft auch auf diese Mundart zu, was, zum Teil in abgeschwächter Form, für alle Mundarten kennzeichnend ist: Sie enthält nur wenige Bezeichnungen für Nichtsinnenfälliges, ist aber dafür um so reicher an Ausdrücken für konkrete Alltagsdinge und -vorgänge, für Gegenstände und Werkzeuge aus dem bäuerlichen und handwerklichen Bereich. Damit geraten nicht nur die sogenannten Abstrakta wie die Gegenstände der Mathematik (der Kreis, die Linie) an den Rand, auch hochkonkrete innermenschliche Gegebenheiten wie Freude, Liebe, Trauer kommen ausdrucksmäßig in verdünnte Luft hinein, wo sie nur noch bedingt an- und aussprechbar sind. Davon ist auch der ganze sexuell-erotische

Lebensbereich betroffen, soweit das für uns entscheidende innere Erleben und nicht bloß der äußere Vollzug im Blickfeld steht.

Da hatte es der junge Mann vom Dorf schon schwer, seiner Holden eine Liebeserklärung abzugeben. Es blieb im wesentlichen bei dem Geständnis und der Beteuerung „Eijch sen fruh mat Dir", „Eijch hon Dich gären" (ich bin 'froh' mit Dir, hab' Dich gern). Worüber die „zwä, de et matenän hon" (es miteinander haben = sich lieben), sonst noch sprachen, ist leicht zu erraten: über Alltagsdinge im Dorf und im Arbeitsleben, über Gesundheit und Krankheit, Essen und Trinken, Fest und Feier, jeweils wohl mit warmem Unterton in der Stimme und einem Gesichtsausdruck, der inneres Engagement verriet. Ganz gewiß ging es nicht um Themen wie das Verhältnis von Glaube und Wissen, um Wertzusammenhänge oder Wesensfragen wie „Was ist Liebe?" - das lag alles fernab, zumal ja auch die Vertrautheit mit dem Hochdeutschen noch nicht so weit gediehen war, daß man sprachlich dorthin hätte ausweichen können.

Eine zweite Sprachschranke geht das Thema Sexualität direkt an. Die dem Thema eigene Intimität erzeugt im Sprechenden ein Gefühl der Scham, das ihm Zurückhaltung gebietet. Viele Worte mit viel Gerede können da höchst taktlos sein und das in Scham Gehüllte verletzen; hier wäre dann Reden wirklich Silber und Schweigen Gold. Auf jeden Fall ist der Schaden unermeßlich, der vom heutigen kommerziellen Sexrummel ausgeht. Dem schon zitierten „Wärmetod des Gefühls" (Konrad Lorenz), gerade auch des sexuellen Gefühls, kann nicht zielstrebiger in die Hände gearbeitet werden.

Aber ein angemessener, auf die Intimität des Themas abgestimmter Sprachbestand muß vorhanden und verfügbar sein, soll dem Menschen in seiner Sexualität nicht Wichtiges vorenthalten bleiben. Damit ist gesagt, daß es wie ein Zuviel auch ein Zuwenig an Sexualsprachigkeit geben kann, auch jetzt gesteuert von Menschen und ihren Interessen.

Es waren wirklich nur äußerliche Markierungen, mit denen man in der Eifeler Mundart sexuelles Tun und Geschehen belegen konnte. Eine erste Gruppe von Ausdrücken war feststellend: x und y „gin matenän" (gehen miteinander = mögen sich), Frau x „as an aaneren Omstännen" (ist in anderen Umständen = schwanger), Frau y „as iewakommen" (ist überkommen = hat eine Fehlgeburt), Frau z „as nearkommen" (ist niedergekommen = hat ein Kind bekommen).

Eine zweite Gruppe sprachlicher Wendungen wertet: x und y „sen aafig, schoutig matenän" (affig, albern miteinander sc. wenn sie ihr Verliebtsein zeigen). „De Kerel dreckt Tutschen an daat Framensch, de gin seij Lewen net mä rous" (der Kerl drückt Dellen in die Frau, die zeitlebens nicht mehr rausgehen = Umarmung); y „as bannesniddig" (des Festbindens nötig = gar zu sehr verliebt).Hier kommt der Zug von vorhin wieder zum Vorschein: Verliebtheit und Liebe sind Nebensachen, Sexualität ein notwendiges Übel, das ernste, wirkliche Leben ist anderswo zu suchen.

Und schließlich gab es Bezeichnungen und Wendungen, die verurteilten. Einem Neuvermählten wünschte man, er möge keinen „Masick" geheiratet haben. Masick ist eine Stute mit „Noupen" (macht Schwierigkeiten, ist bockig), und das wurde nun auf die Frau übertragen: Sie ist ein Mannweib, eventuell unfähig, Kinder zu bekommen. Um einen ähnlichen Verweis auf Tierisches ging es, wenn sexuelle Neugier und sexuelle Spiele bei Kindern und erst recht sexuelle Kontakte außerhalb der Ehe als „Schwengereien" (Schweinereien) eingestuft wurden. Entsprechend galten liebessüchtige Frauen als „schwengsig" oder auch „gussig", beide Ausdrücke als 'Schweinen gemäß' zu verstehen. Vereinzelt waren auch Titulierungen aus der Gossensprache im Umlauf, die jedoch nicht weiter öffentlich wurden. Öffentlich geäußert wurden sie am ehesten im Zorn und bei Trunkenheit.

Einen ausgesprochen positiven Sinn hat das Verbum „eitzen" (= streicheln, zärtlich sein). Hergenommen von dem kindersprachlichen „ei, ei", bringt es eine in dieser Mundart seltene Nähe und Innigkeit zum Ausdruck.

Im übrigen ist eher eine abwertende Tendenz vorherrschend bei gleichzeitig äußerst spärlichen Ausdrucksmöglichkeiten. Entscheidender Punkt ist dabei, daß dieser Mangel von Menschen zu verantworten ist: von den Moralvorschriften der katholischen Kirche, in denen ein Sprachtabu über den sexuellen Bereich verfügt wurde. Wer über Sexuelles redet, leistet den Einflüsterungen des Bösen Vorschub, öffnet der Begierlichkeit des Fleisches und der Augen Tür und Tor, hieß es. Nur mit einem Geistlichen, möglichst im Beichtstuhl, könne über solche Fragen angemessen gesprochen werden.

Das ist nun der in diesem Buch schon mehrfach aufgedämmerte kritische Punkt des Themas Sexualität und Sprache. Sprechverbot hieß: Es werden keine oder nur sehr lückenhafte sprachliche Kundgabemöglichkeiten entwickelt bzw. ergriffen. Darunter hatten dann die Eheleute zu leiden, denen die Worte fehlten, um eine längst fällige intime Aussprache zu führen. Ebenso fehl-

ten die Worte, in denen liebende Begegnung noch einmal hätte gegenwärtig werden können. Am tiefsten jedoch greift der Gedanke, daß Liebe zwischen Mann und Frau, so wie wir sie als Leitlinie zum Vergleichen entwickelt haben, unablösbar mit Sprache verbunden ist.

Um Wort und Sprache ist es nämlich nicht bestellt, wie es der naive Alltagsverstand landläufig annimmt: daß Worte nur Etiketten seien, die wir Gegenständen antragen, die sonst mit Sprache nichts zu tun hätten. Gegenstände sind uns nicht unabhängig von der Sprache fix und fertig gegeben, wir hängen ihnen nicht obendrein nur noch einen Namen an, vielmehr „werden" sie allererst in diesem Namen. Die Sprachphilosophie von Johann Gottfried Herder über Wilhelm von Humboldt (1767-1835) bis Martin Heidegger ist überzeugt: „Der Mensch lebt mit den Gegenständen ... ausschließlich so, wie die Sprache sie ihm zuführt", so der Kerngedanke bei Wilhelm von Humboldt.[75] „Die Sprache ist das Haus des Seins"[76], 'kein ding sei wo das wort gebricht'[77], dies die Grundthese Martin Heideggers, letzterer Satz von Heidegger aus Stefan Georges Gedicht „das wort" zitiert. Beide Sichtweisen kommen im für uns entscheidenden Punkt überein: Wort und Sprache bilden nicht fertige Welt ab, sondern gestalten, bauen Welt mit auf. Die Welt mit allem, was uns in ihr entgegentritt, ist eine ins Wort gefaßte, eine „gewortete" Welt. Zur Illustration darf man an den „Gegenstand" Pferd denken. Daß wir zwischen Gaul und Roß unterscheiden, hängt damit zusammen, daß wir neben dem Wort Pferd noch diese beiden anderen Wörter haben, wobei wir mit dem einen das Pferd zum Roß, mit dem anderen zum Gaul gestalten, aufbauen bzw. abbauen. Was hier von Gaul und Roß zum Pferd hin gilt, gilt analog vom Pferd zum Tier hin usw.

Im einzelnen ergeben sich hier schwierige Fragen wie die nach dem Ursprung von Sprache oder worin und wodurch die Verbindlichkeit des Wortes gewährleistet ist. Doch auch so schon wiegt der Befund schwer: Gesetzt den Fall, das hier unterstellte Verhältnis von Sprache und Wirklichkeit stimmt, dann wird uns ein Lebensbereich um so bekannter, vertrauter, einnehmender, je differenzierter wir ihn benennen und über ihn sprechen können, sprechen mit Bezeichnungen, die in der betreffenden Sprache aufbewahrt sind, ein Sprechen, das an dieser Sprache teilhat, ohne sie auszuschöpfen, eine Sprache folglich, die gegenüber dem Sprechen etwas eigenes und, wie hinzugefügt werden darf, etwas tief Geheimnisvolles darstellt. Entsprechend bedeutet sprachliches Tabu zwar nicht gerade, daß der betreffende Lebensbereich für uns einfach nichts ist, wohl aber, daß er sich uns gleichsam nur im Rohzustand darbietet, ohne Kontur und Gliederung, grau in grau, ein Nebeltal, das auf Licht wartet. Auf den sexuellen Bereich übertragen, sagt das: Dieser Bereich wird von uns vorerst als fremdartig, anonym, ja heimtückisch und hinterhältig erfahren; sexuelles Begehren erscheint als blinder dumpfer Drang, als Schicksal, das Ohnmachtsbewußtsein und ein Gefühl des Preisgegebenseins auslöst.

Wer über den sexuellen Bereich Schweigen verhängt, hat folglich ein Interesse daran, daß diese Befindlichkeit festgeschrieben wird und festgeschrieben bleibt. Steht hingegen der Weg auf Sprechen und Sprache hin offen, so ist der Aufstieg, wie er sich uns als Leitlinie abgezeichnet hat, zwar auch noch nicht selbstverständlich, jedoch prinzipiell möglich. Es ist der Weg der inneren Aneignung, Entdämonisierung, geistigen Durchdringung, Personalisierung, ja Divinisierung in dem Sinne, daß Trieb und Drang voll entfaltet, aber zugleich emporgeläutert und gesteuert werden.

Wie gesagt, dieser Weg steht auch bei der Aufhebung des Tabus nicht automatisch offen, er muß sich noch vom Weg des sexuellen Geredes abgrenzen. Angezielt ist das sagende Wort im Unterschied zu den nichtssagenden Wörtern des Geredes - auch das ein Unterschied, der im gegenwärtigen Zusammenhang nicht weiter zu vertiefen ist.

Um so mehr liegt der Nachdruck auf dem Schweigegebot und der sexuellen Verfaßtheit derer, die es, wie in der Eifel durchweg der Fall, ernstnahmen. Über Sexuelles reden, bedeute Einlaß des Teufels, mahnte es in ihnen, und im Blick auf das Gerede durfte man sogar in eine solche Richtung denken. Doch als noch größere Sünde mußte die personale Emanzipation des Geschlechtlichen gelten, weil diese von Ohnmachtsgefühl und dem Bewußtsein, ausgeliefert zu sein, befreit und damit verzeihende Hilfeleistung nicht (mehr) benötigt. War das nicht ein Gifthauch des satanischen „Ihr werdet sein wie Gott" von damals im Paradies?

Zu Recht erhebt sich darum auch die weitere Frage: Haben nicht Diktatoren es immer schon gewußt: Wer unumschränkt herrschen will, muß Sexualität und Erotik im öffentlichen Umgang möglichst zum Un-Thema erklären, um so mehr fühlem sich die Untertanen innerlich bedrängt, unsicher, auf Leitung und Führung, sprich auf Bevormundung gestimmt und angewiesen. Schweigegebot also auch seitens der Kirche, um Schwächegefühl und daraus resultierend Sündenbewußtsein zu erhalten, von dem nur sie, die Kirche, kraft ihrer Binde- und Lösevollmacht befreien kann?

Auch von der Sprache her erfuhr also Sexualität in der Eifel nicht jenen Impuls, der nach vorwärts drängende Kräfte hätte entbinden können. Im Gegenteil, durch sprachliche Tabuisierung wurde Sexualität auf einen Punkt fixiert, wo sie sich mehr oder weniger in sich selbst verzehrte. Zweifellos gab es Kräfte, denen daran lag, die Eifel möglichst lange im damaligen Status zu erhalten, eine Sorge, die mit Seelsorge bestenfalls noch am Rande zu tun hatte. Aber Hauptsache, die Mundart blieb „sauber", wie man denn so meinte.

Doch selbst hinter dieser Kurzschlüssigkeit keimte noch Hoffnung auf.

c) Noch einmal: Sitzkrieg

Es war ihnen kaum anzumerken und sie konnten es auch selbst nicht entfernt abschätzen, was sie alles auf Wandel umpolten, die Mädchen der Westeifel, als sie in den Sitzkriegsmonaten von Herbst 1939 bis Mai 1940 ihre dörfliche Scheu mehr und mehr ablegten und zu Soldaten, die in den Elternhäusern Quartier bezogen hatten, Liebesverhältnisse eingingen. Von heute aus gesehen waren sie auf der einen Seite die leibhaftige Repräsentanz der Veränderungen, die sich seit der Westwallzeit ohnehin schon vollzogen hatten: daß Bargeld in die Häuser floß, wozu sie durch Waschen und Bügeln selbst beitrugen, daß eine Pluralität in Lebensformen, Glaubens- und Sittenfragen sich abzuzeichnen begann, daß die Aufgeschlossenheit für Sprache, Bildung, Kultur zunahm. Auf der anderen Seite leisteten sie aber auch noch einen zutiefst eigenen Beitrag, dem sogar Krönungsqualität zugesprochen werden kann, freilich vorerst ein Beitrag abermals nur in Ansätzen und für kurze Zeit - aber immerhin.

Von Krönungsqualität darf deswegen die Rede sein, weil es nun um das denkbar sensibelste Erfahrungsfeld ging: eben um die geschlechtliche Liebe. Wir haben auf den vorangegangenen Seiten ausführlich vernommen, was bei der überkommenen Art zu lieben dem von uns herausgestellten „élan vital" (Henri Bergson) alles entgegenstand und insofern das Nachhinken der Eifel mitverschuldete. Bei der Soldatenliebe schieden diese Hemmnisse, zumindest einstweilen, samt und sonders aus. Es war die Liebe zu einem der frischen jungen Männer, die den Westwallarbeitern nachgefolgt waren und denen außer dem Dienst nur die Sorge für die eigene Person oblag. Losgelöst auch von zu Hause, hatte der einzelne über seine - allerdings knapp bemessene - Freizeit volles persönliches Bestimmungsrecht.

Hier konnte dann Zuwendung erwiesen und empfangen werden in einer Offenheit und Entbundenheit von Vorbedingungen und Rücksichten, wie sie innerhalb des Dorfes, ja selbst noch der Region, nie möglich gewesen wäre. Zwar blieb das Mädchen in seinem Lebenskreis, aber dieser Kreis hatte zum Soldaten hin einen Spalt, auf den die landesüblichen Kontrollmechanismen, nicht zupaßten.

Liebesverhältnisse zwischen fremden Männern und einheimischen Frauen hatte es auch in der Westwallzeit gegeben, offen mißbilligt von den Pfarrern, vor allem wenn uneheliche Nachkommenschaft daraus erwuchs. Keine Frage, hier hatten sich allzuoft sexuelle Freibeuter mit einschlägiger Vorgeschichte an die kaum aufgeklärten Töchter des Landes herangemacht. Hingegen umgab die Liebesbeziehung zwischen erwachsener Haustochter und Soldat noch etwas vom Zauberduft der ersten Liebe. Da wogen und zählten zärtlich-scheue Blicke und kleinste Gesten und konnte ein Liebesgeständnis noch ein Seelenschicksal in Gang bringen. So wie man sich gegen-

Geselligkeit und Tanz mit Soldaten im Sitzkrieg.

seitig vor Augen stand, gab es nichts aneinander zu gewinnen oder zu verlieren, außer daß man sich liebte, eine Liebe, die sich ganz selbst gehörte.

Ja, diese Liebe war sogar eine nur auf die Gegenwart, auf den erfüllten Augenblick ausgerichtete. Kalkulationen in die Zukunft hinein wie Heirat, ja oder nein, Vermögensstand, Berufslaufbahn oder was sonst immer, blieben in der Schwebe oder fanden gar nicht statt. Jede Stunde konnte die Einheit abberufen werden mit der Folge, daß man sich trennen mußte, nicht davon zu reden, daß Krieg war und niemand wissen oder auch nur ahnen konnte, ob es überhaupt noch einmal ein Wiedersehen geben würde. Da hatte alle Strategie ein Ende, es blieb nur - und das machte den ganz neuartigen Glanz dieser Liebe in die-

ser Region aus - die Begründung: Wir lieben uns - weil wir uns lieben!

Darin war miteinbegriffen, daß der Geliebte aus einer anderen Sprachwelt kam. Er sprach hochdeutsch, vielleicht etwas dialektgefärbt, jedenfalls nicht Eifeler Mundart. Das brachte dem betreffenden Mädchen aus erster Hand den schon kommentierten Bildungsgewinn ein, zudem nun auch noch die Chance, in den viel größeren Liebeswortschatz der Hochsprache, zumindest einer höheren Sprache, als es der heimische Dialekt war, hineinzufinden. In edelster Form geschah dies, wenn der Liebhaber, vielleicht Abiturient oder gar Student, der Geliebten Gedichte vortrug. Die Wonneschauern beim Zuhören ließen das bislang maßgebliche Schweigegebot in Vergessenheit geraten und dazu noch manches andere mehr.

189

In guter Stimmung miteinander, Nährboden für Liebesbeziehungen

Daraus konnte sich dann der Liebesweg des „sagenden Wortes" erheben, der Weg, auf dem Liebe zugleich wird und sich widerspiegelt, jetzt in einer Fülle, wie sie sich möglicherweise im späteren Leben nie mehr wiederholte. Solches Entrücktsein auch nur gekostet zu haben, war schon wie ein Blick ins Gelobte Land. Schritten die Liebenden weiter fort, konnte es sie anmuten, als werde ihnen mitten im Krieg ein Stück Himmel auf Erden zuteil. Ein Soldat meinte gar, jetzt erst gehe ihm das Wort des Apostels Paulus auf: „Was kein Auge gesehen und was kein Ohr gehört und in keines Menschen Herz gedrungen ist, hat Gott für die bereitet die ihn lieben" (l Kor 2,9) - hier in Menschengestalt.

Und die Abschiedsstunde kam, spätestens am Abend des 9. Mai 1940, als zum großen Aufbruch geblasen wurde. Für viele, die einander „ins Herz der Augen" (Martin Buber) geschaut hatten, war es ein Abschied für immer. Häufig blieb man per „Feldpost" noch eine Weile miteinander verbunden, und auch das war eine ganz neue Begabung. Denn wer hatte im Eifeldorf schon Liebesbriefe geschrieben und etwas von der süßen Last verspürt, ganze Nächte lang um das gelingende, geglückte, das sagende Wort zu ringen: Darin konnte Liebe immer wieder neu werden, in nicht wenigen Fällen zum Bund fürs Leben. Ja, es konnte Liebe über den Tod hinaus daraus erwachsen - wie bei der Frau von der Mosel, die ihren Geliebten im Februar 1945 im Kampfbunker bei Üttfeld besuchte. Während draußen Granaten einschlugen, schliefen die beiden zum ersten Mal miteinander. Der Soldat fiel schon am nächsten Tage. Sie bekam einen Sohn und war nie mehr eines anderen Mannes Frau.

Aber, so mag man fragen, wird mit alledem der sogenannte Sitzkrieg nicht romantisiert bzw. überdramatisiert - zumal dieses Geschehen ja nur eine Minderheit der Bewohner betraf: die Mädchen, und von diesen abermals nur einen kleinen Teil: diejenigen, denen ein Liebesverhältnis beschieden war? Unsere Antwort: Wenn je einmal nicht nach Quantität zu urteilen war, sondern nach Qualität, dann diesmal. Eine so neue Qualität selbst an bescheidener Stelle war eine Bürgschaft dafür, daß auch in allen anderen Bereichen Zurückgebliebenes und ins Abseits Geratenes aufgeholt werden könne. Und die Eifel holte auf!

Mit dieser nicht gering einzuschätzenden Erfolgsbilanz stehen wir am Ende des Hauptteiles dieses Buches, der Darlegungen und Überlegungen im Zusammenhang mit dem historischen Thema: Entwicklung der Eifel in den letzten zwei Jahrhunderten. Es sollte deutlich werden: Religiös-katholische Ideologie, zumal im Gewande mächtiger regional gebundener Volksfrömmigkeit, ließ die Eifel zum Entwicklungsland absinken.

Psychologische Kriegsführung: Ablenkung vom mörderischen Kampfesgeschehen.

„Prophete links, Prophete rechts, das Weltkind in der Mitten"

Auf dem langen Wege zum Wiederanschluß an den allgemeinen Standard waren Westwallzeit und Sitzkrieg eine erste schüchterne Morgenröte in einer Nacht, die nach vorne drängende, auf eine menschlichere Zukunft gerichtete Kräfte an tausend Schlingen und Verknotungen festhielt. In diesem Zwiespalt zwischen „Es werde Licht!" und den beharrenden Mächten entwickelte sich das, was im Titel dieses Buches „Volksfrömmigkeit contra Fortschritt" heißt. Man hätte es im vorhinein kaum vermuten können, unter wievielen Gesichtern uns diese Krise in den zurückliegenden Kapiteln begegnet ist.

Aber kaum war die Morgenröte in Richtung auf mehr Wohlstand, höhere Zivilisation, reichere geistig-kulturelle Entwicklung aufgeglüht, zuhöchst auf ein stärkeres, jedem Bewohner gebührendes Würdebewußtsein seiner selbst als zur Mündigkeit berufener Person hin, versank sie wieder in einer noch dunkleren Nacht: Der Krieg ging weiter, er wurde ein „totaler" und endete im Chaos der Stunde Null am 8. Mai 1945. Da schien nun der Eifel nicht mehr nur ein Verharren im Gestern, sondern gar ein Rückfall ins Vorgestern verhängt zu sein. Aber es stellte sich heraus, daß das „nur" für die in der Westeifel besonders schweren äußeren Zerstörungen galt. In der Seele der Menschen, die überlebt hatten, war ein Hoffnungsschimmer aus zurückliegenden Tagen lebendig geblieben. So wurden die inzwischen zur Legende gediehenen „Notjahre der Eifel"[78] mit größtem Fleiß und höchster Tapferkeit der Bewohner durchgestanden mit dem bekannten Ergebnis: Die Eifel ist Kernland für ein vereintes Europa geworden in erschlossener Landschaft und mit offenem Herzen für jedermann. Zwar dauern schwerwiegende Strukturprobleme fort, aber es sind nicht mehr Probleme einer „gesamtkulturellen Rückständigkeit".

Mit Blick auf dieses Ergebnis soll am Ende noch einmal die Frage vom Anfang stehen: ob man den Weg dorthin nicht doch besser unter dem Mantel des Schweigens belassen hätte. Das Buch sollte die Antwort gegeben haben: Schweigen würde nur jene Kräfte stärken, die damals Unmündigkeit und Rückständigkeit mit Bedacht pflegten und bis heute nicht ausgestorben sind. Ihnen kann man den Spiegel gar nicht oft genug vorhalten.

Daß also aus der Eifel geworden ist, als was und wie sie heute dasteht, zeugt von Fleiß, der fortdauert, von Freude auf die Zukunft, großer Tapferkeit, einladender Weltoffenheit der Menschen, die dort leben. Aus einer solchen Region und einem solchen Völkchen hervorgegangen zu sein, ist zu guter Letzt sogar noch eine Ehre.

Westeifel unterwegs nach Europa: Ourbrücke / Altes Zollamt Steinebrück

12. Kapitel: Systematischer Ertrag

a) Problemfeld Moral

Ein Stück Eifeler, näherhin Westeifeler Heimatgeschichte ist in den vorangegangenen elf Kapiteln an unserem inneren Auge vorübergezogen. Ausgangspunkt war die Feststellung, daß das Land an der Grenze vom 19. bis weit ins 20. Jahrhundert hinein, verglichen mit anderen Regionen, einen Entwicklungsverzug zu verzeichnen hatte. Indem als Grund dafür „der volksfromme Katholizismus" der Bewohner herausgestellt wurde, gesellte sich zur historischen Betrachtungsweise eine systematische. Es stellte sich die Frage, was an der religiös-moralischen Ausrichtung entwicklungshemmend war bzw. welche Konstellationen andernorts einen reibungslosen Gang der Dinge gewährleisteten. Beide Fragen laufen letztlich auf die Frage nach dem Menschen hinaus, nach seinem Wesen und seiner Würde, sowie darauf, daß dieser Würde unter den gegebenen Umständen so optimal wie möglich entsprochen werden muß. Damit erhalten die lokalen Befunde Allgemeincharakter, sie werden zu Mosaiksteinen in einem Gefüge, das nach der Wahrheit menschlichen Seins fragt und damit den Raum der Eifel meilenweit übersteigt. In einigen Punkten, die sonst vielleicht als nicht zu Ende gedacht erscheinen könnten, soll dieser systematische Ertrag zum Abschluß festgeschrieben werden.

Die Würde des Menschen liegt in seinem Personcharakter, so unsere systematische Grundthese von Anfang an. Diese Würde gründet in der Fähigkeit, sich selbst zu erkennen, Entscheidungen zu treffen und für sein Tun und Lassen verantwortlich zu sein. Legen wir das zunächst auf die Moral hin aus, so hatte diese in der Eifel jenen Zu-schnitt, der im moralischen Entwicklungs-stufen-Schema von Lawrence Kohlberg „konventionelle Moral" heißt.[79] Die auf dieser Entwicklungsstufe Befindlichen wissen sich in die Urspannung von Gut und Böse hineingestellt und den Appell an sich gerichtet, das Gute zu tun und das Böse zu meiden. Doch können sie diesem Appell nur nachkommen, wenn das Gute weiter differenziert wird, wenn sie sich Normen, Geboten, Werten oder wie immer man es nennen mag, gegenübersehen, an denen sie sich orientieren und ihr Tun und Lassen bemessen können, z.B. an der Norm: „Sei gerecht!"

„Konventionelle" Moral bedeutet dann: Diese Normen und Gebote sind „Konvention"; die von ihnen Betroffenen haben sich gleichsam auf sie verständigt, wobei die Frage, wann, wo und wie das geschehen ist, als unerheblich erscheint, am ehesten spielt noch das (verehrenswürdige) Alter eine Rolle. Grundprinzip dieser Moral ist das Mitmachen, und entsprechend wird Verweigerung seitens der dafür zuständigen Instanzen geahndet.

In einem ersten Betracht und gemäß Problemaufriß dieses Buches können die Normen als Antwort des Menschen auf seinen Status als „Freigelassenen der Schöpfung" gelten. In den Normen hat der Mensch seine Erfahrungen in Gebote gewandelt und sie den jeweiligen Nachfolgegenerationen mit auf den Weg gegeben - als Richtmaße dafür, wie sich die „Mängelbedingungen" menschlicher „Existenz eigentätig in Chancen der Daseinsfristung umarbeiten" lassen.[80] Freiheit als Würdetitel der Person kommt in der so verstandenen konventionellen Moral als Wahlfreiheit gegenüber vorgegebenen Normen zum Austrag, als Freiheit, zu einem von anderswoher stammenden Gesetz ja oder nein zu sagen - bei nein freilich mit besagten Sanktionen. - Für die Gläubigen in der Eifel war die Frage nach den Normen allerdings sofort mit Religion und göttlicher Gesetzgebung verbunden, worüber noch zu sprechen sein wird.

Unser Text wollte unter immer neuen Aspekten deutlich machen: Solche konventionelle Moral war weder mehr den Möglichkeiten noch Anforderungen der Zeit angemessen; wo trotzdem an ihr festgehalten wurde, kam Verschulden ins Spiel. Die Zeit war reif für das, was bei Kohlberg „nachkonventionelle Moral" heißt,[81] die höchste Stufe freiheitlich-personaler Würdeentfaltung des Menschen. Da geht es um den Wagemut, „sich seines Verstandes ohne Leitung eines anderen zu bedienen", so noch einmal Kants berühmtes Wort dazu. Mit diesem Maß wurde in der Darstellung durchgehend gemessen: daß nicht mehr nur anonyme Zeitläufte oder einige wenige Auserwählte darüber befinden, was als Norm und Gebot gelten soll, sondern daß prinzipiell jeder dafür zuständig und berufen ist. Hier steht dann nicht mehr nur Freiheit der Gesetzesbefolgung im Blick, sondern zugleich die der Gesetzgebung. Es geht um jene Qualität, die in unserem Text „moralische Autonomie" oder auch „mündiges Gewissen" heißt, eine grundlegende Umorientierung, die das moralische Feld persönlichkreativ macht und in hohem Maße auf Wandel und Neuerung hin entbindet. Die Wende gipfelt im persönlichen Charisma, mit dem der einzelne einen einmaligen, nur von ihm ergriffenen Beitrag einbringt. Beispiel dafür ist der Barmherzige Samaritan in der Bibel.

Aber auch das andere klang in unserem Kontext schon an und ist nun in dieser systematischen Nachbetrachtung ausdrücklich zur Frage zu erheben: Ist mit einer solcherart ermächtigten Freiheit und einem so auf Selbstsein gestellten Gewissen nicht subjektiver Willkür und Beliebigkeit Tür und Tor geöffnet? Muß Moral dann nicht aus den Fugen geraten und zur Unverbindlichkeit verkommen?

Man weiß es nur zu gut: Auf kein Thema ist in der abendländischen Denkgeschichte mehr Mühe verwandt worden als auf die objektive Begründung von Normen. Der Bogen reicht von Platons Ideenlehre über die Wesensmetaphysik mit Naturrechtslehre bei Aristoteles und Thomas von Aquin, über die direkte Rückführung auf Gott, z.B. in Augustins Illuminationstheorie, ferner über Descartes' Lehrstück von den „eingeborenen Ideen" und Kants „apriorische Synthesis" bis hin zur an Platon erinnernden Theorie eines eigenen „idealen Seins" bei Max Scheler und Nicolai Hartmann (1882-1950).

Doch so ehrwürdig diese Versuche sind, die Normen, um die es ihnen geht, begegnen dem Menschen allesamt nur als Gegenstände seines menschlichen, das heißt endlich-begrenzten Bewußtseins, und insofern sind sie unentrinnbar Irrtum und auch Willkür ausgesetzt.

Am handgreiflichsten, freilich auch mit einem gewissen Geruch von Oberflächlichkeit, präsentiert sich das Normengefüge, wie schon angedeutet, als Antwort des „Freigelassenen der Schöpfung" auf seine Mängelstruktur. Absolute Geltung können dann nur zwei, den Moralbereich allererst aufschließende Grundnormen beanspruchen. Die eine ist der bereits angeführte Appell, das Gute zu tun und das Böse zu meiden, die zweite das von Kant als Kategorischer Imperativ formulierte moralische

Grundgesetz. Der Kategorische Imperativ basiert auf dem Personcharakter eines jeden Menschen und der darin gründenden Würde, Kant sagt sogar Heiligkeit. Alsdann gilt: Wenn allem, was Menschenantlitz trägt, personales Wesen eignet, dann muß ich die gleiche Freiheit und den gleichen Entfaltungsraum, den ich für mich beanspruche, auch allen anderen Menschen zubilligen, dann darf ich nichts anstreben, was auf Kosten anderer ginge, dann muß ich wollen können, daß die „Maxime meines Handelns Grundlage einer allgemeinen Gesetzgebung" werde.

Damit spricht Kant moralische Autonomie aus: Was ich tun soll, steht nicht irgendwo geschrieben, wird mir nicht von irgend jemandem gesagt oder auferlegt, sondern erstelle ich selbst am Leitfaden des Kategorischen Imperativs. Nicht mehr zuzustimmen ist Kant aber darin, daß sich mit dem Kategorischen Imperativ das Gesamtfeld des Moralischen abdecken lasse. Zwar bleibt in Geltung, daß allen Menschen gleiches Lebensrecht zusteht, aber das schließt nicht aus, daß mir etwas zur moralischen Herausforderung werden kann, was das „Nicht-zu-Lasten-anderer" gleichsam ins Positive wendet: ein Tun, das nicht einfach „läßt", geschweige etwas wegnimmt, sondern geschenkhaft etwas bringt. Beispiel wieder der Barmherzige Samaritan im Unterschied zum Priester und Levit, die den Mißhandelten sahen und vorübergingen.

Allerdings läßt sich nicht immer so leicht ausmachen, was als Geschenk in diesem Sinne gelten kann. Da tritt nun das ganze Feld speziellerer Normen wieder auf den Plan, von langher überlieferte, aber nun auch immer neue und persönliche im Namen der postkonventionellen Moral. Abermals also und verstärkt die Frage, ob mit den letzteren Normen nicht alle morali-

schen Konturen verblassen bzw. sich auch nur noch der Schein einer objektiven Verbindlichkeit aufrechterhalten läßt.

Bleiben wir - einstweilen - bei unserer Deutung der Normen als Antwort auf die Instinktentbundenheit des Menschen, so gilt: Normen, die auf Erfahrung beruhen, von der Erfahrung abgeleitet und zum Sollen erhoben sind, tragen allesamt den Stempel der Vorläufigkeit und Überholbarkeit an sich. Sie eignen sich also nicht dazu, Dome für Zeit und Ewigkeit auf ihnen zu errichten, sie sind begrenzt, unterliegen menschlicher Auffassungsweise und Sprachgebung. Aber zugleich signalisiert dieselbe Erfahrungsgebundenheit einen Bezug zur objektiven Wirklichkeit. Wie begrenzt auch immer und in welches Gewand gekleidet, so gedeutet spricht sich in dem Satz: „Sei gerecht!" Lebenserfahrung aus, die Erfahrung, daß sich alles in allem Gerechtsein besser auszahlt als Ungerechtigkeit. Als überkommene, in die Gegenwart hinein geltende machen diese Normen früher eingeholte Erfahrung gegenwärtig und stellen sie zugleich Weichen für die Zukunft - ganz im Sinne des Wortes von Gottfried Wilhelm Leibniz (1646-1716): „Die Gegenwart ist beladen mit Vergangenheit und schwanger mit Zukunft".

Doch wichtiger noch ist hier die Feststellung: Auch eben erst ergangene Anregungen bzw. normative Impulse fallen aus diesem Gefüge nicht gänzlich heraus. Selbst wenn sie mit bestehenden moralischen Verbindlichkeiten brechen (z.B. straffreie Abtreibung), bleiben sie doch im Bann gemachter Erfahrungen und der darin gründenden Normen insofern, als sie nur vor deren Hintergrund identifiziert und verstanden werden können.

Willkür pur ist also auch beim nachkonventionellen Moralverständnis nicht angesagt.

Wie verbrieft und umfänglich eine Tradition sein mag, auch sie war ursprünglich ein Einzelstatement, das zum moralischen Sollen erhoben wurde. Allerdings hat die Zahl solcher Impulse aus nachkonventioneller Einstellung heraus außerordentlich zugenommen und sind vor allem die Spielräume größer geworden. Das verleiht der nachkonventionellen Moral einen bislang nicht dagewesenen Experimentiercharakter, der nur förderlich sein kann, vorausgesetzt, das im Kategorischen Imperativ statuierte personale Selbstsein bleibt gewahrt. Ob und inwieweit das der Fall ist, war immer schon schwer zu eruieren, heute reicht der von Kant in den Imperativ eingearbeitete simple Logikkalkül nicht einmal mehr der Idee nach aus. Im Vergleich zu noch vor hundert Jahren haben die Lebensverhältnisse eine Komplexität erreicht, die zu ihrer moralischen Entschlüsselung eines differenzierteren Verfahrens bedarf.

Aus diesem Anliegen heraus wurde der Kategorische Imperativ unter Wahrung seiner anthropologischen Kernaussage gewissermaßen überarbeitet, fortentwickelt zu einer „nachkonventionellen Diskursmoral".[82] In Gedanken soll aus dem Abwägen des jeweiligen Einzelsubjekts ein „Diskurs" werden. An einem Diskurs sind immer mehrere beteiligt, sie sehen und urteilen aus verschiedenen Blickwinkeln. Der hier - von Jürgen Habermas - gemeinte Diskurs wird ausdrücklich zum „repressionsfreien" erklärt, er soll vorurteilsfrei und ohne Furcht möglichst hohe Sachkompetenz zur Geltung bringen. Freilich ist er in dieser Intention nur ein „idealer", im jeweiligen Bewußtsein ablaufender Diskurs, in der realen Wirklichkeit gibt es ihn so nicht. Aber als „Ideal" (im Sinne der Deutschen Klassik), als Leitidee für moralische Gesinnung und moralisches Verhalten, hat er seine hohe Bedeutung, auch in der Öffent-

lichkeit, z.B. immer dann, wenn zu schwerwiegenden moralischen Fragen sogenannte Ethik-Kommissionen einberufen werden.

Entscheidend ist in unserem Zusammenhang nun das Bild des moralischen Menschen, das sich in diesen Überlegungen gegenüber dem seinerzeitigen in der Eifel abzeichnet. Ist der Mündige, wie schon bemerkt, nicht mehr kritiklos Empfänger von Anweisungen bzw. ihm von außen her auferlegter Gesetze, so nimmt sein Verhältnis zum Normbereich insgesamt einen Zug von Zwiespältigkeit an. Als unwandelbar gültig erweisen sich nur die genannten Grunddaten, die moralisches Verhalten allererst möglich machen: personales Wesen des Menschen, Spannungsfeld von Gut und Böse, Verpflichtung des Menschen, das Gute zu tun und das Böse zu meiden. Mit diesen Daten steht und fällt auch der moralische Diskurs, als elementare Gegebenheiten menschlicher Existenz stehen sie außerhalb jeder Diskussion. Anders der weite Bereich der spezielleren Normen, in dem die eigentlich menschlichen Entscheidungen fallen. Sind diese Normen aufgrund von Erfahrung mit Wirklichkeitsbezug ausgestattet, so laden sie dazu ein, ihnen zu vertrauen und ihnen gemäß zu handeln. Sie repräsentieren dann gewissermaßen ein Stück Geschichte der Menschheit und ziehen die Konsequenz daraus für ein immer besseres Gelingen. Eindeutiger Tenor: Die Normen sprechen für sich selbst, man sollte ihnen bedenkenlos folgen.

In statischen Lebensverhältnissen wie in der Eifel bis an die Schwelle unserer Tage kann daraus die Versuchung erwachsen, bestimmte Normen als Leitfaden für sogenannte Grundsätze fürs Leben zu nehmen. Beispielsweise kann das Gebot: „Sei wahrhaftig!" zur Direktive werden, immer und überall schonungslos die Wahrheit zu sagen. In der statischen Lebenswelt von ehedem änderte sich über lange Zeiträume so wenig, daß das Entsprechungsverhältnis zwischen Norm und Wirklichkeit gewahrt blieb. Noch vor fünfzig Jahren galt es als hohes moralisches Lob, als „Mann von Grundsätzen" eingestuft zu werden - von Frauen war in dem Zusammenhang nicht die Rede.

Dieser „Mann von Grundsätzen" ist inzwischen in die Krise geraten. Dabei weiß die nachkonventionelle Moral, daß es um ihn auch prinzipiell schon kritisch steht, insofern die Normen, als erfahrungspflichtig verstanden, nicht auf Dauergeltung angelegt sind. Unabweisbar wird das Problem aber dann, wenn die statischen Lebensformen durch mobile abgelöst werden. Nimmt das Ausmaße an wie heute, so wird moralische Ambivalenz zum hohen Gebot. Um nicht entscheidungs- und handlungsunfähig zu werden, muß der auf Mündigkeit Bedachte überkommenen oder auch neugesetzten Normen Geltung zuerkennen. Zugleich aber obliegt es ihm, zu denselben Normen so weit Abstand zu halten, daß er sie augenblicks suspendieren und durch angemessene (noch neuere) ersetzen kann. Andernfalls Ideologie droht, die den Wirklichkeitsbezug durch machtgestützten Konservatismus unterläuft.

Das aber heißt: Mündiges Gewissen im heute geforderten nachkonventionellen Sinne trägt gleichsam auf zwei Schultern, es ist nie ganz mit sich selbst im reinen. Es erlaubt keine eindeutigen Schuld- und Verdienstzuweisungen, wie sie in der konventionellen Moral bedenkenlos praktiziert wurden (im juristischen Sinne mag es sie noch geben). Auch der „repressionsfreie Diskurs" bringt nur Annäherungswerte, aber er bringt sie so, daß besagte Zwiegesichtigkeit zur höchsten moralischen Herausforderung für den Menschen der Gegenwart wird. Moralität heißt heute, sein Dasein in Ungewißheit und Wagnis, im Dämmerschein von Licht und Dunkelheit, zu begehen. Moralisch mündig ist derjenige, der sein Wissen zugleich als Nichtwissen weiß, der Verschulden wagt, um Gutes tun zu können, der sich nicht über andere erhebt, als wäre er im Besitz höherer Wahrheit, kurz der Mensch kommunikativer Selbstbescheidung und vertrauender Hoffnung.

Keine Frage: Solche ambivalenten Verhältnisse sind nicht mehr auf ein einfaches Entweder-Oder bzw. Ja oder Nein zu bringen. Sie erfordern die im Text dargelegte höhere Logik des Denkens und Handelns in dialektischen Gegensatz-Einheiten, eine Logik gewissermaßen in drei Dimensionen (nicht nur in zweien). Da ist es dann nichts mehr mit genau aufgegliederten Sündenkatalogen in Beichtspiegeln, nichts mehr mit dem „liber scriptus" in der Sequenz der alten Totenmesse, jenem Buch, in dem alles aufgeschrieben ist und von dem her die Welt gerichtet wird, nichts mehr auch mit Ehrenkodices, Meritentafeln oder Floskeln wie dieser: „Tue recht und scheue niemand!". An die Stelle all dieser „Eindeutigkeiten" tritt und soll treten die hier ins Blickfeld gerückte Zwiegesichtigkeit. In ihr zentriert sich der systematische Ertrag unserer historischen Analyse zur Eifel unter dem Blickpunkt Moral, ein Ergebnis, das besonders folgenreich für den Toleranzgedanken ist.

b) Problemfeld Religion

Aber wird das nicht alles anders, einfacher, konkreter, lebensnäher, wenn man bedenkt, daß es den Eifelbewohnern nicht um eine gesonderte Moral ging? Ihr Anliegen war vielmehr der religiöse Glaube, ihr

„volksfrommer Katholizismus", in den die Moral seit je eingegliedert war. In der Tat ersteht mit dem Gottesbezug eine neue Betrachtungsdimension, deren systematischer Ertrag „Der religiöse Mensch heute" lauten könnte. Dabei wollen wir Gottbezug von vornherein im Sinne eines personalen Bezuges verstehen, weil nur ein personaler Gott den Menschen als Person ins Leben rufen konnte.

Entsprechend der Unterscheidung zwischen konventioneller und nachkonventioneller Moral läßt sich im Falle der Religion zwischen vorkritischer und kritisch-reflektierter Religiosität unterscheiden. Für die vorkritische Stufe sind die im Buch vorgestellten Verhältnisse in der Eifel ein spätes, aber dafür um so deutlicheres Beispiel. Es ist der Frömmigkeitstyp sogenannter „Erbkatholiken", wie Gabriele Kuby sie treffend nennt.[83] Da wird nicht eigentlich entschieden, vielmehr wächst man, von Kindsbeinen an in die Religion hinein: Daß es Gott und Kirche gibt und man am religiös-kirchlichen Leben teilzunehmen habe, ist so selbstverständlich wie Wachen und Schlafen. Der ganze Nachdruck liegt auf dem Mitmachen, wobei auch jetzt still vorausgesetzt ist, daß Säumigen und Abweichlern Sanktionen zuteil werden. - Das heißt, eigenes Nachdenken über Glaube und Religion ist nicht vorgesehen, schon gar nicht öffentlich geäußerte Kritik.

Angelpunkt und Antrieb für den Aufstieg zur kritisch-reflektierten Stufe ist noch einmal das personale Wesen des Menschen, an dem sich schließlich auch die Religion kritisch messen lassen muß. Personales Denken gewahrt auch im religiösen Bereich eine Endstufe, auf der nicht mehr Glaubenssätze, Gebote und Rituale einfach erlassen und befolgt werden, sondern die Gläubigen zu Mitwirkung und Ausgestaltung eingeladen sind. Nicht als ob anzunehmen wäre, alle Gläubigen brächten den dazu erforderlichen Mündigkeitslevel mit, aber grundsätzlich sollte ihnen der Weg dahin offenstehen. Da ist es dann mit Mitmachen nicht mehr getan, jetzt bedarf es persönlicher Entscheidung und bewußten Engagements. Von dieser Warte aus sind die Verhältnisse damals in der Eifel von uns ins Auge gefaßt, womit ihnen bescheinigt wird, daß sie schon längst hätten anders sein sollen.

Schon die erste und für alles Weitere grundlegende Frage nimmt in dieser Sicht hohe Problemgestalt an: die Frage nach Gott - ob es ein solches, die Welt überragendes Wesen überhaupt gibt, das dann von den Gläubigen als Schöpfer und Erhalter Himmels und der Erde gepriesen wird. Hinnahme und Annahme im vorkritischen Sinne haben hier keinen Platz mehr. Auch die Gotteslehre der klassischen Philosophie des Mittelalters findet nur noch schwachen Widerhall mit ihrem Versuch, Gott aus „Fußspuren" in der Schöpfung herauszulesen oder ihn durch Rückschluß von den Erscheinungen der Welt auf eine erste notwendige Ursache zu demonstrieren. Die Kluft zwischen endlichem und unendlichem Sein, menschlichem und göttlichem Erkennen durch den Analogie-Gedanken zu überbrücken, erscheint heutigem Denken im Zeitalter der Wissenschaften und der Technik als metaphysische Spekulation oder gar als Spiel mit reinen (nichtssagenden) Begriffen.

Eher noch weckt die umgekehrte Perspektive Nachdenken, der Blick auf ein mögliches Ende der Welt, das der Mensch selbst herbeiführt. Da kann angesichts der großen Gefahren, die durch Industrialisierung, Technisierung und Automatisierung drohen, schon Sehnsucht nach Gott erwachen:

Er möge seine schützende Hand über seine gefährdete Schöpfung halten. Aber nachdem es Auschwitz, Zweiten Weltkrieg, Archipel Gulag, Jugoslawien gegeben hat bzw. gibt, sind auch in dieser Richtung die Hoffnungen gedämpft.

Mit anderen Worten: Glaube und Gläubigkeit sind heute mehr, als es früher der Fall war, auf bewußt vollzogene Entscheidung gestellt. Der Atheismus lag noch nie so nahe wie heute; rationale Argumentation kann den Glaubensentscheid im Bewußtsein der Menschen nur noch sehr begrenzt abdekken, jetzt ist die ganze Person gefordert.

Hat diese den Glaubensgrundakt erst einmal vollzogen, erwächst daraus das Verlangen nach Ausdruck und Verwirklichung in entsprechenden Lehrgehalten, Glaubenssätzen, Normen, religiösen Lebensformen. In kritisch-reflektierter, an der Vollgestalt personaler Erweckung orientierter Sehweise steht es jedermann frei, diese Gehalte und Formen in eigener Zuständigkeit aus schon gegebenen zu wählen oder auch eigene neue zu entwerfen. Dabei verschwimmen mitunter Konfessionsgrenzen oder es wird angemahnt, daß sich eine bestimmte Auffassung mit einem bestimmten Bekenntnis nicht vereinbaren lasse. Aber Erklärungen oder gar Maßnahmen im Sinne von Sanktionen darf es nun nicht mehr geben, es sei denn, eine religiöse Gemeinschaft oder auch einzelne Gläubige gestehen die Freiheit, die sie für sich selbst in Anspruch nehmen, anderen nicht zu. Der Gleichheitsgrundsatz des Kategorischen Imperativs muß in Kraft bleiben.

Doch wird damit Willkür und Belieben nicht erst recht Tür und Tor geöffnet, zumal der Erfahrungs-(=Wirklichkeits-)bezug, wie er sich bei den Normen noch herstellen ließ, nun als Kriterium wegfällt? In der Tat erweckt ein Blick auf die Weltkarte der Religionen und Bekenntnisse den Eindruck von Wirrwarr, ja Chaos. Und doch stimmt es in den Seelen der Anhänger anders. Wie sektenhaft klein eine religiöse Gemeinschaft auch sein mag, sie weiß sich tätig im Namen und im Auftrag einer höheren Macht, deren Maßgaben ihr als zweifelsfrei übermittelt gelten und darum einer weiteren Begründung nicht bedürfen. So fühlen sich die Gläubigen auch verpflichtet, über ihr Tun Rechenschaft abzulegen.

Zwischen Gottheit einerseits und dem Menschen andererseits eine wie immer geartete Kommunikation anzunehmen, gehört zum Wesen einer jeden Religion, andernfalls sie als Religion keine Legitimation hätte. Davon ist aber zu unterscheiden die Frage nach dem Inhalt der für übermittelt geglaubten Botschaft und dem für letztere in Anspruch genommenen Geltungsumfang. Jede dieser Religionen ist anders und hält sich gerade in ihrer Eigenart für die bessere und wahrere. Was dann, wenn eine oder mehrere oder gar alle sich für die allein wahre halten? Hier schnürt sich gleich ein ganzes Paket von Problemen, deren Bogen sich erstreckt von der Fanatisierung der eigenen Mitglieder über das Sendungsbewußtsein, Andersgläubigen die wahre Religion bringen zu müssen, bis hin zum angeblich göttlichen Befehl, Andersgläubige mit Kreuzzug und heiligem Krieg zu überziehen. Hier ist zunächst wichtig, die Grundlage solchen Denkens herauszustellen, eine Konstellation, die sich auch noch in andere Bereiche hinein auswirkt und exakt auf folgende Frage gebracht werden kann: Wie eindeutig sind die nach gläubigem Verständnis - dem Menschen von Gott übermittelten Botschaften, wie erschöpfend, wie bindend? Kann es überhaupt vom Glauben her Botschaften geben, die - in welcher Form auch immer - die Tötung von Menschen gebieten - muß da nicht etwas falsch verstanden oder ausgelegt worden sein?

Zunächst: Auch wenn sie nicht im Wissen, sondern im Glauben angenommen sind, müssen die Botschaften (oder was man dafür hält) auf ihre gedankliche und sachliche Stimmigkeit überprüft werden. Und da zeigt sich in kritisch reflektierter Sicht, daß der genannte Absolutheitsanspruch nicht zu halten ist. Gottes Botschaft mag in sich selbst absolut sein, aber auf den Menschen bezogen ist sie „immer göttliches Wort in menschlicher Sprache", so der in dieser Frage gewiß unverdächtige Papst Johannes Paul II. in seiner letzten Enzyklika „Fides et ratio - Glaube und Vernunft".[84] Das ist die bereits Anfang dieses Kapitels erwähnte Begrenztheit menschlicher Erkenntnis, die, vor allem durch die Sprache, schon beim Zurkenntnisnehmen eines für göttlich gehaltenen Zuspruchs menschliche Interpretation ins Spiel bringt. Der Zuspruch weist sich nicht selbst als höheren Orts ergangenen aus, er wird vom Menschen erst zu einem solchen „ernannt". Daraus folgt: Keine im Glauben Gott zugeschriebene Botschaft kann unmittelbar göttlich sein, in jedem Fall bleibt Spielraum für Ergänzungen und anderslautende Einschätzung aus anderem Blickwinkel heraus.

Scheidet nun jede weitere Verankerung aus, selbst die vorhin in der Normenfrage erwogene Erfahrungsbegründung, so bleibt nur diese Alternative: Entweder erkennt man sich selbst mystisches Schauen zu oder schließt sich einem an, dem man glaubt, daß er solcher Schau teilhaftig geworden ist. Die Verbindung mit Gott und Göttlichem ist im letzteren Fall eine mehr indirekte, durch einen Glaubenszeugen vermittelte. Gleichviel ob so oder so: Schon die im Glauben mit in Rechnung zu setzende Transposition göttlichen Sprechens in

menschliches verschafft menschlicher Zutat und Einfärbung Eingang.

c) Göttliche „Offenbarung"

In der Regel geschieht der Aufstieg zur heute angezeigten kritisch-reflektierten Religiosität in den Bahnen schon vorgegebenen religiösen Lebens, in der Eifel also aus dem angestammten „mächtigen volksfrommen Katholizismus" heraus. Die katholische Kirche ist sich der Glaubensbegründungsproblematik seit jeher bewußt gewesen und hat dazu als eigene Disziplin die Fundamentaltheologie entwickelt. Gerade in unseren Tagen ist die Diskussion neu belebt worden durch die schon erwähnte Enzyklika Johannes Pauls II. „Fides et ratio", die dem Thema breiten Raum gewährt. Ein zentraler Abschnitt lautet:

„Die Heilige Schrift ist... nicht der einzige Anhaltspunkt für die Kirche, denn die höchste Richtschnur ihres Glaubens kommt ihr aus der Einheit zwischen der Heiligen Überlieferung, der Heiligen Schrift und dem Lehramt der Kirche zu, die der Heilige Geist so geknüpft hat, daß keine der drei ohne die andere bestehen kann".[85]

Hier ruht der Glaube gar auf drei Säulen auf, zu denen die oben erwähnte philosophische Gottes-(beweis-)-lehre noch hinzukommt, von der wir schon wissen, daß sie nicht mehr hoch im Kurs steht. Auch abgesehen von ihr wird mit den drei Säulen: Überlieferung, Heilige Schrift, Lehramt - der Begriff Offenbarung erweitert, da er doch sonst oft nur für die Schrift Verwendung findet.

Offensichtlich will der Papst mit der Dreiheit jede sektiererische Esoterik von der Kirche fernhalten und sie als objektiv gegründetes Gefüge erweisen. Aber ein Gebäude, dessen tragende Säule durch zwei weitere auf demselben lockeren Untergrund vermehrt wird, erfährt damit nicht unbedingt eine Verstärkung, eher wird die Situation noch komplizierter. Heilige Überlieferung, das ist die Geschichte der katholischen Kirche in ihren Dogmen, Geboten, Konzilien, päpstlichen Verlautbarungen, Heiligsprechungsverfahren. Aber warum gehört dann das Reformwerk Martin Luthers nicht dazu, und welche Person oder Instanz ist befugt, den Ausschluß im Namen Gottes (!) zu verfügen? Dieses Recht nimmt das kirchliche Lehramt für sich in Anspruch, das dadurch gegenüber der Überlieferung eine Präponderanz erhält. Von ihm wird entschieden, was zur „Heiligen Überlieferung" zählt und was nicht.

Eine ähnliche Verlagerung ergibt sich auch in bezug zur „Heiligen Schrift". Noch in meiner Jugend durften Katholiken sie nicht als ganze lesen, und auch sonst mußte der Text lehramtlich kommentiert sein. Ja, das Lehramt wählte bestimmte Teile aus, harmonisierte sie und erklärte sie zur Volks- und Schulbibel (z.B. die „Eckerbibel"). In dieser Gestalt wurde das Schriftwort dann zur jahrelangen Lernqual für die Kinder in der Schule. Aber auch hier, so weiß man inzwischen sehr genau, ist das Gotteswort nicht unmittelbar göttlich, jetzt kommen zu den schon genannten prinzipiellen Gründen noch schriftspezifische hinzu. So ist zum Verständnis eines Schrifttextes ein „hermeneutisches" Vorverständnis erforderlich, bei einem Frühlingsgedicht eine Ahnung von Frühling, bei Gottes Botschaft ein Wissen um Gott und Offenbarung. Dieses Vorverständnis bildet sich im Menschen nach menschlichen Maßen heraus und hüllt dann die göttliche Botschaft

gewissermaßen ein. Dabei ist diese auch selbst von menschlich-weltlicher Mitgift durchsetzt: von Zeitgeist, literarischer Aussageform, persönlich-individueller Eigenart von Schreiber und Leser.

Ob im Text förmliche Widersprüche vorkommen, soll hier dahingestellt bleiben. Jedenfalls fügt sich längst nicht alles glatt zueinander: zwischen Altem und Neuem Testament, aber auch innerhalb der beiden Testamente selbst, beispielsweise in den Aussagen über Krieg und Frieden. Andere Textstellen passen nicht mehr in unsere Zeit und zu unserem Selbstverständnis, in unserem Fall waren es Aussagen über „Binden" und „Lösen", über Gebet und Bitte und über die Stellung der Frau. Ist es schon ein Glaubensakt, die Heilige Schrift als heilige anzuerkennen, so nicht minder, durch das soeben umrissene Faktorengeflecht hindurch noch die Stimme Gottes zu vernehmen. Die Exegese (Bibelauslegung) hat im Laufe der Jahrhunderte erstaunliche Perspektiven herausgearbeitet, doch kann von Ergebnissen, die nicht weiter hinterfragbar und hinterfragensbedürftig wären, die in sich selbst und für sich selbst sprächen, über weite Strecken keine Rede sein. Immer wieder hielt das Lehramt sich kraft Amtes für befugt, bestimmte Interpretationen anzuerkennen und andere abzuweisen. Auch hier waltet also eine Präponderanz des kirchlichen Lehramtes.

Aber führt das nicht auf einen logischen Zirkel hinaus? In der Tat geht es um dieselbe Heilige Schrift, von der das Lehramt die Maßgeblichkeit seiner Interpretation herleitet und auf die es sie dann anwendet.

202

13. Kapitel: „Homo religiosus 2000"

a) Freiheit und Verantwortung

Doch Zirkelschluß oder nicht, zieht man aus dem Gesagten die Konsequenz - einleuchtend natürlich nur für den, der glaubt -, so zeigt sich ein Gott mit Januskopf, ein Gott mit zwei Gesichtern. Einerseits ist dieser Gott vom vorkritischen Verständnis her der absolut Vollkommene, dem alle Eigenschaften zukommen und zustehen, die über Jahrhunderte hinweg von den Kindern im Katechismusunterricht auswendig gelernt werden mußten:

„Gott ist ewig und unveränderlich, allgegenwärtig und allwissend, allweise und allmächtig; er ist unendlich heilig und gerecht, gütig und barmherzig, wahrhaft und getreu".[86]

Das ist das Antlitz Gottes, wie es seit jeher am meisten beeindruckt hat, der Gott, der „war vor aller Zeit" und auch bleibt „in Ewigkeit", dessen „Haus voll Glorie schauet/weit über alle Land", dem der Christ in der Inkarnation des Sohnes Liebe schwört, „lilienrein", und „bis in den Tod die Treue"- darüber ist hier nicht weiter zu reden.

Um so wichtiger ist das andere Gesicht Gottes, das sich in den vorangegangenen Erwägungen abzeichnete und das ein förmliches Gegenbild zur triumphalistischen Rundgestalt Gottes darstellt. In diesem anderen Bild hat Gott - im übertragenen Sinne - Ecken und Kanten, stoßen wir mit unserem Wissen um ihn auf Vermittlungs- und Verständnisprobleme, gewahren wir Lücken und weltlich-irdische Einfärbung der von ihm ausgehenden Signale. Es ist ein Gott, der sich bedeckt hält, von dem der Mensch im Glauben zwar weiß, daß es ihn

gibt, der sich aber sofort entzieht, wenn man ihn in seinem Wesen erfassen will. Dieser Gott gibt Rätsel auf und ist selbst für den Menschen das größte Rätsel. Kurz, er ist nicht ein offenbarer Gott, sondern ein verborgener, ein „deus absconditus", wie es bei Nikolaus von Cues heißt.

Schon der Apostel Paulus bezeugt, daß es sich dabei nicht um einen „reduzierten" Gott handelt. Ehrfurchtsvoller als er es im Römerbrief tut, kann man von Gott und Göttlichem nicht sprechen und größer darüber nicht denken: „O Tiefe des Reichtums, der Weisheit und der Erkenntnis Gottes; wie unbegreiflich sind seine Gerichte und wie unerforschlich seine Wege!" (Röm 11,33). Und auch sonst bezeugt die Bibel einen sich verhüllenden bzw. sich nicht sogleich und geradeheraus offenbarenden Gott. Bald gibt er sich in Gestalt eines brennenden Dornbuschs, der brannte, aber nicht verbrannte, bald unter Blitz und Donner, bald durch eine lichte Wolke hindurch oder, wie an Pfingsten, bei Sturmesbrausen in feurigen Zungen.

Üblicherweise bedauern wir es, wenn wir etwas nicht ganz durchschauen, an unüberwindliche Schranken anstoßen oder an Umhüllungen, die sich einer zulegt, der nicht so genau erkannt werden will. Oder auch so: Ist der Wert der Offenbarung nicht erheblich gemindert, wenn man es bei ihr mit solchen Problemen zu tun hat?

Es ist mein Anliegen, als systematischen Endertrag dieses Buches zu verdeutlichen, wie erhellend und heilsam es für den gläubigen Menschen ist, neben oder gar in der Glorie seines Gottes auch dessen radikales Anderssein verbunden mit einer nur indirekten Mitteilung zu gewahren. Zum Erweis genügt es schon, die Frage zu stellen, wie es wäre, wenn Gott sich dem Menschen unmittelbar öffnen und mitteilen würde. Hier die Antwort der klassisch-mittelalterlichen Theologie und Philosophie, die in diesem Fall für den Gläubigen auch heute noch gilt: Der Mensch würde vor der Größe Gottes zergehen, im diesseitig-leiblichen Leben ist er dem Anblick Gottes nicht gewachsen; erst die Läuterung durch den dunklen Durchgang namens Tod macht ihn der unmittelbaren Gottbegegnung fähig. In unserem Zusammenhang interessiert ein Folgeaspekt davon: der „Dienst in der Welt", zugespitzt auf die Frage: Was bliebe dem Menschen als Daseinsaufgabe, wäre Gott in der Welt unmittelbar als Gott präsent? Die Welt müßte als Entfaltungsraum des Menschen ausscheiden, für menschliche Augen wäre alles bis ins letzte von Gott vermessen, besetzt und gestaltet; bestenfalls bliebe noch die Chance, zu den von Gott gezogenen Linien ja oder nein zu sagen. Jede Eigeninitiative käme zu spät. Der Mensch hätte Gott nicht mehr walten zu lassen, vielmehr würde dieser immer schon walten.

Im Dämmerschein des verborgenen Gottes hingegen bleibt die Welt zwar Gottes Eigentum, aber zugleich so marginal („locker") und leichtgewichtig, daß Gott sie dem Menschen zum Lehen geben kann.

Er gibt sie ihm als weithin noch offenes, unverplantes Terrain, das der Bestellung durch den Menschen harrt. Ein solches freies Feld hat einen hohen Herausforderungscharakter, und es sieht fast danach aus, als sei das zurückhaltende, Verunsicherung weckende „Zweitgesicht" Gottes gerade auf unsere Situation an der Jahrtausendwende programmiert. Ist doch die Idee vom verborgenen Gott die einzige Brücke, vermittels deren modernes Welt- und Menschenver-

ständnis mit der Existenz Gottes noch zusammengedacht werden kann. Andernfalls die der modernen Welt innewohnende Eigendynamik entweder gegenüber Gott oder Gott um dieser Eigendynamik willen unterschlagen würde. So aber erscheint der Mensch als „Gott hienieden", der dazu berufen ist, Gottes Werk in dieser Welt als sein Werk zu erstellen. Andererseits ist er aber in einem Maße zur Verantwortung gerufen, daß er sein Werk heute nur noch in „Angst und Zittern" vollbringen kann.

Bei diesem Verantwortungsbewußtsein sollte alles Sitz und Stimme haben, was einen im Leben religiös geprägt hat, was als Glaubensgut zu eigen gegeben und genommen wurde. Für den Katholiken gehören dazu auch die Verlautbarungen von Papst und kirchlichem Lehramt, sie sogar an erster Stelle, allerdings nicht mehr mit dem Anspruch, daß sie, weil aus dieser Quelle stammend, eine besondere Qualität verkörperten. Vielmehr bleibt es bei der Idee des „repressionsfreien Diskurses", der, wie karg und dürftig auch immer, möglichst viele Aspekte ins Blick- und Entscheidungsfeld rücken soll. Gehört das gewissermaßen alles zur Haben-Seite, zu dem, was mitgeteilt, „offenbar" ist, so kommt das Eigentliche der Verantwortung doch erst in der Konfrontation mit dem, was als nicht mehr gewußt, vielleicht sogar als nicht wißbar gewußt ist, zum Austrag. Religiös gesprochen geht es um eine Dauerintervention seitens des verborgenen Gottes. Selbst die verbriefteste Glaubensaussage kommt dann noch unter den Vorbehalt der unfaßbaren Größe Gottes, es bleibt nichts, worauf ich meine Entscheidung verlagern könnte ich habe sie letztlich allein zu treffen und zu verantworten.

Zum „homo religiosus 2000" gehört also zuerst ein Gespür für wissendes Nichtwissen, für die Idee des verhüllenden Entbergens und entbergenden Verhüllens, der Blick richtet sich auf die Zukunft und führt über die Tabernakel-, Klosterzellen-, überhaupt die Kirchenraum-Frömmigkeit früherer Zeit hinaus. Aber dieser Religiose von heute wird darüber nicht tatendurstig im landläufigen Sinne des Wortes. Er hat Richtpunkte, die, weil am „verborgenen Gott" nicht „ablesbar" - von ihm selbst herrühren, von ihm erstellt im Bewußtsein geheimnisvoller Präsenz Gottes und doch in Eigenregie. Dieser Gläubige „funktioniert" nun nicht mehr wie auf der vorkritischen Stufe, er ist souverän gegenüber Glaubens- und Gottesdienstformen, die er bald bejaht, bald ablehnt, um im letzten desto bescheidener und demütiger zu sein in der Einsamkeit von ihm zu treffender Entscheidungen. Im Zusammenhang mit dem Normenproblem zeichnete es sich schon ab: Zumal in unserer Zeit, die so viele und schwere Entscheidungen fordert, geht es um eine religiöse Existenz, die mit tiefgreifenden Gegensätzen konfrontiert ist und dadurch auch selbst, vielleicht sogar sich selbst, rätselhaft und gegensätzlich-zerklüftet wird: gläubig-ungläubig, hoffend-verzweifelt, herrschend-dienend, verzeihend-anklagend, Gott lobpreisend und mit ihm hadernd - je nach Lage und existentieller Befindlichkeit. Nur eines hat in ihr keine Stätte: das Bewußtsein, sich zur Ruhe setzen zu können, weil alles getan, alles „klar" sei. Das Gegenspiel zwischen offenbarem und verborgenem Gott in Personalunion ermutigt und dämpft, gibt keine absolute Gewißheit und stürzt doch auch nicht in Verzweiflung, sondern - läßt hoffen!

b) Ökumene

Zum Problemfeld Religion gehörte in der Eifel auch das Thema „Ökumene", sonderbarerweise, weil man es gerade dort nicht

erwartete. Der Begriff bezieht sich auf das Verhältnis der Glaubensgemeinschaften und Bekenntnisse untereinander und signalisiert das Bemühen, die verschiedenen Religionen miteinander ins Gespräch zu bringen. Davon konnte in der Eifel keine Rede sein, weil dort nur Katholiken lebten, die infolge der landschaftlichen Isolation auch noch allesamt von „ein und demselben Schlage" waren, wie es so heißt. Die ganz wenigen Protestanten und kaum zahlreicheren Juden konnte man praktisch vergessen. Da gab es weder Anlaß noch Gelegenheit, an Andersgläubigen Anstoß zu nehmen, aber auch keine Chance, Vorurteile und Ressentiments, die man übernommen hatte, durch persönliches Kennenlernen abzubauen.

Hier hatte die Eifel *ihr* Ökumeneproblem: in den harten Urteilen über Andersgläubige, die man gar nicht kannte, in der Überheblichkeit im Blick auf sie, in der sorgsam gehüteten Festungsmentalität, die sich im wahren Glauben wußte und sich gegen Irritationen hermetisch abschirmte. Aus dieser Haltung heraus war das Schicksal der Juden, selbst für gar nicht nazistisch eingestellte Katholiken, das Schicksal von Fremden, die einen nichts angingen. Wie sich zeigte, wurde dieser konfessionelle Ghetto-Geist erstmals in der Westwall- und Sitzkriegszeit sporadisch aufgelockert.

Es erübrigt sich, darauf hinzuweisen, welch große Gefahr sich im religiösen Allein-Wahrheitsanspruch zusammenballt. Wie schnell erwacht darin das schon erwähnte Sendungsbewußtsein und zwingt eine „Wahrheit" auf, die außer demjenigen, der sie aufzwingt, niemand will. Die Weltgeschichte ist voll von Kriegen, die jeweils im Namen der angeblich allein wahren Religion geführt wurden - mit einem Haß, der den ebenso erbarmungslosen völkischen Haß in einem Punkt sogar noch übertrifft:

in dem guten Gewissen darüber, daß man die Sache Gottes vertritt, daß man mit Gott im Bunde ist. Sofern nun mehr oder weniger jede Religion in solchem Erwähltheitsbewußtsein lebt, ist die Lage, wie sie ist: die Welt ein Abgrund von Leid unter dem Leichenbanner jeweils „wahrer" Religion, die dann auch noch den „wahren" Frieden ansagen soll. Dieser Friede kann nur der nächste Krieg sein.

Verständlich darum die Versuche, um des Friedens willen die Religion abzuschaffen, etwa in der französischen Aufklärung. Aber diese Versuche sind allesamt gescheitert. Da erweist es sich abermals als geradezu providentielle Erkenntnis unserer Tage: Religion und Heil des Menschen bzw. Friede in der Welt stehen nur so lange gegensätzlich zueinander, wie sie nicht von ihrer falschen Grundlage abgelöst werden: vom Bild des triumphierenden und richtenden Gottes. Setzt man dafür den verborgenen, sich in sein Geheimnis hüllenden Gott ein, dann ist zu jedem Stück Offenbarung, um welche Religion es sich auch handeln mag, Rede und Gegenrede möglich. Dann mag es vielerlei Gründe geben, dieser und nicht einer anderen Religion anzugehören. Aber eines darf nicht als Grund erscheinen: weil diese Religion die allein wahre und zum Heil notwendige wäre. Jede Religion behält hier ihre Eigenart, aber was ihr Verhältnis zur Wahrheit (Gott) betrifft, rangieren sie alle auf derselben Ebene, fallen die Eigentümlichkeiten nicht mehr ins Gewicht. Für Religionen, die prinzipiell einander nicht übertreffen, ja, nicht übertreffen können, bringt selbst der strahlendste Sieg nichts ein. Im Klartext: Religionskriege sind unsinnig.

Man muß es miterlebt haben, wie ein solcher Umdenkensprozeß Menschen zusetzen kann, die kurz zuvor noch aus voller Brust gesungen haben: „Dank sei dem Herrn, der mich aus Gnad'/zur wahren Kirch' berufen hat!"

Gefordert ist hier eine Art Depotenzierung, vielleicht auch Entkonfessionalisierung der Religion. Damit ist gemeint: Seitdem sich unser Blick auf die ganze Welt mit ihren vielen Religionen hin ausgeweitet hat, wird die einzelne Religion nicht mehr nur an sich selbst bemessen, sie muß nun ernst damit machen, daß jeder Mensch zuerst und wesentlich Mensch und als solcher Person ist, deren Recht und Würde von keiner Religion angetastet werden dürfen. Zu wachen über diese Vorgabe obliegt jener Instanz im Menschen, die Menschen nicht aussondert, sondern auf das baut, was allen gemeinsam ist: das personale Wesen, die Vernunft. An der Vernunft gemessen, kommen religiöse Eigenheiten erst an zweiter Stelle; ohne eine Neubelebung des Aufklärungsgedankens wird unsere Zukunft kaum zu bestehen sein.

Der „homo religiosus 2000" ist also einer, der über seine religiös-konfessionellen Grenzen hinausdenkt und damit seine Religion im Vergleich zu früher auch etwas „leichteren Sinnes" nimmt, ohne jedoch darüber „leichtsinnig" zu werden. Was bislang so oft und so bitterernst von Sündenbewußtsein begleitet war: Gottesdienstbesuch, Sakramentenempfang, Fasten, Gebet, Buße, das alles darf bleiben, aber es sollte mit göttlichem Humor in größerem Rahmen gesehen werden, wo es dann sogar Grund zur Erbauung, ja Freude werden kann. Die Perspektive muß beides umfassen: die Idylle, aber nun auch den Zug auf das Ganze der Welt hin, wie ihn Hans Küng in seinem Buch „Projekt Weltethos" der Vernunft so beispielhaft aufgetragen hat.[87]

Eines ist schon heute eine Freude: Kirchen und Religionsgemeinschaften brechen zunehmend in solche erweiterten Dimensionen auf, vor allem auch durch Aufbau und Pflege einer entsprechenden Atmosphäre. Was die katholische Kirche betrifft, war es ein Meilenstein in ihrer Geschichte, als sie auf dem II.Vatikanischen Konzil in anderen Religionen „nicht selten einen Strahl jener Wahrheit" sich „widerspiegeln" sieht, „die alle Menschen erleuchtet"[88]. Oder wenn sie im Dekret über den Ökumenismus den „getrennten Brüdern" immerhin „eine gewisse, wenn auch nicht vollkommene Gemeinschaft mit der katholischen Kirche" zugesteht[89]. Zwar sind in der Sache selbst darüber hinaus bis jetzt nur wenige Fortschritte zu verzeichnen, jedoch wäre ein Satz wie der des Kirchenlehrers Cyprian (um 250 n.Chr.): „Extra ecclesiam nulla salus - außerhalb der (katholischen) Kirche kein Heil" heute undenkbar. Ein Interpret glaubt sogar aus der zitierten neuen Enzyklika von Johannes Paul II. den Gedanken herauslesen zu können: Ein religiöser Glaube ist nur dann verantwortbar, „wenn es der autonomen (von vorgefaßten theologischen Voraussetzungen freien) Vernunft gelingt, die Möglichkeit dessen zu denken, was der christliche Glaube als Wirklichkeit behauptet"[90]. Das wäre in der Tat ein Schritt in Richtung Weltethos.

Auch aus dem Islam kommen Signale, die aufhorchen lassen, z.B. diese Erklärung:

„Die essentielle Schwierigkeit einer Gemeinschaft von Gläubigen ist... daß sie zwar an Wahrheiten und Wirklichkeiten glaubt, die absolut, erhaben und heilig sind, ihr eigenes Leben und ihr Geist jedoch relativ sind. Damit ist auch ihr Verhältnis zu jenen absoluten Wahrheiten und Wirklichkeiten relativ. Solange sich diese Gemeinschaft ihrer Grenzen und Begrenztheiten bewußt ist, wird dieser Widerspruch nicht zum Verhängnis. Zur Katastrophe kommt es in einer Gemeinschaft von Gläubigen erst, wenn sie die Absolutheit der Heiligkeit der Religion auf die relativen, fehlerhaften, zeitlich und räumlich gebundenen Wahrnehmungen der Menschen von der Religion überträgt: wenn die Auffassungen, zu denen der Mensch in seiner Begrenztheit gelangt ist, für die Religion selbst gehalten werden und wenn die Idee aufkommt, daß nur ein Gläubiger ist, wer sich genau diese Auffassung zu eigen macht. Der Grund, daß Menschen zu Sündern und Ketzern erklärt oder Kriege geführt werden, ist in vielen Fällen hier zu suchen"[91].

Das liegt genau auf der Linie unserer eigenen Überlegungen: Hinter der menschlichen Verstehensweise verbirgt sich Gott (hier die wahre Religion), niemand darf mit dem Anspruch der Absolutheit auftreten. Darin zeichnet sich schließlich auch das angedeutete neue Toleranzverständnis ab. War man früher als gestandener Konfessionalist tolerant in dem Sinne, daß man die Wahrheit zu haben glaubte, aber großzügig genug war, andere das nicht spüren zu lassen, so lautet religiöse Toleranz heute - bzw. sollte sie lauten: Das Geheimnis Gottes ist so groß, daß keine Religion sich anheischig machen kann, davon einen qualitativ größeren Anteil zu besitzen als andere Religionen. Hier ist Toleranz nicht mehr nur ein Erdulden und Ertragen, sondern ein Mittragen, nicht mehr nur ein Hinwegsehen über Trennendes, sondern ein Annehmen, Umfangen, Herausfordern.

Das alles steckt hinter jener Toleranz, die in der Eifel nicht gefordert schien. Der Weg von dort bis hin zu dem, was man mit Sinn und gutem Grund „dialogische Toleranz" nennen könnte, ist nach wie vor weit, aber er lohnt sich.

Schlußbetrachtung

Damit sollen nun auch die Rückblicke, Durchblicke und Ausblicke, der systematische Schlußteil dieses Buches also, beendet sein. Es sollte deutlich werden, wie sich Fragen, die das Dorf betreffen, zu Menschheitsfragen erweitern und vertiefen lassen. Abgehoben gegenüber dem Eifeler von damals ersteht in solchen Fragen der Mensch von heute, auch der religiöse. Kennzeichnend für ihn ist die Multiperspektivität, in der er lebt, sein Leben mit Gegensätzen und in Gegensätzen. Zwar ist menschliches Leben, weil personal verfaßt, immer schon auf Polarität hin angelegt, doch erst in der „technologischen Zivilisation" unserer Tage werden die Spannungseinheiten voll sichtbar und spürbar. Fragt man nach einem Generalnenner, der alle Einzelpolaritäten umgreift, so bleibt es bei dem Gegensatzpaar von Engagement und Hinnahme, rezeptivem Entgegennehmen und aktivem Ausgreifen und Gestalten. Der Mensch, und gerade der heutige, greift in die ihm freigegebene Welt ein, gestaltet sie um und prägt sie aus eigener Initiative in eigener Regie. Insofern ist er in der Tat der „Gott hienieden".

Aber indem er das ist, erfährt er zugleich Widerständigkeit und eine Gegenmacht, die sein Tun zum immer größeren Wagnis erhebt. Hier ergreifen ihn Scheu und Angst bis hin zur Sehnsucht nach einem Heil, das er sich nicht mehr selbst bereitet, sondern vertrauensvoll in andere Hände legt. Beides in einer Person stellt eine Gegensatz-Einheit dar, die der gegenwärtige Mensch nicht mehr nur hat, sondern selbst ist. Darin zu bestehen wird der Probierstein für das Leben in der Zukunft sein, ein kritisches Gleichgewicht, das sich, streng genommen, selbst nicht trauen darf. Das ist, bezogen auf Glauben und Religion, nicht entfernt mehr das traditionelle Bild von Christentum und Kirche, am wenigsten für die Katholiken, die sich und ihre Kirche mit Vorliebe als Fels in der Brandung sahen, in der Brandung von Unglaube und Irrglaube in der Welt. Es ist jenes andere Bild, das sich ergibt, wenn man mit dem einzigen Gedanken, der das Menschsein in der Tiefe erfaßt, ernst macht: daß jedem einzelnen Menschen personale Würde zu eigen ist. Das signalisiert nicht das Ende von Religion und Kirche. Beide werden nur - aber auch immerhin - aus hierarchischer Anordnungs- und Weisungskompetenz auf die vermittelnde und dienende Funktion eines Transparentes zurückgenommen, eines Transparentes auf Gott hin. Die damit einhergehenden Zwiespältigkeiten, soeben noch einmal angesprochen, lassen sich dann abschließend mit einem Satz von Martin Buber zusammenfassen: Der Gläubige weiß: „Es wird nicht so kommen, wie sein Entschluß es meint, aber was kommen soll, wird nur kommen, wenn er sich zu dem entschließt, was er wollen kann."[92]

In der Eifel, diesem Land an der Grenze, das zum Kernland eines sich vereinigenden Europas berufen ist, liegen noch viele Frage-Schätze verborgen, die auf Menschheitsfragen hin entwickelt werden können. Da bleibt mir zum Schluß nur zu sagen: „Vivant sequentes" - willkommen, die mir nachfolgen.

208

Quellennachweise

1) Sabine Doering-Manteuffel: Die Eifel. Geschichte einer Landschaft, Frankfurt/ New York 1995, 286 Seiten, künftig zitiert als E.

2) Aus Immanuel Kants Schrift: Was ist Aufklärung? (1784)

3) E S. 62, 239

4) E S. 13

5) Hans Jonas: Das Prinzip Verantwortung. Versuch einer Ethik für die technologische Zivilisation, suhrkamp, Frankfurt/ M. 1986

6) E S. 31

7) E S. 42

8) E S. 54

9) E S. 60

10) E S. 81 ff.

11) E S. 108

12) E S. 109

13) E S. 129

14) E S. 159

15) E S. 155

16) E S. 166

17) E S. 157

18) E S. 161 ff.

19) E S. 201 ff.

20) E S. 217

21) E S. 238

22) Heinrich Rommen: Die ewige Wiederkehr des Naturrechts 1957

23) Erich Przywara: Analogia entis / Metaphysik, München 1932

24) E S. 151

25) E S. 219

26) Gaudium et spes, I,3, Nr. 36

27) Albert Schweitzer: Ehrfurcht vor dem Leben. 6. Auflage, 1991
Hans Jonas a.a.O., Robert Spaemann: Personen. Versuche über den Unterschied zwischen 'etwas' und 'jemand' 1996;
Konrad Lorenz: Die acht Todsünden der zivilisierten Menschheit, München 1973.

28) Zu diesem und anderen Punkten vgl. mein Buch: Als ich bei meinen Kühen wacht' ... Geschichte einer Kindheit und Jugend in den dreißiger und vierziger Jahren, Landau/Pf. 1993

29) A.o.O. S. 63 ff.

30) Romano Guardini: Grundlegung der Bildungslehre. Versuch einer Bestimmung des Pädagogisch-Eigentlichen, Würzburg 1960, S. 23 ff.

31) Arnold Gehlen: Der Mensch. Seine Natur und seine Stellung in der Welt, Bonn 1958

32) E S. 54 f.

32a) Zitat in Anlehnung an den Hebräer-Brief: „Denn jeder Hohe Priester, der von den Menschen genommen wird, wird eingesetzt für die Menschen zum Dienst vor Gott, damit er Gaben und Opfer darbringt für die Sünden" (5,1). „Und niemand nimmt sich selbst die hohepriesterliche Würde, sondern er wird von Gott berufen wie auch Aaron" (5,4)

33) Wolfgang Seibel: Ein neuer Klerikalismus, Stimmen der Zeit Januar 1998

34) 2000 Jahre Trier, Band III, Trier in der Neuzeit, Trier 1996, S. 530

35) Vgl. meine beiden Bücher über den Zweiten Weltkrieg: Bis zum bitteren Ende. Der Zweite Weltkrieg im Kreis Bitburg-Prüm, Kreisverwaltung Bitburg 1978
Damit es nicht vergessen wird... Pfälzer Land im Zweiten Weltkrieg, Landau/Pf. 9. Auflage 1996

36) Beiträge zur Geschichte des Bitburger Landes, Nr.14, Heft 1/94, Dokumentation: Westwall in der Eifel, Geschichtlicher Arbeitskreis Bitburger Land, S.9; fortan zitiert als „Beiträge".

37) Ebd. S. 8

38) Hans Josef Hansen: Auf den Spuren des Westwalls. Entdeckungen... Aachen 1997, S. 56, künftig zitiert als „Spuren".

39) Ebd. S. 106

40) Beiträge S. 26

42) J. Nosbüsch: Damit es nicht vergessen wird..., a.a.O. S. 65 f.

43) Beiträge S. 25

44) J. J. Rousseau: Der Gesellschaftsvertrag, Stuttgart 1974, S. 61

45) Beiträge S. 16

46) Ebd. S. 26

47) J. Nosbüsch: Bis zum bitteren Ende, a.a.O. S. 32

48) Beiträge S. 26

49) J. Nosbüsch: Damit es nicht vergessen wird..., a.a.O. S. 68

50) Beiträge S. 26

51) Martin Heidegger: Sein und Zeit, Tübingen 1963, S. 127

52) Volk und Reich der Deutschen, Klasse 2 Frankfurt/Main 1941, S. 62

53) Christoph Schönborn: Leben für die Kirche, Freiburg-Basel-Wien 1997, S. 45

54) Martin Buber: Das dialogische Prinzip, Heidelberg 1973, S. 146

55) Max Scheler: Die Stellung des Menschen im Kosmos, München 1956, S.14

56) Helmut Schelsky: Soziologie der Sexualität. rororo 1956 S. 11

57) Ebd. S. 13

58) Ebd. S. 14

59) Ebd. S. 9

60) Romano Guardini: Das Ende der Neuzeit. Ein Versuch zur Orientierung, Würzburg 1950, S. 69 ff.

61) A.a.O. V. Abschintt, S. 39 ff.

62) Katholischer Katechismus für die Diözese Trier, Trier 1940, S. 99

63) Leopold Rosenmayr: Die späte Freiheit, Berlin 1983

64) Vgl. Anm. Nr. 53

65) Erich Fromm: Haben oder Sein. Die seelischen Grundlagen einer neuen Gesellschaft, dva 1976.
Herbert Marcuse: Der eindimensionale Mensch. Studien zur Ideologie der fortgeschrittenen Industriegesellschaft, Neuwied und Berlin 1968.
Zu „polymorph pervers sexuell" vgl. ders.: Psychoanalyse und Politik, Frankfurt/Main 1968, S.13.

66) Spr 16,31; mittlerweile offensichtlich in etwas anderer Übersetzung: „Ein herrlich Diadem ist graues Haar; nur auf dem Weg der Tugend wird's gefunden".

67) 3 Mos 19,32

68) Peter Dohms: Eberhardklausen. Kloster, Kirche, Wallfahrt", Trier 1985, S. 158 f.

69) Johann Ludwig Vives: Pädagogische Hauptschriften: Die Erziehung der Christin und über die Wissenschaften, Paderborn 1912, S. 86.

70) Ebd.

71) Joachim Schröder: Brauchtumslandschaft Eifel Bd. II. Feiern, Feste und Bräuche in Haus und Familie, Aachen 1997, S. 48

72) Ebd.

73) Felix Kandels: Wäß do nooch? o.J., Selbstverlag, S.29 ff.

74) A.a.o. S.35 f.

75) Wilh. von Humboldts Werke, herausgegeben von Albert Leitzmann, Berlin 1903 ff., Bd. VI, 1. S. 180.

76) Martin Heidegger: Platons Lehre von der Wahrheit. Mit einem Brief über den Humanismus, Bern 1947, S. 53.

77) Ders.: Unterwegs zur Sprache, Pfullingen 1959, S. 162

78) Notjahre der Eifel. Katalog zur gleichnamigen Ausstellung 1983

79) Vgl. Jürgen Habermas: Erläuterungen zur Diskursethik, Frankfurt a.M. 1991; ferner Karl-Otto Apel: Die Notwendigkeit einer reflektierenden Ethik, in Funkkolleg, Praktische Philosophie/ Ethik, 2. Studienbegleitbrief, S. 85 ff.

80) A.Gehlen, a.a.0. S.28.

81) K.O.Apel, a.a.0.

82) Ebd.

83) Gabriele Kuby: Mein Weg zu Maria, Goldmann-Verlag München-Zürich 1998, S.191.

84) Papst Johannes Paul II.: Enzyklika Fides et ratio - Glaube und Vernunft, Stein am Rhein 1998, Nr. 84, S. 82.

85) Ebd. Nr.55, S.59 f.

86) Katholischer Katechismus für die Diözese Trier, a.a.0. S. 6.

87) Hans Küng: Projekt Weltethos, München-Zürich 199o.

88) Erklärung über das Verhältnis der Kirche zu den nichtchristlichen Religionen, Nr. 2.

89) Dekret über den Ökumenismus, Nr.3.

90) Karl-Heinz Menke: Die eine Wahrheit, Rhein.Merkur, 12.Febr. 1999.

91) Sejjed Mohammad Chalmi: Keine Religion ist im Besitz der absoluten Wahrheit, Frankfurter Allgemeine Zeitung, 26.September 1999.

92) Martin Buber: Ich und Du, Heidelberg 1958, S. 54.

Bildnachweise

Weitaus die meisten Fotos stammen aus privaten Sammlungen.
Für freundliche Übernahmelizenz danke ich der Kreisverwaltung Daun. Aus dem von ihr herausgegebenen Bildband: „Kreis Daun. Bilder aus vergangenen Tagen" (Daun 1985) habe ich in dieses Buch aufgenommen: